U0929382

西南政法大学证据法学研究中心
潘金贵 主编

证据法学论丛

ZHENGJU FAXUE LUNCONG

第十卷 信息网络犯罪证据研究专辑

中国检察出版社

图书在版编目（CIP）数据

证据法学论丛．第十卷/潘金贵主编．—北京：中国检察出版社，2023.9

ISBN 978－7－5102－2937－4

Ⅰ.①证… Ⅱ.①潘… Ⅲ.①证据－法学－文集 Ⅳ.①D915.130.1－53

中国国家版本馆 CIP 数据核字（2023）第 160098 号

证据法学论丛（第十卷）

潘金贵　主编

责任编辑： 柴凯菲
技术编辑： 王英英
美术编辑： 徐嘉武

出版发行： 中国检察出版社
社　　址： 北京市石景山区香山南路 109 号（100144）
网　　址： 中国检察出版社（www.zgjccbs.com）
编辑电话：（010）86423768
发行电话：（010）86423726　86423727　86423728
（010）86423730　86423732
经　　销： 新华书店
印　　刷： 望都天宇星书刊印刷有限公司
开　　本： 710 mm×960 mm　16 开
印　　张： 14.25
字　　数： 259 千字
版　　次： 2023 年 9 月第一版　　2023 年 9 月第一次印刷
书　　号： ISBN 978－7－5102－2937－4
定　　价： 48.00 元

《证据法学论丛》编辑委员会

目　录

卷首视点

网络犯罪证据的收集、审查与运用

网络犯罪证明方法研究

网络犯罪证据问题综合研究

卷首视点

聚焦信息网络犯罪证据 探讨收集审查运用规则

——第二届“证据法学论坛”之“信息网络犯罪中的证据问题研究”专题研讨综述

潘金贵*

刑事司法实践中，信息网络犯罪已经成为严重危害社会的一大毒瘤，极大地影响了社会的和谐稳定。此类犯罪，往往具有涉及地域广阔、行为人及被害人人数众多、涉案金额特别巨大、犯罪手段技术性和隐蔽性强等特点，司法实践中存在证据收集难、审查认定案件事实难、打击难度大的问题。如何有效地打击信息网络犯罪，遏制此类犯罪的蔓延势头，保护人民群众的财产安全，是当前理论界和实务界高度关注的问题之一。因此，2023年4月22日，由西南政法大学法学院主办、西南政法大学证据法学研究中心承办、北京尚权律师事务所和北大法宝学堂协办的第二届“证据法学论坛”研讨会就“信息网络犯罪中的证据问题”作了专题研讨。现就该专题研讨的主要内容综述如下：

一、关于“信息网络犯罪中证据的取证规则”

中国人民大学刘品新教授以“信息网络犯罪中证据的取证规则”为题作了专题报告。刘品新教授指出，证据和取证规则会因为新型案件的独特性而产生改变，主要对信息网络犯罪案件中三个规则的独特性作了介绍。一是专家辅助办案规则。以张庭案为例，在当前电信网络违法甚至犯罪中，专家辅助制度

* 法学博士，西南政法大学法学院教授、博士生导师，西南政法大学证据法学研究中心主任。

存在很多问题，如配侦公司参与办案的接受性问题、实践中借助具有科技色彩的公司能不能成为《刑事诉讼法》第 146 条规定的“有专门知识的人”等问题。目前，很多配侦公司以“有专门知识的人”名义介入案件侦查，作出专门的数据鉴定报告或者检验报告，很可能替代侦查，这与一般意义上的诉讼证据形态不一样。因此，需要思考如何应对专家辅助规则在信息网络案件中遇到的挑战，怎样看待当前配侦公司现象、怎样对它进行合理合法的规制。二是跨境取证规则。跨境取证可能需要提取域外的数据，我国目前还未正式出台类似规则，刑事诉讼法、刑法只规定境外的单位和个人要配合、接受其他国家司法机关的调度请求时，必须取得本国的同意。2015 年，我国规定了远程勘验的取证方式，境外电子数据可以通过远程勘验方式提取，还可以通过网络在线提取和网络远程勘验和技术侦查方式提取。2019 年，我国出台《公安司法机关办理刑事案件电子数据取证规则》，但仅针对境内公开发表的数据可以跨境取证。我国相关的司法解释、规范性文件并未明确相关的规则，如针对公开发布的电子数据，中国警方是否可以在线提取，或在什么情况下可以取证，如何进行法律认证等问题。刘品新教授认为，在跨境电子取证时，特别是访问境外网络时，要考虑区分域外取证和域内取证。如在本国本机服务器上的取证行为是访问的结果，因为取证是从本机上进行访问，而不是在原始服务器上进行取证，这就不是域外取证。而真正的域外取证是从域外的服务器上取证。这样来看，真正域外取证的案件比例非常少，很多取证是打着域内取证的标签进行域内取证。从这个角度看，我国在未来应针对域内取证和域外取证完善相应的规则。三是非法证据排除规则。当前，非法电子数据排除规则在我国遇到了很大的困境：非法排除规则是否能够适用于电子数据？如果可以，该如何适用？《刑事诉讼法》第 56 条规定了严禁使用刑讯逼供等非法方法收集证据，那么移动硬盘是否存在非法证据排除问题？最后，刘品新教授得出两个总结性结论：一是信息网络犯罪虽然不能创造独立的证据规则，但为证据规则重塑带来了机遇和挑战。二是专家辅助规则、跨境取证规则与非法证据排除规则是信息网络犯罪办案实践中的具体问题，有待进一步讨论。

中国人民大学李学军教授以“网络犯罪治理的侦查进路和挑战”为题作了发言。李学军教授对网络犯罪的历程进行了梳理，总结出目前网络犯罪呈现无接触、行为无纸化、现场虚拟化的特点，指出网络犯罪治理侦查介入的终极目标是确定案件性质、认定犯罪嫌疑人、收集证据以便“回建事实”，侦查与取证密切相关，因此首先需要明确“什么是证据”。将证据定义为“证据是人的行为引发的外界变化”。证据是变化的，可以存在于物理空间内，也可以存在于虚拟世界里以及人的脑海里。虚拟世界会因人的行为产生变化，虚拟空间也会留下电子数据。在侦查介入时，就需要关注刑法规制的行为到底会引发哪些外界的变化，需要熟谙具体罪名，研判不同罪名的相关行为以识别、查找证据。进入互联网时代，数字侦查手段已被广泛运用，为了确保侦查的快速和精准，需要建设综合、多维、海量的数据库，培养综合才能的专业侦查人员，同时结合传统侦查手段来补强。目前，网络犯罪侦查也带来了挑战，主要在于几点：一是为办案主体带来了证明困境。海量电子数据导致查证难、审查认证难，由此引发推定规则等简化证明措施在网络犯罪中应用日益频繁，并带来了新的质疑。二是主动型侦查是否为侦查的理论争议。传统案件中往往由案到人，而现在的电信诈骗案件中，侦查机关提前动态监控资金流和信息数据流，并自动识别虚拟空间和物理空间的信息和线索，追溯到犯罪嫌疑人，再寻找与其相关的具体案件。这样的侦查行为该如何定性？三是数字侦查与人权保障的平衡问题，即如何有效兼顾和平衡数字侦查中的人权保障问题。

北京航空航天大学裴炜教授以“联合国网络犯罪公约起草中跨境取证与我国刑事诉讼的衔接”为题作了发言。裴炜教授基于当下网络犯罪概念泛化与犯罪普遍触网、电子数据成为案件主要/关键证据材料、跨境数字取证需求大幅增加的背景，介绍了联合国网络犯罪治理进程和《联合国打击网络犯罪公约》（以下简称《公约》）框架。目前，《公约》对于取证的规定主要包括两个方面：一方面是程序措施和执法，另一方面是国际合作。从国际合作的角度，目前《公约》草案中跨境取证有以下特点：一是强调对个人信息的保护，二是区分取证和证据的保全行为。我国目前针对跨境取证的相关措施有以下不足：一是缺少对不同电子数据所承载权益差异的关注；二是未就不同层级权益设置相应强度的取证措施；三是突破刑事诉讼法建立的侦查措施体系，缺少对新兴数字立法的关注；四是 2018 年国际刑事司法协助法基本未涉及网络空间犯罪治理司法协助内容。在未来，我国可从促进涉外法治体系下国内法与国际法协同、刑事诉讼法与新兴数字法协同以及国家机关、国际组织与私主体协同等几个方面，推进我国刑事诉讼中跨境取证与联合国网络犯罪公约的衔接。

浙江理工大学揭萍教授以“刑事诉讼中抽样取证程序问题研究——从《关于办理信息网络犯罪案件适用刑事诉讼程序若干问题的意见》展开”为题作了发言。揭萍教授主要对刑事抽样取证的实践样态、刑事抽样取证的适用困境、刑事抽样取证的程序规制作了介绍。首先，借助中国裁判文书网的实证数据对刑事抽样取证的实践样态进行了考察，总结出目前刑事抽样取证的基本特点包括适用案件数量减少、抽样对象集中于“物”、证据形式简单多样、抽样取证主体多元、质疑缺乏说理等。其次，阐述了刑事诉讼中抽样取证的适用困境。目前司法实践中刑事抽样的适用困境主要在于不需要用、不敢用、不能用，尤其是不能用问题，主要是由于我国缺乏相应的程序规则，如行政执法的抽样取证规则难以直接嫁接运用，《关于办理信息网络犯罪案件适用刑事诉讼程序若干问题的意见》不够完善。最后，提出应从选取程序、审查程序、采信程序几个方面完善刑事诉讼抽样取证程序。

北京交通大学郑飞副教授从法理的角度探讨了数字时代的刑事抽样取证规则。主要对抽样取证规则的立法发展与语词辨析、刑事抽样取证规则的性质以及数字时代刑事抽样取证规则的体系化三个问题进行了论述。首先，郑飞副教授对抽样取证规则的立法发展进行了回溯，并对“抽样取证”与“按比例或数量取证”“抽样验证”“抽样检验”相关的语词作了辨析。其次，从刑事抽样取证的正当性问题探讨出发，讨论抽样取证的性质。郑飞副教授认为，抽样取证是一种可反驳的推定，也是一种证明方法。最后，提出应从刑事抽样取证的适用条件、适用范围、科学方法、具体程序、程序衔接出发，对数字时代刑事抽样取证规则进行体系化建设。

北京网络行业协会信息安全应急响应与处置中心高显嵩主任以“信息网络犯罪中取证的重要性与难点”为题作了发言。高显嵩主任提出，网络犯罪目前具有犯罪技术更新快、犯罪模式变化快、犯罪链条前移变化快、支付方式变化快、犯罪团伙的技术实力强等特点。办案机关在实际取证过程中既要保证证据来源可溯、取证方法可靠和证据链条完整，也应注重对关键的、能够证明案件事实的证据的辨识。律师也要注意对证据进行辨识，识别证据与案件事实之间的关系、判断取证的程序、技术方法是否正确、取证和鉴定过程是否可以复现等内容。针对电子证据问题，强调应注意法律与技术的结合、理论与实务的结合。

重庆市公安局刑侦总队电子物证大队郭文举队长从实务的角度对电子证据发展的相关问题作了交流。主要包括几个方面：一是电子证据检查和检验鉴定的问题。对于电子证据的检查，目前没有机构和人员的要求，一方面提高了电子证据检查的效率，另一方面也使得电子证据检查缺乏制约与监督。二是针对刘品新教授提出的企业配侦公司问题，在司法实践中委托鉴定时，有时并不止一个鉴定机构，建议在起诉时应将首次鉴定、补充鉴定和重新鉴定的文书均作为证据材料。三是电子证据的现场录像问题。电信网络犯罪案件往往会涉及多台服务器，全程录音录像有一定的难度，需要考虑如何应对这一问题。四是审查照片形式的电子证据时需要附加照片的比例说明。五是针对电子证据载体的扣押，通常的做法是扣押硬盘，但为了保证电子证据的真实性、可靠性，也需要扣押机箱。六是电子证据的远程勘验，要注意证据的转换。七是电子证据的保全问题，需要注意使用信息要素齐全的封条对证据进行固定、保全。

北京尚权律师事务所信息网络犯罪研究与辩护部主任于天淼律师结合自身的实践经验，从辩护的视角对电子证据作了讨论。一是以服务器、硬盘、电脑、手机等作为载体，提取数据时的证据“三性”问题。于律师指出，要关注对硬盘这类载体提取合法性问题，关注取证过程的合法性。二是通过 IP 端口提取服务器网页内容过程中，需要基于互联网信息的动态变化性和易篡改性特点，关注网页内容的时效性问题背后的证据真实性问题。三是侦查人员使用账号、密码等方式访问涉案人员的聊天通信工具，需要关注取证过程中的真实性、完整性问题。四是相似性鉴定，需要关注相似鉴定的锚点问题。五是哈希值的校验，需要关注文件前后不同阶段提供的 MD5 值。六是针对海量电子数据与指控事实建立关联性的问题，未来或可借助人工智能等工具进行关键词的选择以及数据的筛选。

西南政法大学谢玲副教授从侦查学角度对窝点现场勘查中的虚拟货币处置问题作了讨论。谢玲副教授指出，相较于被害人端、网络云端的电子数据取证，在犯罪窝点空间的电子数据取证规则更为复杂，首先需要注意查找窝点里犯罪嫌疑人的电子设备所安装的虚拟货币交易平台钱包、App，对虚拟货币进行扣押。其次在对网络云端的电子数据与犯罪窝点空间的电子数据同时取证时，要注意对电子数据载体的扣押与检验，对于虚拟货币洗钱交易记录的电子数据提取应当遵循区块链纯正的相关规定。此外，要关注新的案件情况，规范涉案虚拟货币扣押程序，完善信息网络犯罪窝点现场勘查的取证规则。

上海中联（重庆）律师事务所何峰主任针对按比例或数量取证规则问题提出了自己的思考。何峰主任认为，现行《关于办理信息网络犯罪案件适用刑事诉讼程序若干问题的意见》第 20 条已有对抽样取证的规则规定，但不是完整的抽样取证规则。选择或抽样取证的基础是可反驳的推定，司法机关收集到的证据实际存在反证，对全面收集证据的让渡应当以随机性而非选择性为弥补。为了保证证据的全面性，应以随机性证据作为抽样证据，建立信息网络犯罪抽样取证规则，对于随机性证据的破坏应当予以一定的确认，避免选择性取证带来的事实认定错误。

二、关于“信息网络犯罪中证据的审查与运用”

山东大学冯俊伟教授以“信息网络犯罪中证据的审查与运用”为题，从信息网络犯罪证据的特殊性、信息网络犯罪证据审查的传统视角、信息网络犯罪证据审查的过程视角以及信息网络犯罪中应在案而未在案证据的评价和审查四个方面展开报告。冯俊伟教授提出，信息网络犯罪中证据的审查须立足于原有的刑事诉讼框架和刑事诉讼基本格局，同时兼顾其特殊性。一方面，信息网络犯罪中证据的审查需遵循刑事证据审查的传统视角。刑事证据审查的传统视角就是审查证据的真实性、关联性和合法性，信息网络犯罪中同样需要重点审查证据的真实性。另一方面，信息网络犯罪中证据的审查应基于过程视角，关注证据的生成、收集、保存、提出和运用，以保障证据的可追溯性。

江西财经大学谢小剑教授分享了三点思考。一是电子证据真实性、完整性、关联性、合法性的审查内容交叉重叠，难以区分证据资格与证明力审查之先后顺序。二是网络犯罪案件的推定规则不会产生证明责任的倒置，被告人无须承担证明责任。三是刑事诉讼法未采取功能等同原则，办案机关应当扣押、移送、审查电子证据及其载体，坚持对电子证据原件的审查。

西南政法大学梁坤教授阐释了我国侦查取证程序与未来《公约》衔接的三个要点。一是跨境侦查取证。根据国际刑事司法、协助法以及数据安全法，我国国内法规禁止个人及相关主体在未经主管部门批准的情况下，对外提供数据和证据。将来《公约》通过、我国加入后，其他国家主管部门就能够通过网络服务提供者直接调取我国存储的“用户信息”。二是数据分类分级。我国规范层面尚未明确针对不同数据的侦查取证方式，实务中仅通过解释与适用法律对一部分数据的取证方式进行分类，缔结《公约》必须考虑数据的分类分级问题。三是公私合作取证。《公约》草案除“搜查扣押”条款外，均认可网络服务提供者参与取证的资格，未来我国刑事程序法律必须解决第三方主体的合法性问题。

重庆邮电大学王志刚教授以“深度伪造技术对电子数据司法适用带来的新挑战”为题作了发言。深度伪造技术加大了司法实践中对电子数据真实性、关联性、充分性的审查难度，动摇了鉴定意见的可靠性，压缩了辩方的证据对抗空间。对此，王志刚教授指出，在技术层面应当重视数据的逆向溯源，在法律层面应当提高声像资料类证据准入门槛，强化声像资料类证据的质证保障，合理分配证明责任。

北京航空航天大学吉冠浩副教授就“电信网络诈骗中辩方的证明责任”问题谈了自己的看法。电信网络诈骗案件固有的非接触性、海量化、集团职业化以及产业链条化，使得传统司法证明难以发挥有效认定案件事实的作用，电信网络诈骗案件相关司法解释中出现了可以适用推定的情形，以此变通事实认定的方法。吉冠浩副教授将辩方承担证明责任放在适用推定认定事实的动态流程中进行分析，提出辩方证明责任的承担需以控方履行完基础事实的证明责任为前提；辩方承担提出线索供司法机关进一步查实的证明责任，并因辩方对证明对象的举证便利与否而在提供线索的性质上有所区分。

重庆大学自正法副教授提出，网络电子证据的审查应当采取以真实性为中心的正当审查模式。一方面，我国对电子证据的审查主要是围绕真实性展开的，然而国外的电子证据审查呈现以可采性为中心的正当程序模式。在我国司法审判实践当中，要进一步凸显正当程序条款的思路，体现程序的参与性、中立性与合理性，让正当程序根植于电子证据相关性和合法性的审查当中。另一方面，电子证据的真实性审查可以建构一种以“原始性”“统一性”“系统性”和“完整性”为一体的审查标准，需要坚持四性之间的相互补充。

重庆市渝北区人民检察院检察二部张广超主任结合办案过程中的实践经验，交流了帮助信息网络犯罪活动案件与掩饰、隐瞒犯罪所得案件中证据审查的难点。一是主观“明知”难把握。实务中若犯罪嫌疑人实施了转账、套现等行为，大多会被认定为掩隐犯罪，这将压缩帮信犯罪的适用空间，虚化帮信犯罪的主观要件。二是“犯罪所得”难认定。司法实践中，办案机关对网络赌博犯罪中的赌资是犯罪所得还是犯罪成本这一问题，存在较大分歧。三是数罪难认定。若犯罪嫌疑人分时间段提供帮信行为与掩饰行为，办案机关应作整体评价还是单独评价，也是实践中的难点。

福建壶兰律师事务所吴国章主任以“电子证据的过程性审查”为题作了发言。首先，关于一并提取中的程序审查。吴国章主任详细阐释了电子证据“扣押—解锁—保全—保管”程序审查的要点。其次，关于检查提取中的程序审查，吴国章主任强调对检查人员资质、检查设备、检查方法与检查成果的审查。最后，关于单边跨境调取中的程序审查，吴国章主任认为，电子证据规则规定了在线提取与网络远程勘验两种跨境调取形式，网络远程勘验需要授权，获取授权的跨境取证并不违法。

西南政法大学王彪副教授围绕“网络犯罪的证明困难与实践应对”展开与谈。刑法“定性+定量”的立法模式以及刑事诉讼法“案件事实清楚，证据确实、充分”的证明标准均要求查清涉案金额与人数，然而网络犯罪案件取证困难、取证成本高，涉案人数与金额难以认定，由此导致网络犯罪案件证明困难。网络犯罪案件相关解释性文件明确，可以运用综合认定法与抽样取证法认定涉案金额与人数。王彪副教授强调，相关解释性文件中的规定为提示性规定，并未降低网络犯罪案件的证明标准，也未转移证明责任；需慎用推定，慎言辩方承担证明责任。

泰和泰（北京）律师事务所李崇杰主任从辩护人角度就大数据证据的规范问题分享了自己的思考。一是大数据证据概念的规范问题。尽管大数据不是法定证据种类，但实践中已有互联网金融犯罪案件对大数据证据的证明和效力进行了认定。侦查机关已熟练运用大数据技术，辩护律师却知之甚少，致使无法就大数据证据在庭审时进行充分的举证和质证。李崇杰主任认为，大数据技术导致控辩关系完全失衡，律师只能利用有限的辩护技能和借助专家辅助人员或司法鉴定机构的力量进行对抗。二是大数据证据司法运用的规范问题。在互联网金融犯罪案件中，资金数据的梳理、分析和总结直接关系案件主体范围、主观故意、行为模式和犯罪数额的认定。资金分析技术是否可以作为大数据证据的证明方式，一并作为证据提交？若办案机关以商业秘密或者经商秘密为由拒绝提交，辩护人又该如何辩护？李崇杰主任指出，应当厘清大数据证据的科学性，以及大数据证据对事实具有因果关系的证明问题，若在大数据证据证明标准上存在争议，就需要坚持程序法定原则、罪刑法定原则与谦抑性原则，审慎运用扩张解释方法。

结　语

信息网络犯罪具有严重的社会危害性，而准确打击此类犯罪的关键在于证据的正确收集、审查和运用。第二届“证据法学论坛”就信息网络犯罪中的取证规则、审查运用规则展开的专题研讨，对于解决司法实践中此类犯罪案件的证据问题，从而正确地认定案件事实，有效地打击此类犯罪，具有重要的参考价值和指导意义。

● 网络犯罪证据的收集、审查与运用

信息网络犯罪案件取证规则*

刘品新**

"信息网络犯罪案件取证规则"，乍看可能会产生歧义——取证规则难道会因为信息网络犯罪案件而出现独特的变化吗？特别是证据规则，存在专门针对信息网络犯罪的规则吗？但是仔细思考会发现，信息网络犯罪案件中的取证规则具有独特性。从"快播传播淫秽物品牟利犯罪"案可以看出，实践中这类案件中的证据运用和其他案件不太一样，前者可以理解为一种实践法规则。另外，检例第 67 号张凯闵等 52 人电信网络诈骗案针对电信网络诈骗的跨境取证问题专门作了指引，可以看出我国最高司法机关对跨境电子取证有独特的要求。此外，《人民检察院办理网络犯罪案件规定》中有很多是证据条款，特别是取证的条款，可以把它理解为司法解释性规则。

可见，这个题目是有价值和道理的——它指向证据和取证规则会因为信息网络犯罪案件的独特性而发生改变，主要表现为实践法规则、司法解释性规则和指导性案例规则。下文以笔者的观察、亲历视角主要从三个方面讨论信息网络犯罪案件取证规则的独特性。

一、专家辅助办案规则

刑事诉讼法和司法解释都有关于专家辅助人的相关条文，由这些条文所设

---

* 本文是刘品新教授在第二届"证据法学论坛"研讨会上所作的主题报告，整理刊发以飨大家。

** 中国人民大学刑事法律科学研究中心副主任、教授、博士生导师。

立的规则就是专家辅助办案规则。在电信网络犯罪案件之中，其有何特殊的地方？主要是专业公司能否以专家辅助人身份参与办案。以最近颇受关注的张庭涉嫌传销案为例——这是一个由市场监管部门办理的行政违法案件。本案件影响较大，据公开报道，该案中行政执法机关组织相关的专家进行辅助取证，可能出现了一些问题，比如专家在提取相关硬盘中的电子数据时，计算的哈希值出现了中间“连号”的情况。在听证时，律师还指出专家辅助人的资质存在问题。

在这里，还需要给大家特别强调配侦公司违规参与办案的问题。这种情况的出现与我国打击网络犯罪的司法资源配置紧张有一定关系，我国现阶段真正可以从事信息网络犯罪侦查的警力与大量的信息网络犯罪数量相比是明显短缺的。在这种情况下，配侦公司就应运而生。既然是公司就存在“逐利”的问题，实践中往往呈现“远洋捕捞”做法：办案机关不是办本地的网络公司，而是办外地的网络公司。《刑事诉讼法》第 128 条明确规定侦查人员对犯罪有关的场所、物品、人身、尸体应当进行勘验或者检查，在必要的时候，可以指派或者聘请具有专门知识的人在侦查人员的主持下进行勘验、检查。这里面就出现了一个词，即“有专门知识的人”，我们简称其为“专家”。与之相适应的是《刑事诉讼法》第 146 条还明确需要解决案件中某些专门性问题时候，应当指派、聘请有专门知识的人进行鉴定。

对照上述法源和实践中配侦公司介入办案的现象来看，我们会发现存在实践对制度构建的突破。比如，单位尤其是一些具有科技色彩的公司能不能成为“专门知识的人”帮助司法机关侦办案件？展开来说就是“有专门知识的人”是特指自然人，还是可以包括单位？同时，法条中规定的是鉴定，特殊情况下可以进行勘验、检查，但现在实践中很多配侦公司在案件办理中从事的是“侦查”工作，这就产生了办理信息网络犯罪中独特的证据形态：有专门知识的人出具的鉴定报告或者检验报告加上口供这种“1 + 1”的形式。这和一般理解的诉讼证据形态是不太一样的。这种鉴定报告或者检验报告只是一个辅助方案吗？实践中，其得出的结论很有可能就替代了侦查的结果，换句话说，在相关案件里面真正从事侦查工作的是以“有专门知识的人”为名义介入的科技公司，而不是侦查组的科技人员，后者也许只是出具了相关的手续而已。

基于这类案件的演变，我们要思考的问题是专家办案规则要不要随着当下信息网络案件的变化作调整。如果不能作调整，怎样看待现在的配侦公司介入的现象？怎样对他进行合法、合理地规制？笔者认为，还是要回归法治精神本身，不能为具有逐利色彩的配侦公司开辟便利通道，不能对法律规则做任意性的改变。在这样的情况下单位能否作为“有专门知识的人”的问题，值得思考。

二、跨境取证规则

美国在2018年出台了《云法案》，强调美国警察可以依据本国法院的许可通过数据控制者调取世界任何地方的电子证据；欧洲最近出台了《电子证据条例》，也涉及跨境取证。我国目前还没有出台类似的跨境数据取证规则。那么，中国关于跨境电子取证规则该怎么调整？

不难发现，对这个问题，我国部门规章、司法性文件等已经在探索。公安部在2005年出台了《计算机犯罪现场勘验与电子证据检查规则》，其中设定的网络远程勘验以及其相关做法，实际上意味着任何的远程数据都可以通过这样的方式来取证，包括境外电子数据。这个做法在2015年“两高一部”《关于办理刑事案件收集提取和审查判断电子数据若干问题的规定》中得到了进一步的明确，发展成为包括远程勘验、网络在线提取和技术侦查的体系。为避免引发上述三种方法是否遵守网络空间主权原则的质疑，公安部在2019年出台了《公安机关办理刑事案件电子数据取证规则》。该规则在跨境电子取证方面规则做了限缩。随着后来相关司法解释陆续出台，我们发现相关问题并没有得到妥善地解决，反而扩大了。这是基于：如果人为限缩中国的侦查机关对于域外电子数据的取证权限，会给办案带来不利，无法顺利获得相关电子数据。

现在法律规定与实践需求存在一定的紧张关系。完善相关取证规则必须妥善处理其中的矛盾问题。对公开发布的所有电子数据，中国警方可以通过网络在线提取吗？虽然公安部有所规定，但毕竟不是法律规定而是部门规章，那中国警方是否应当采取司法协助的方式跨境取证？或者在什么情况下可以不通过司法协助的方式取证，法律认证的规则究竟应该是什么？检察机关在张凯闵等52人电信网络诈骗案的指导意义部分明确指出，对境外获取的证据应着重审查合法性，对电子数据应着重审查客观性，是否妥当？这两个审查重点是并列的关系吗？这些都值得思考。

笔者认为，访问境外公开网络取证存在两个环节：第一个环节是访问域外网址，这是访问行为。第二个环节是取证行为，是把电脑中屏幕显示的电子数据进行固定。这主要是电脑的内存里留下的信息，是在本机上访问的结果，而不是域外服务器上的原始数据。

基于这种理解，这种取证行为根本不是域外取证，而是域内取证，是打着域外取证标签的域内取证。我国在制定规则时必须对哪些是真正的域外取证、哪些不是域外取证进行区分。

三、非法证据排除规则

这是电子数据规则在中国遇到的障碍，是著名的“刑辩之怨”。如快播案件，办案机关提取电子数据存在不合法的因素，控辩双方产生巨大争议，而最后法院也没有适用非法证据排除规则。因为我国的非法证据排除规则从字面上并不是针对电子数据，或者说还没有真正文本上的电子数据非法证据排除规则。

这些现象引发思考：非法证据排除规则到底能不能适用于电子数据？到底该如何适用？《刑事诉讼法》第56条规定，对采用刑讯逼供等非法方法收集的犯罪嫌疑人、被告人供述和采用暴力、威胁等非法方法收集的证人证言、被害人陈述，应当予以排除，收集物证、书证不符合法定程序，可能严重影响司法公正，不能补正或作出合理解释的，应当予以排除。从字面上看确实没有电子数据的排非规则。

但是实践给我们提出了很多问题，比如，数据存储介质，相关的硬盘可不可以适用排非规则？再比如，电子数据打印出来之后，把它作为书证，是否应当依照书证的规则进行排非？这些问题是电信网络案件带来的实践问题，也是非法证据排除规则应当进行完善的方面。

上述很多问题没有公认的答案。笔者只是作了最简单的思考，有两个不太成熟的观点作为总结：一是信息网络犯罪虽然不能创造独立的证据规则，但为证据规则的重塑带来了机遇和挑战；二是专家辅助办案规则、跨境取证规则与非法证据排除规则是信息网络犯罪办案实践提出的具体问题。

信息网络犯罪证据的审查与运用*

冯俊伟**

本文主题为"信息网络犯罪证据的审查与运用"，涉及四个方面的内容：一是信息网络犯罪证据问题的特殊性；二是信息网络犯罪证据审查的传统视角；三是信息网络犯罪证据审查的过程视角；四是信息网络犯罪中应在案而未在案证据的评价。

一、信息网络犯罪证据问题的特殊性

相较于传统案件，信息网络犯罪案件存在特殊性，这是有关信息网络犯罪司法解释、部门规章和法律文件的基本逻辑起点。信息网络犯罪案件具有更加依赖电子数据、电子数据可能存储在境外、电子数据取证难、电子数据保管要求高、电子数据检验技术性强等特点，这是理解信息网络犯罪问题特殊性的基本逻辑。

2000 年以来，"两高"和公安部相继出台关于网络犯罪、网络犯罪刑事诉讼程序、电子数据的解释，其中很多是对传统证据取证规则、运用规则的突破。在这样的背景下，对信息网络犯罪证据的审查既需要立足于原有刑事诉讼的框架和刑事诉讼制度的基本格局，又需要结合当下信息网络犯罪的新的特点。

二、信息网络犯罪证据审查的传统视角

一些研究中使用了"区块链证据""人工智能证据""大数据证据""算法证据"这样的表述，但是需要甄别的是，区块链证据是指一种存证，还是

---

* 本文是冯俊伟教授在第二届"证据法学论坛"研讨会上所作的主题报告，整理刊发以飨大家。

** 山东大学法学院教授、博士生导师。

指一种新的证据类型？

信息网络犯罪中证据的审查一定是基于原有的证据审查的基本框架，并具有自己的特点。原有的刑事证据的审查框架包括证据的三性，即客观性、关联性和合法性，或者真实性、关联性和合法性，后来司法解释又增加了完整性。真实性在证据审查中具有突出地位。司法解释，比如2016年“两高一部”《关于办理刑事案件收集提取和审查判断电子数据若干问题的规定》，关于证据排除或者不得作为定案根据的条款，更多强调的是，是否存在无法保证电子数据的真实性的情形。真实性审查是一种结果意义的审查、静态的审查。这里有一个案例特别值得关注，就是检例第67号，这在刘品新教授《信息网络犯罪案件取证规则》一文中也有提到。该案例指导意义的第一点强调应着重审查境外获取的证据的合法性。这是一个大的变化，无论是对电子数据还是对传统证据进行审查，都应当首先审查合法性，再考虑真实性。

三、信息网络犯罪证据审查的过程视角

很多时候我们习惯从结果角度和静态角度来看待刑事证据。有人认为证据是客观的、客观性证据更可靠，这些都是从结果角度来思考的。如果从证据和程序结合的角度出发，则应当从过程视角来理解证据。比如，证据的“生命流程”是什么，证据是在什么样的情形下生成的，是怎样被收集的，收集之后怎样被移送，移送之后怎样存储，存储之后怎样送检的，送检之后怎样检验鉴定的，又怎样到法庭上的。证据的过程性视角是一种对证据“生命流程”的关注，包括生成、收集、保存、提出和运用。

在过程视角下，信息网络犯罪的证据审查需要建立一个理念，就是证据的可追溯性，即证据的“来龙去脉”是可以被追溯的。要强化对包括电子数据在内的刑事证据的整个“生命流程”的审查，而不是对证据行为某一阶段的审查。比如，电子数据的生成环境如何，电子数据的收集过程中收集主体、取证方法是否符合法律规定，是否符合技术上的要求，收集提取的过程是否可以重现，收集的内容是否全面，有无见证人和录音录像，是否符合封存要求，拆封之后是否重新封存，原始存储介质是否妥善保存，电子数据又是怎样被移送的。对此，司法解释、法律文件有大量规定。《人民检察院办理网络犯罪案件规定》对境外证据的移交有专门规定，对几个人、如何移交、怎么做记录，都作了较为详细的规定。

从过程视角的审查来看，要把每一个证据的“生命流程”环节连接起来作为一个整体。另外，现在有大量的人工智能和大数据形成的电子数据，我们如何对其进行审查？一些相关研究显示，传统上要求证人出庭的方式已经不能

满足此种证据呈现，在比较法上基于过程视角主要要求对证据的生成过程包括算法和代码等进行披露，是一个重要的发展方向。对于电子数据的生命周期和生命流程的研究，也是比较多的，并形成一定共识。

四、信息网络犯罪案件中应在案而未在案证据的评价

在一些案件中，包括信息网络犯罪案件中，有些证据应当在案而不在案，比如，辩方获知一些取证线索但没有取证机会和取证能力来取得相关证据，办案机关在个别案件中证据移送不够全面，如何对其进行审查？对此，有两种做法：一种是2018年《刑事诉讼法》第41条规定辩护人可以申请调取；另一种是2021年最高人民法院《关于适用〈中华人民共和国刑事诉讼法〉的解释》第73条规定“应当通知人民检察院在指定时间内移送。人民检察院未移送的，人民法院应当根据在案证据对案件事实作出认定”。“应当根据在案证据对案件事实作出认定”，是值得讨论的。

对于应当在案而未在案证据的审查和评价，可以关注聂树斌再审案判决。法院在该案判决书中指出，“聂树斌被抓获之后前5天讯问笔录没有入卷，既与当时的法律及公安机关的相关规定不符，也与原办案机关当时办案的情况不符。……对于申诉人及其代理人提出缺失的笔录可能对聂树斌有利的意见，本院予以采纳”。我们在审查信息网络犯罪证据的过程中，不仅要审查在案的证据，还要对应在案而未在案的证据形成审查规则。

非法电子数据排除的理论反思与制度完善*

冀祥德** 刘潇雨***

一、问题的提出

近年来，信息网络犯罪呈高发态势。以2021年为例，全国检察机关起诉利用网络实施诈骗、赌博、传播淫秽物品等犯罪28.2万人，同比上升98.5%；起诉网络诽谤、侮辱、侵犯公民个人信息等严重危害社会秩序、侵犯公民权利犯罪3436人，同比上升51.3%。① 为有效打击信息网络犯罪，现行网络犯罪立法呈扩张趋势，刑罚趋于加重。② 有学者认为这种从严从重的立法现状并没有充分体现我国宽严相济的刑事政策，主要表现在对从宽政策贯彻不明显，力度有所欠缺。③ 笔者认为，司法程序的严格适用是协调二者关系内在的、应有的法律逻辑。2012年修改后的刑事诉讼法新增了一种实现程序控制的路径，即通过排除非法证据来对侦查取证进行事后的间接控制。④ 时代发展、犯罪、侦查三者构成了一个动态发展系统⑤，电子数据已成为信息网络时代的证据之王，电子数据的取证和审查判断在刑事司法中日益普遍和重要，因而非法电子数据排除已成为通过程序控制实现信息网络犯罪控制进而更好贯彻从宽政策的必要途径。司法实践中，犯罪嫌疑人、被告人以及辩护人对电子数据提出异

---

* 原文《非法电子数据排除制度的反思与完善路径》发表于《铁道警察学院学报》2022年第3期。

** 中国社会科学院法学所研究员，中国社会科学院大学教授、博士生导师。

*** 中国社会科学院大学博士研究生，山东警察学院法律教研部助教。

① 数据来自于2022年《最高人民检察院工作报告》。

② 单奕铭：《我国网络犯罪立法现状及其应然方向》，载《河北法学》2018年第6期。

③ 黄晓亮：《〈刑法修正案（十一）草案〉的三维考察》，载《法治研究》2020年第5期。

④ 魏晓娜：《从“捕诉一体”到“侦诉一体”：中国侦查控制路径之转型》，载《政治与法律》2021年第10期。

⑤ 陈永生：《论电子通讯数据搜查、扣押的制度建构》，载《环球法律评论》2019年第1期。

议，认为电子数据取证违法而要求排除的屡见不鲜。笔者在中国裁判文书网上以“刑事案件”“电子数据”“非法证据排除”为关键词共筛选出由高级人民法院进行审理的判决25份。通过梳理发现，其中有7份判决中被告人及其辩护人针对非法电子数据提出非法证据排除申请，但就被告人及其辩护人提出的这一非法证据排除意见，毫无例外，法院均不予采纳。这在一定程序上说明我国非法电子数据排除之艰难。可见，无论是程序之治①的彰显，还是司法实践的诉求都要求我们从制度层面对非法电子数据的程序性制裁作出时代回应。本文立足我国非法电子数据排除的理论反思，尝试提出非法电子数据排除的制度完善建议。

二、非法电子数据排除的理论反思

非法证据排除规则能够为非法证据的排除提供明确指引。从程序标准来看，非法证据主要是指获取证据的方法上的严重违法②，而对证据能力的否定需要依托证据审查适用程序来实现。因而，非法电子数据排除规则的缺失、电子数据侦查取证程序规则滞后、电子数据审查适用程序中存在的两种偏离成为非法电子数据排除难的重要因素。

（一）非法电子数据排除规则缺失

目前我国关于电子数据证据能力和证明力的规定散见于以下规范性文件中：2016年10月1日开始实施的《关于办理刑事案件收集提取和审查判断电子数据若干问题的规定》（以下简称《电子数据规定》）第27条③、第28条④分别规定了四种不能补正或者作出合理解释的，不能作为定案根据的情形和三种不得作为定案根据的情形；2020年9月1日开始实施的《公安机关办理刑

① 又称程序法治，强调以程序过程为重心，注重博弈，强化司法的作用。详见徐静村：《走向程序法治：中国刑事程序改革的宪政思考》，载《现代法学》2003年第4期。

② 王敏远、祁建建：《电子数据的收集、固定和运用的程序规范问题研究》，载《法律适用》2014年第3期。

③ 《关于办理刑事案件收集提取和审查判断电子数据若干问题的规定》第27条规定：“电子数据的收集、提取程序有下列瑕疵，经补正或者作出合理解释的，可以采用；不能补正或者作出合理解释的，不得作为定案的根据：（一）未以封存状态移送的；（二）笔录或者清单上没有侦查人员、电子数据持有人（提供人）、见证人签名或者盖章的；（三）对电子数据的名称、类别、格式等注明不清的；（四）有其他瑕疵的。”

④ 《关于办理刑事案件收集提取和审查判断电子数据若干问题的规定》第28条规定：“电子数据具有下列情形之一的，不得作为定案的根据：（一）电子数据系篡改、伪造或者无法确定真伪的；（二）电子数据有增加、删除、修改等情形，影响电子数据真实性的；（三）其他无法保证电子数据真实性的情形。”

事案件程序规定》第66条第3款[①]、第71条第2款[②]进一步明确了电子数据"不能作为证据使用"和"应当予以排除"的情形；2021年3月1日开始实施的最高人民法院《关于适用〈中华人民共和国刑事诉讼法〉的解释》（以下简称《刑事诉讼法司法解释》）第113条、第114条系对《电子数据规定》第27条、第28条的吸收。但是以上条款并非构建了非法电子数据的排除规则。一方面，"不能作为定案的根据""不能作为证据使用"不等同于非法证据排除规则。虽然"不能作为定案的根据""不能作为证据使用"的情形与非法证据排除规则都将引起证据排除的后果，但是两者的立法基点、排除方式均有不同。具体而言，非法证据排除规则解决的是由于取证程序严重违法导致的证据能力丧失的问题，其以证据的证明能力和容许性为基点，具有针对侦查机关严重违法取证行为进行程序性制裁的鲜明问题指向[③]，而"不能作为定案的根据""不能作为证据使用"解决的是证据的真实性、可靠性问题，其以证据的证明力和证明强度为基点。基点的差异决定两者审查和排除方式的相异。非法证据排除规则强调无论证据真伪，只要符合《刑事诉讼法》第56条[④]规定的情形，就应当排除在证据体系之外，这是一种绝对排除、当然排除；而对于因证明力缺失导致证据不能采信的情形，法官需要综合案件全部证据，依据自由裁量权将其排除，这是一种相对排除。由此，上述不真实、不可靠的证据不属于非法证据排除规则的规制范围，《电子数据规定》和《刑事诉讼法司法解释》也不应作为非法电子数据排除规则适用的法律依据。另一方面，虽然公安部发布的《公安机关办理刑事案件程序规定》第71条第2款列举了非法电子数据排除情形，但其性质属于部门规章。根据《立法法》第102条[⑤]，该规定仅在全国公安机关系统内部具有约束力，而无法为人民检察院、人民法院针对非法电子数据适用非法证据排除提供法律依据。而非法证据排除需要由法律

① 《公安机关办理刑事案件程序规定》第66条第3款规定："收集、调取的电子数据，足以保证完整性，无删除、修改、增加等情形的，可以作为证据使用。经审查无法确定真伪，或者制作、取得的时间、地点、方式等有疑问，不能提供必要证明或者作出合理解释的，不能作为证据使用。"

② 《公安机关办理刑事案件程序规定》第71条第2款规定："收集物证、书证、视听资料、电子数据违反法定程序，可能严重影响司法公正的，应当予以补正或者作出合理解释；不能补正或者作出合理解释的，对该证据应当予以排除。"

③ 闵春雷：《非法证据排除规则适用范围探析》，载《法律适用》2015年第3期。

④ 《刑事诉讼法》第56条规定："采用刑讯逼供等非法方法收集的犯罪嫌疑人、被告人供述和采用暴力、威胁等非法方法收集的证人证言、被害人陈述，应当予以排除。收集物证、书证不符合法定程序，可能严重影响司法公正的，应当予以补正或者作出合理解释；不能补正或者作出合理解释的，对该证据应当予以排除。"

⑤ 《立法法》第102条规定："部门规章之间、部门规章与地方政府规章之间具有同等效力，在各自的权限范围内施行。"

规定的程序去实现，包括程序的启动、证明程序和排除程序等，因此，《公安机关办理刑事案件程序规定》第 71 条尚不能构成非法电子数据排除规则，对整个刑事诉讼程序提供明确指引。

关于《刑事诉讼法》第 56 条所确立的非法证据排除规则能否适用于电子数据，理论界与实务界尚存争议。如有学者认为电子数据与书证、物证均属于实物证据，故刑事诉讼法关于实物证据的非法证据排除规则可适用于电子数据①；有实务人员认为电子数据并不能简单等同于实物证据，电子数据是否在非法证据排除范围之内，法律未予明确规定②。笔者认为，《刑事诉讼法》第 56 条针对实物证据所确立的非法证据排除规则并不能当然适用于电子数据：其一，从证据属性来看，虽然实践中电子数据传统化举证频频发生，但电子数据在存储介质、表现形式、承载信息复杂性等方面均呈现与实物证据本质的不同，根据文义解释方法，实物证据难以涵盖电子数据；其二，从立法技术来看，刑事诉讼法、《关于办理死刑案件审查判断证据若干问题的规定》、《刑事诉讼法司法解释》等规范性法律文件均将电子数据作为独立证据类型予以规定。概念和语言表达是立法技术的重要内容③，我国立法技术日渐完善，《刑事诉讼法》第 56 条尚未将电子数据与书证、物证并列表述，也表明我国现行非法证据排除规则尚不适用于电子数据。

我国非法电子数据排除规则的缺失，致使依据《电子数据规定》第 27 条和第 28 条、《刑事诉讼法司法解释》第 113 条和第 114 条所规定的真实性审查规则来判断电子数据合法性成为实践中常见的裁判思路。受实体真实主义和职权主义影响，长期以来，我国法官在技侦证据的适用上表现出“如果通过技术侦查获取的材料不能进入诉讼程序作为证据使用，不仅会导致诉讼资源的浪费，而且也不利于打击控制犯罪和维护社会秩序”④ 的心理。在这种裁判思路和裁判心理作用下，法官通常基于自由裁量权采纳了本应强制排除的非法电子数据。⑤ 这不仅造成法律规则适用的混淆以及基本诉讼理论的背离，也使得非

---

① 王敏远、祁建建：《电子数据的收集、固定和运用的程序规范问题研究》，载《法律适用》2014 年第 3 期。

② 王春蕾：《非法证据排除规则是否适用于电子数据》，载华辩网 2016 年 3 月 22 日；徐红亮：《非法电子数据应当纳入非法证据排除的范围》，载微信公众号“刑事辩护与思考”2020 年 8 月 16 日。

③ 立法表达技术包括：(1) 规范性法律文件的名称；(2) 规范性法律文件的内部结构、外部形式、概念和语言表达、文体的选择技术等；(3) 法律规范的结构和分类技术；(4) 规范性法律文件的系统化技术。载百度百科，https：//baike. baidu. com/item/% E7% AB% 8B% E6% B3% 95% E6% 8A% 80% E6% 9C% AF/2506909？ fr = aladdin。

④ 王新清：《技术侦查证据使用问题研究》，载《证据科学》2012 年第 4 期。

⑤ 如孙某友生产、销售有毒、有害食品罪一审刑事判决书，载中国裁判文书网。

法证据排除规则所预期构建的“遏制侦查取证行为，敦促侦查机关依法办案，切实保障诉讼参与人的基本权利”① 这一程序法治理想在治理信息网络犯罪领域难以实现。

（二）电子数据侦查取证程序规则滞后

非法证据排除规则的实质含义是对侦查机关违法取证和违反诉讼程序的行为进行程序性制裁②，这表明非法电子数据排除规则准确适用的前提是具备较为健全的电子数据侦查取证程序规则。为规范侦查人员办理刑事案件电子数据取证行为，我国先后颁布了《公安机关办理刑事案件程序规定》《电子数据规定》《公安机关办理刑事案件电子数据取证规则》（以下简称《电子数据取证规则》）。但在刑事诉讼法层面，并未规定与电子数据承载公民权利相适应，且能体现电子数据开放性、易变性以及电子数据取证非亲历性、非直接接触性特点的侦查取证程序。实践中不乏有侦查人员借助传统刑事诉讼制度中的取证规则来获取电子数据，这种利用法律漏洞从而在证据收集合法性上“打擦边球”的行为给电子数据的非法证据排除带来较大困扰。其中以电子数据网络远程勘验规则最为明显。

开放式网络环境内电子数据的日益增多决定着电子数据网络远程勘验成为侦查人员提取证据的重要方式。③ 区别于传统刑事勘验④，电子数据网络远程勘验具有如下两个特征：第一，公民权利的高度干预性。不可否认，部分电子数据网络远程勘验并不会侵犯公民个人权利，如对通过百度检索结果的远程勘验。⑤ 但是电子数据承载着公民的数据性基本权利，而这些权利是公民宪法性权利的新兴形态，加之大数据算法的弥漫性极易形成滥权，侵犯其他电子数据承载的信息、隐私等权利⑥，所以大部分电子数据网络远程勘验都对公民权利产生较强干预。第二，证据获取的高度隐蔽性。电子数据的远程勘验可以在被调查对象不被察觉的情况下完成，这意味着被调查对象无从知晓其权利遭受侵犯，更无从对自己遭受干预的权利主张救济。上述两点特征决定电子数据网络远程勘验这一侦查行为具有强制性侦查措施的属性，应当受到法律保留主义、

① 闵春雷：《非法证据排除规则适用问题研究》，载《吉林大学社会科学学报》2014 年第 2 期。

② 陈瑞华：《程序性制裁理论》，法律出版社 2010 年版，第 104—108 页。

③ 刘品新：《电子证据的基础理论》，载《国家检察官学院学报》2017 年第 1 期。

④ 《刑事诉讼法》第 128 条规定：“侦查人员对于与犯罪有关的场所、物品、人身、尸体应当进行勘验或者检查。在必要的时候，可以指派或者聘请具有专门知识的人，在侦查人员的主持下进行勘验、检查。”

⑤ 谢登科：《电子数据网络远程勘验规则反思与重构》，载《中国刑事法杂志》2020 年第 1 期。

⑥ 郑戈：《在鼓励创新与保护人权之间：法律如何回应大数据技术革新的挑战》，载《探索与争鸣》2016 年第 7 期。

令状主义、比例性原则等程序性限制。依此思路，《电子数据规定》第 9 条[①]对电子数据网络远程勘验的审批程序作出规定，《电子数据取证规则》第二章第四节共计 13 个条文对电子数据网络远程勘验作出较为详细的程序性限制。然而《刑事诉讼法》并未对电子数据网络远程勘验作出规定，仅在第 128 条[②]、第 129 条[③]、第 130 条[④]规定了针对实物证据的勘验制度，且未对勘验制度作出详细的程序性规制。此外，《公安机关办理刑事案件程序规定》第 174 条将勘验作为初查措施的一种予以规定。由此可见，刑事诉讼法与《公安机关办理刑事案件程序规定》都将勘验视为任意性强制措施，而电子数据网络远程勘验作为勘验的下位概念，刑事诉讼法与《公安机关办理刑事案件程序规定》对勘验的规定和法律性质界定自然适用于电子数据网络远程勘验，这与《电子数据规定》和《电子数据取证规则》将其界定为强制性侦查措施的立法思路产生矛盾，进一步引发以侦查措施法律性质界分为基础的法律保留主义、令状主义、比例原则等程序规则适用的混乱。因此，没有协调、统一的电子数据侦查取证规范，“针对侦查机关严重违法取证行为进行的程序性制裁”为鲜明问题指向的非法电子数据排除就成了无本之木。实践中，部分侦查人员利用电子数据网络远程勘验获取了大量电子数据，其中不乏有行为违反了《电子数据规定》《电子数据取证规则》中的程序法律规范，并严重侵犯公民基本权利，基于该侦查行为所获取的电子数据属于实质上应当被排除的范围，但因上述立法瑕疵，该电子数据网络远程勘验行为并不违反刑事诉讼法、《公安机关办理刑事案件程序规定》关于勘验的法律规范，故无法确定其行为合法性，也就无法进行非法证据排除。这种侦查程序规则滞后致使电子数据取证行为“打擦边球”的现象还有很多，如传统搜查规则囿于身体、物品、住处等有形物的限制而无法对“借远程勘验之名，行刑事搜查之实”[⑤]的电子取证行为进行规制；再如传统见证制度主要适用于常规侦查措施，而忽略了通过网

---

① 《电子数据规定》第 9 条第 3 款规定：“为进一步查明有关情况，必要时，可以对远程计算机信息系统进行网络远程勘验。进行网络远程勘验，需要采取技术侦查措施的，应当依法经过严格的批准手续。”

② 闵春雷：《非法证据排除规则适用问题研究》，载《吉林大学社会科学学报》2014 年第 2 期。

③ 《刑事诉讼法》第 129 条规定：“任何单位和个人，都有义务保护犯罪现场，并且立即通知公安机关派员勘验。”

④ 《刑事诉讼法》第 130 条规定：“侦查人员执行勘验、检查，必须持有人民检察院或者公安机关的证明文件。”

⑤ 谢登科：《电子数据网络远程勘验规则反思与重构》，载《中国刑事法杂志》2020 年第 1 期。

络监听、监控获取动态电子数据的固定等侦查取证行为等。[①] 如此背景下，即使规定了非法电子数据排除规则，也难以适用于通过网络远程勘验获取的电子数据。

（三）电子数据审查适用程序中的两种偏离

电子数据的审查适用活动围绕着电子数据的证明能力和证明力，通过举证、质证、认证三个环节开展，目前我国在举证、认证环节中存在两种偏离，这给电子数据的合法性审查带来一定困难。

一种是控方举证存在用实物证据代替电子数据的偏离。随着《电子数据规定》《电子数据取证规则》《人民检察院办理网络犯罪案件规定》等法律规范性文件的陆续出台，电子数据的审查认证规则与书证、物证、勘验笔录相比十分繁杂，所以实践中控方将电子数据打印、拍照形成书证、物证，或以勘验笔录形式提交成为常态，试图以此规避庞杂的电子数据规则适用问题。如在金某海走私、贩卖、运输、制造毒品案二审刑事裁定书中，控方将语音复听通话记录这一典型电子数据转化成文字，以书证形式提交，且法庭最后将其作为证据予以采纳[②]。由于长久以来，我们在证据合法性认定上存在这样一种倾向，即非法证据排除规则把实物证据看成客观性很强的证据，客观性很强的证据是不会因为采用非法方法收集和获取就影响其真实性，法官轻易不排除[③]，加之实物证据的合法性证明过于依赖情况说明，因此一旦控方将电子数据被转化为实物证据提交，法官依据实物证据的审查认定规则对其认证，该电子数据即便获取程序严重违法，事实上也很难被排除。

另一种是法官认证存在以电子数据的真实性审查替代合法性审查的偏离。实践中法官以电子数据信息具备形式上的真实性而解决控辩双方针对取证违法而引发的电子数据合法性争议问题的现象不在少数。如焦某走私、贩卖毒品案中，辩护人提出辩护意见称警方收集焦某、秦某等人手机中的电子数据程序违法，可能影响司法公正，请求将该电子数据予以排除；而法院审理认为该证据"收集不符合法定程序，但已经公安机关补正或合理解释，不影响相关证据真实性"，可以作为定案依据。[④] 法官偏重对电子数据真实性审查而忽略合法性审查阻碍非法电子数据排除。因为电子数据真实性多依赖于侦查人员对法定程

---

① 宋善铭：《刑事见证制度的检讨与完善——以电子数据勘验为例的经验分析》，载《学习论坛》2017年第12期。

② 参见湖北省荆州市中级人民法院刑事裁定书，(2019) 鄂12刑终130号。

③ 王敏远：《非法电子数据的排除》，载微信公众号"法眼观网"2017年3月26日。

④ 参见广西壮族自治区南宁市中级人民法院刑事裁定书，(2021) 桂01刑终530号。

序中技术规范的遵守①，这些技术规范承载着较少的人权保障价值和权力制约功能，侦查人员违反技术性规范的可能性较低，这样一来，合法性审查就似乎丧失独立品格，以合法性为基点的非法电子数据排除便无从谈起。

这两种偏离的出现根源在于司法实践中公检法人员对待电子数据的一种普遍理念和实践误区，即电子数据传统化运用的误区。从取证活动开始，侦查人员为了避免受到繁杂电子数据侦查取证规则的制约，企图套用传统实物证据取证规则获取电子数据，到举证阶段将此思路延续，而鉴真制度成为我国实物证据审查越来越重要的内容②，以此来看，法官用证据真实性代替证据合法性审查不过是取证、举证程序中电子数据传统化运用的必然结果。这一理念与实践误区，也从侧面反映出大数据浪潮对司法工作者理念转变和能力提升提出更高要求。

三、非法电子数据排除的制度完善

刑事诉讼法作为规范刑事诉讼活动的基本法律，应当对影响刑事诉讼活动的外在因素作出及时反应。非法电子数据的排除依托于我们确立非法电子数据排除规则和完善能够体现电子数据自身特点、人权保障要求的侦查程序规则、审查适用程序规则。一方面需要修改《刑事诉讼法》第 56 条为："采用刑讯逼供等非法方法收集的犯罪嫌疑人、被告人供述和采用暴力、威胁等非法方法收集的证人证言、被害人陈述，应当予以排除。收集物证、书证、视听资料、电子数据违反法定程序，可能严重影响司法公正的，应当予以补正或者作出合理解释；不能补正或者作出合理解释的，对该证据应当予以排除。"另一方面需健全电子数据侦查取证程序规则和重塑电子数据审查适用程序规则。

（一）健全电子数据侦查取证程序规则

第一，根据犯罪侦查中电子数据承载信息的法律性质和类型来确定侦查行为性质。电子数据的勘验、搜查、扣押等行为的性质将直接影响到法律对该取证行为不同程度地调整和规制。传统实物证据所承载的公民财产权与实物证据所处的物理空间联系密切，故法律依据实物证据被存放的物理空间的开放与私密程度来区分强制性侦查行为与任意性侦查行为。而电子数据信息集中于第三方或网络运行商这一特点决定了需要改变行为性质的界定标准。国际通行做法

① 赵航：《电子数据合法性审查规则的反思与完善》，载《大连理工大学学报（社会科学版）》2022 年第 1 期。

② 李锟：《论物证鉴真的方法与效力——以毒品案件为切入》，载《中国刑事法杂志》2019 年第 2 期。

将电子数据按照承载信息的性质和类型划分为注册信息、交互信息、内容信息①，并根据信息承载的公民隐私利益期待高低来调整法律对相应取证行为控制的严厉程度。我国可以参考这一标准对电子数据侦查取证行为作强制性和任意性之区分。

第二，合理划定电子数据取证范围。电子数据存储内容的海量性易使其承载大量与案件无关的人员或与案件事实无关的信息，所以有必要合理划定电子数据取证范围。有学者以案件复杂性为区分标准，以侦查相关性和证据相关性来界定电子数据取证范围②，给我们提供了一种完善思路。究竟以什么标准来划定电子数据取证范围才能实现查明事实与不侵犯他人基本权利，保障他人合理隐私权，尚需通过实践加以总结。

第三，增设以权利保障为基点的侦查取证程序规则。目前关于电子数据侦查取证法律规定中保障证据真实性的技术规则多，关注权力控制和人权保障的法律程序规范少。这就造成了某些侦查行为即使遵循技术规则，形式上保证了行为的合法性，但实质上对公民权利造成较大侵害。如《电子数据规定》中关于“电子数据一体收集模式适用优先”的规定。③ 所以，未来侦查规则完善思路不应仅仅关注电子数据的真实性，还需要增设体现人权保障的法律程序规范，当侦查人员出现严重违反上述法律规定，影响司法公正和公民权利时，考虑通过适用非法电子数据排除规则对其进行程序性制裁。

（二）重塑电子数据审查适用程序规则

电子数据审查适用程序中出现的两种偏离，敦促我们改变现有的证据审查适用规则。

第一，应对实践中的第一种偏离，即控方举证阶段用实物证据代替电子数据这一现象，有必要扭转目前法官以实物证据规则审理“实物化”的电子数据倾向，构建电子数据的“双重审查规则”。也就是针对电子数据在物理的存在形式和证据事实的表达方式上出现分离，呈现双重载体的这一特点，依据载体的不同性质，分别适用不同的证据规则进行审查。其法理正当性在于：举证方式并不对应证据规则，证据形式才对应证据规则，电子数据的形式和事实表

---

① 谢登科：《电子数据网络远程勘验规则反思与重构》，载《中国刑事法杂志》2020 年第 1 期。

② 吴桐：《电子数据搜查、扣押的行为相关性研究》，载《中国人民公安大学学报（社会科学版）》2021 年第 5 期。

③ 电子数据一体收集模式能够更契合最佳证据规则内在要求，从而更有利于保障电子数据真实性，但是其对公民权利侵害较大，不仅会干预与本案电子数据所承载的基本权利，还会侵犯其原始介质财产权以及其中所存在与本案无关电子数据所承载的基本权利。谢登科：《电子数据的鉴真问题》，载《国家检察官学院学报》2017 年第 5 期。

达分别对应不同证据形式，故应适用不同证据规则。如将电子数据转化为书证形式进行举证，法官审查该证据时应同时遵循书证的审查规则和电子数据的审查规则。有学者将此审查规则称为“证据 PLUS 规则”，并总结公式为“证据 PLUS 规则 = 本来形式的证据规则（电子证据规则） + 衍生形态的证据规则（PLUS 规则）”①；有学者将此审查规则称为“双重鉴真规则”②。但无论名称为何，其本质都在于强调审查规则需兼顾电子数据实质内容和表现形式。

第二，应对实践中的第二种偏离，即法官认证阶段注重电子数据真实性审查，以致代替合法性审查这一现象，可以考虑构建层次性电子数据合法性审查规则。首先，要树立证据能力优先审查原则，这是由刑事诉讼法原理决定的，所以法官应先进行电子数据合法性审查，后进行电子数据真实性审查。其次，在审查电子数据合法性时，宜考虑将电子数据的合法性审查分为合规范性审查和合正当性审查两个层次，根据不同情形按照不同序位进行审查。其法理正当性在于：证据合法性建立于构成要素完备和价值正当两大基础之上，构成要素包括取证主体、取证程序、证据形式等；价值正当包含程序正义、人权保障等价值不被破坏。两者的关系在于某一证据满足构成要素的完备，其当然具备价值层面的正当性；某一证据在构成要素欠缺的情况下，若其具备价值层面的正当性，该证据为瑕疵证据，后经控方补正或者合理解释，其仍旧具备证据能力，若其不具备价值层面正当性，则该证据不具备证据能力，需作为非法证据加以排除。我们将对证据构成要素完备性的审查称为合规范性审查，将对证据价值正当性的审查称为合正当性审查。③ 由此，法官在对电子数据进行合法性审查时，应先对其进行第一层次的审查，也就是在证据法规范层面展开要素审查，合规范性要件的电子数据当然具备合法性；若该电子数据存在构成要素的欠缺，法官有必要对电子数据进行第二层次审查，即正当性审查，若该电子数据是以违反程序正义或者以对权利造成重大损害的方式取得的，则该证据应当被认定为非法证据，无论是否真实，都不能予以采信。

四、结语

大数据时代，信息网络犯罪的高发和社会风险的增加带来了国家刑罚权的不断扩张。如何通过刑事司法活动实现对国家权力的限制，进而找到惩罚犯罪

---

① 刘品新：《电子证据的 plus，绝非“任人打扮的小姑娘”》，载微信公众号“法眼观网”2022 年 1 月 19 日。

② 刘译矾：《论电子数据的双重鉴真》，载《当代法学》2018 年第 3 期。

③ 赵航：《电子数据合法性审查规则的反思与完善》，载《大连理工大学学报（社会科学版）》2022 年第 1 期。

与保障人权的平衡点，成为刑事诉讼面临的紧迫课题。当下，电子数据的获取与审查判断在司法实践中发挥着前所未有的重要作用，但是我国尚未构建起与之重要程度相匹配的、较为完善的程序性规则，导致非法电子数据难以排除，除上述制度层面的完善建议外，非法电子数据排除规则的确立和推行还有赖于观念的转变与配套制度的完善。观念的转变包括但不限于从偏重对社会秩序的维护向兼顾保障公民权利和自由的转向，从实体真实主义向程序正当主义的转向，从打击犯罪到保障人权的转向。配套措施的构建与完善包括但不限于强化辩方质证权利，以确保法官可以在控辩双方的交叉质询中实现对电子数据证据能力的认定；推动律师行业“智慧辩护”建设，适应“人工智能+司法”改革对律师质证能力提出的新要求等。

刑事诉讼中抽样取证程序问题研究

——从《关于办理信息网络犯罪案件适用刑事诉讼程序若干问题的意见》展开

揭　萍[*]　林彬霞[**]

一、问题的提出

抽样取证规则在刑事诉讼中应用已久，但在“两高一部”出台的《关于办理信息网络犯罪案件适用刑事诉讼程序若干问题的意见》（以下简称《信息网络犯罪程序意见》）出台之前，相关规制零散分布于一些规范性文件中。随着互联网与信息技术飞速发展，我国信息网络犯罪案件数量急剧上升。由于网络的涉及面广、非接触性以及信息呈现的时效性、交互性、匿名性与不可控性，信息网络犯罪案件的证据样态与证明方法都产生了变化，也增加了刑事诉讼的证明难度。为了应对信息网络犯罪案件常见的海量证据问题，《信息网络犯罪程序意见》明确了抽样取证规则在此类案件的适用条件与证据范围，对证据选取、审查与采信等内容作了基本的规定。① 在大数据背景下，网络犯罪

---

* 法学博士，浙江理工大学教授，硕士生导师。

** 浙江理工大学2022级硕士研究生。

① “两高一部”《关于办理信息网络犯罪案件适用刑事诉讼程序若干问题的意见》第20条规定：办理信息网络犯罪案件，对于数量特别众多且具有同类性质、特征或者功能的物证、书证、证人证言、被害人陈述、视听资料、电子数据等证据材料，确因客观条件限制无法逐一收集的，应当按照一定比例或者数量选取证据，并对选取情况作出说明和论证。人民检察院、人民法院应当重点审查取证方法、过程是否科学。经审查认为取证不科学的，应当由原取证机关作出补充说明或者重新取证。人民检察院、人民法院应当结合其他证据材料，以及犯罪嫌疑人、被告人及其辩护人所提辩解、辩护意见，审查认定取得的证据。经审查，对相关事实不能排除合理怀疑的，应当作出有利于犯罪嫌疑人、被告人的认定。

涉及地域广泛，其中的电子证据、案件知情人都遍布各处，要想保障取样均匀并确保其具有代表性，犹如天方夜谭。[①] 信息网络犯罪案件无论是犯罪手段、犯罪方法、证据分布，还是证明方法，都有其特殊性。对于信息网络犯罪案件涉及海量同质性的证据材料，客观上不可能逐一查证，也没有逐一查证的必要。从效益角度出发，抽样取证规则的适用无疑有利于降低控方的证明压力，为控方解决信息网络犯罪案件的取证难题提供了有效的解决方式。

然而，信息网络犯罪案件适用抽样取证规则对证明标准的冲击、给犯罪嫌疑人权利保障带来的风险同样不容忽视。对于刑事诉讼而言，效益不应成为最主要的价值追求，只有在保障公正的前提下追求程序效益才具有正当性。《信息网络犯罪程序意见》中明确的信息网络犯罪案件适用抽样取证的案件证据条件是否清晰、可操作？“数量特别众多”与“同类性质、特征或者功能”如何把握？与所列举证据种类是否合理？几乎囊括了所有的证据类型有无法律依据、是否必要且可行？抽样取证的主体仅限于侦查机关还是包括信息网络运营者、专业技术机构？“客观条件限制无法逐一收集”中的“客观条件”与“按照一定比例或者数量选取证据”中的“比例或者数量”如何确定？对选取情况由谁来说明，说明的具体要求、方式是否应当明确？这些问题如果不能清晰化，信息网络犯罪案件的抽样取证规则在司法实践中必然会出现无法适用或随意滥用的两极现象。基于这些问题，本文从刑事诉讼中抽样取证的实践样态考察切入，分析刑事诉讼困境与风险，讨论刑事案件抽样取证规则在选取、审查、采信各环节的程序规制，以期在保障人权的基础上最大限度地发挥抽样取证规则对证明负担消减之功效。

二、刑事诉讼中抽样取证规则的实践样态

以“抽样取证”为关键词，以 2012 年 1 月 1 日至 2022 年 12 月 31 日为区间，在中国裁判文书网检索到的一审生效刑事裁判文书共计 4032 件。基于裁判文书网络统计与一些典型案件分析，再结合之前学者所作的实证研究，能透视出抽样取证规则在刑事诉讼程序中的适用存在以下几方面特点：

（一）适用案件数量萎缩

从中国裁判文书网检索的数据来看，总体趋势上，抽样取证规则在刑事案件中的适用自 2013 年开始急剧增多，2017 年至顶峰后逐年下降，2022 年适用的案件数已低于 2012 年。至 2023 年 4 月 1 日，2023 年尚无一份出现“抽样取证”表述的刑事案件裁判文书。具体案件数按年份分布如表 1。

---

① 参见刘品新：《网络犯罪证明简化论》，载《中国刑事法杂志》2017 年第 6 期。

表 1　2012—2023 年刑事案件抽样取证适用情况

年份	2012	2013	2014	2015	2016	2017	2018	2019	2020	2021	2022
案件数	16	138	641	482	574	661	634	490	287	99	10

其余检索条件不变，关键词中再增加“网络”一词，共检索到一审刑事判决书 95 份，倘若将内容包含“网络”的案件等同于网络犯罪案件，网络犯罪案件约占所有适用抽样取证案件的 3%，具体案件数按年份分布如表 2。

表 2　网络犯罪案件抽样取证适用情况

年份	2014	2015	2016	2017	2018	2019	2020	2021
案件数	2	4	9	11	18	21	15	15

信息网络犯罪是一个范畴非常宽泛的犯罪学概念，我国相关规范性文件对信息网络犯罪的范围界定也在不断调整，司法实践中涉及的具体罪名也随着不同时期犯罪形势而变化。《信息网络犯罪程序意见》中将“信息网络犯罪”明确为“危害计算机信息系统安全犯罪案件”“拒不履行信息网络安全管理义务、非法利用信息网络、帮助信息网络犯罪活动的犯罪案件”“主要行为通过信息网络实施的诈骗、赌博、侵犯公民个人信息等其他犯罪案件”三类，涉及十余个或数十个刑事犯罪罪名。结合该意见的说明界定的信息网络犯罪案件范围①，笔者选择其中近年来相对高发的几个罪名，在中国裁判文书网分别以“抽样取证”为关键词检索 2012 年 1 月 1 日至 2022 年 12 月 31 日的一审刑事案件裁判文书，获取帮助信息网络犯罪活动罪 3 件、诈骗罪 28 件、开设赌场罪 11 件、赌博罪 2 件以及侵犯公民个人信息罪 5 件，其中大量案件并非通过信息网络平台实施的，如诈骗仅有 9 件是利用信息网络实施的，而破坏计算机信息系统罪则没有一个案件涉及抽样取证的运用。

（二）抽样对象集中于“物”

据学者以往的研究，2018 年之前中国裁判文书网上刑事案件适用抽样取证的 2747 起案件中，抽样取证对象为毒品 607 起、食品 894 起、各类产品或商品 832 起、商标 108 起、药品 45 起、水或土壤 44 起，其他如光碟、爆炸物等 217 起。② 与该统计数据相比，2018 年之后适用抽样取证的刑事案件类型与

① 周加海、喻海松、李振华：《〈关于办理信息网络犯罪案件适用刑事诉讼程序若干问题的意见〉的理解与适用》，载《中国应用法学》2022 年第 5 期。

② 马忠红：《论网络犯罪案件中的抽样取证——以电信诈骗犯罪为切入点》，载《中国人民公安大学学报（社会科学版）》2018 年第 6 期。

抽样对象种类总体上没有明显改变。案件类型仍集中在涉及假冒伪劣商品药品、毒品、有毒有害食品、知识产权等案件，抽样对象仍集中于涉案的物品。抽样对象虽然逐步从“物”扩展到“人”和“数据”，但总体数量并不多。适用抽样取证的95件网络犯罪案件中，有生产、销售伪劣产品类犯罪案件37件、侵犯知识产权类犯罪案件10件、毒品类犯罪案件9件、诈骗类犯罪案件11件、计算机网络犯罪案件6件，以及非法制造、买卖、运输、邮寄、储存枪支、弹药、爆炸物犯罪案件5件；根据裁判文书能准确判断出对物品进行抽样的案件数量为54件，对受害人抽样的案件数量为7件，对数据进行抽样的案件数量为5件。

（三）证据形式简单多样

上述95件网络犯罪案件的判决书中，绝大多数案件仅能在证据列举中判断该案运用了抽样取证方法，判决书中对抽样取证的适用条件、抽样比例或数量、抽样方法或依据等均没有说明、论证或说理。在证据列举中，涉及抽样取证的表述五花八门，其中，表述为“抽样取证证据清单”17件、“抽样取证物品清单”17件、“抽样取证记录”10件、“抽样取证凭证”3件、“抽样取证清单”2件，表述为“抽样取证情况说明”8件、“抽样取证笔录”5件、“抽样笔录”4件，还存在“（抽样取证）保存清单”“登记保存（抽样取证）物品处理通知书”“抽样取证鉴定报告”“抽样鉴定”“抽样取证审批表及物品清单”“随机抽样取证的相关事实”等表述。从裁判文书无法知晓这些证据材料的具体内容，但证据形式的多样性也能透视司法实践中抽样取证程序的混乱。大多数案件以“清单”“凭证”“记录”表述存在的证据形式显然只是罗列抽样选取的对象，明显不具备对“选取情况作出说明和论证”的功能；“说明”“笔录”等表述涵盖了对选取情况说明和论证的功能，但也可以仅仅是一个简单的过程性笔录或说明；而“（抽样取证）保存清单”“抽样取证鉴定报告”“抽样鉴定”等表述，则明显是将抽样程序与相关物证保存与鉴定程序混为一体。

（四）抽样取证主体多元

不同案件中，抽样取证由专门行政机关、网络技术机构与公安机关等多种主体完成，信息网络犯罪案件的多样性决定了抽样主体的多元性。直接采用行政机关移送的抽样取证的案件占了很大比例，主要集中于对涉案物品的抽样取证，如陈某妮生产、销售有毒、有害食品案[①]，案件证据包括了案件调查终结

① 参见（2020）浙0381刑初1333号刑事判决书。

报告、行政强制措施决定书、扣押财物清单、罚没和暂扣财物入库单、抽样取证单等，很显然，该案来自行政机关的移送，抽样取证的主体应该是最初调查的市场监督管理机关；阿某某妨害动植物防疫、检疫案①，采用的是某县农业农村局制作的现场检查笔录及照片与抽样取证凭证。而在周某破坏计算机信息系统案②中，关于某网被攻击事件分析情况由国家计算机网络应急技术处理协调中心通过抽样监测出具相关说明。涉及专业性、技术性很强的证据内容，侦查机关一般会将这项工作交由鉴定机构、银行等具备专业知识的单位进行。涉黄、赌、毒类犯罪案件不少是从治安案件转为刑事犯罪，案件的抽样取证大多由公安机关的治安行政管理部门实施。检察机关对于由公安机关、专门行政机关、网络技术机构提供的抽样取证清单、抽样取证鉴定意见等，一般直接作为证据使用，法院直接作为案件裁判的依据。

（五）质疑缺乏说理回应

大多数裁判文书没有显示被告人或辩护人对抽样取证的异议，但也有少量的辩护人对抽样证据的代表性、证明力以及抽样程序质疑。如在王某、程某硕诈骗案中③，王某的辩护人提出“50位被害人的陈述在内容上和形式上存在重大缺陷，抽样取证数量不足、调查对象缺乏代表性、大部分被害人代表不认为自己被诈骗，不具备证据力”。但判决书的犯罪事实认定部分，法官并未对辩护人的上述质疑作出任何回应与说理。而李某鹏诈骗案④的裁判文书仅作了“公安机关对被害人的抽样取证，并不影响被告人李某鹏犯诈骗罪的具体行为及诈骗金额”的简单回应，并未展开说理。

三、刑事诉讼中抽样取证的适用困境

自2018年刑事案件抽样取证案件急剧减少的现象，不排除近年来司法机关对互联网公布裁判文书的管理日趋严格、认罪认罚从宽制度普遍适用等因素的影响，但犯罪类型、手段的变化这一影响因素不容忽视。2018年至2022年，全国检察机关起诉利用网络实施诈骗、赌博、传播淫秽物品等犯罪71.9万人，年均上升43.3%⑤；2022年全国法院审结电信网络诈骗及关联犯罪案件22.6万件⑥，刑事犯罪信息网络化趋势明显。信息网络犯罪案件证据呈现海量

① 参见（2021）川3427刑初17号刑事附带民事判决书。
② 参见（2018）京0108刑初128号刑事判决书。
③ 参见（2019）浙10刑初80号刑事判决书。
④ 参见（2019）苏0581刑初784号刑事判决书。
⑤ 参见2023年最高人民检察院工作报告。
⑥ 参见2023年最高人民法院工作报告。

化、证据形态也不一样，行政执法的抽样取证规则难以适用于信息网络犯罪案件，而刑事诉讼抽样取证规则程序性内容的阙如导致司法实践陷入不能用的困境。

（一）行政执法的抽样取证规则难以嫁接运用

抽样取证缘自抽样调查，抽样调查作为一种收集统计信息的方式广泛应用于统计领域上，在对样本的部分验证基础上得出调查结论；同样，抽样取证是通过对抽取的部分样本对象的查证来确定待证事实。在我国，抽样取证规则很早就适用于行政执法领域。1996 年《行政处罚法》第 37 条第 2 款明确规定："行政机关在收集证据时，可以采取抽样取证的方法。"该法虽经历多次修改，仍保留了这一规定。

长期以来，抽样取证规则广泛地适用于行政执法领域，涉及知识产权保护、工商管理、食品安全、安全生产与治安管理等行政执法的部门规章均对抽样取证规则的适用作了具体的程序规定。如《展会知识产权保护办法》第 18 条第 1 款规定，地方知识产权局在通知被投诉人或者被请求人时，可以即行调查取证，查阅、复制与案件有关的文件，询问当事人，采用拍照、摄像等方式进行现场勘验，也可以抽样取证。《工商行政管理机关行政处罚程序规定》第 30 条规定，工商行政管理机关抽样取证时，应当有当事人在场，办案人员应当制作抽样记录，对样品加贴封条，开具物品清单，由办案人员和当事人在封条和相关记录上签名或者盖章。法律、法规、规章或者国家有关规定对抽样机构或者方式有规定的，工商行政管理机关应当委托相关机构或者按规定方式抽取样品。《市场监督管理行政处罚程序规定》（2022 年）第 44 条规定，进行现场检查、询问当事人及其他有关单位和个人、抽样取证、采取先行登记保存措施、实施查封或者扣押等行政强制措施时，按照有关规定采取拍照、录音、录像等方式记录现场情况。《公安机关办理行政案件程序规定》（2020 年）第 109 条规定，收集证据时，经公安机关办案部门负责人批准，可以采取抽样取证的方法，并对抽样取证的方式、数量要求、过程记录等作了明确要求。国家市场监督管理总局还专门制定了《食品安全抽样检验管理办法》（2022 年）。应该说，行政执法各领域关于抽样取证的法规相对健全，具体操作程序相对完善，对于保障行政执法的公正性与有效性起到重要作用。

2012 年修改后的《刑事诉讼法》第 52 条第 2 款增加规定：行政机关在行政执法和查办案件过程中收集的物证、书证、视听资料、电子数据等证据材料，在刑事诉讼中可以作为证据使用。在此之前的刑事司法实践中，直接将行政执法收集的证据作为刑事诉讼证据使用是普遍现象，刑事诉讼法相关条文的增设对刑事诉讼中滥用行政执法证据起到一定的限制与规范作用。行政执法领域抽样取证对象主要是物，将相关物证及鉴定意见直接作为刑事诉讼证据使用符合刑事诉讼法的规定，因此，2013 年至 2018 年适用抽样取证对象持续增多的案件主要集中在行政犯领域，如涉毒品、食品 、产品或商品、商标等案件。2011 年“两高一部”发布的《关于办理侵犯知识产权刑事案件适用法律若干问题的意见》对办理侵犯知识产权刑事案件的抽样取证问题作了规定①，同时也明确商请同级行政执法部门、有关检验机构协助抽样取证或委托相关机构按规定方法抽取样品。总的来说，刑事诉讼案件中抽样取证规则仍主要适用于来自行政机关移送的案件中，直接运用行政执法抽样取证结果，刑事诉讼的抽样取证程序依赖于行政法规的相关规定。

2016 年，“两高一部”发布的《关于办理电信网络诈骗等刑事案件适用法律若干问题的意见》规定，在电信网络诈骗案件中，对于人数众多的被害人无法一一核实的，可通过已经查证属实的电子数据、交易记录、证人证言等证据材料综合认定被害人人数及诈骗资金数额等涉案事实。很多学者将这一条文视为刑事案件的抽样取证规则，但笔者认为，该规定与传统的抽样取证有区别，其实质是在其他证据材料能综合认定被害人人数及涉案金额的情况下，是否需要一一核实全部被害人的问题，或者可以说是仅限于被害人的抽样取证。2021 年，《人民检察院办理网络犯罪案件规定》进一步明确了被害人言词证据不需要逐一收集的规则，同时提出抽样验证的概念②，强调的是检察机关可以实施抽样审查。2022 年“两高一部”出台的《信息网络犯罪程序意见》应该是在司法解释上首次明确抽样取证规则在信息网络犯罪案件中的普遍适用，表述为“按照一定比例或者数量选取证据”，与行政执法领域广泛运用的抽样取证具有同质性。该意见对选取、审查与采信作了一定的指引性规定，但需要认识到，以信息网络平台为犯罪空间的刑事案件与发生在社会现实空间的行政执法案件，存在着显著差别，即便是常见的行政犯案件转移到网络空间，证据的分布与形式也不一样。而相对高发的破坏、非法控制计算机信息系统犯罪、帮

① 2011 年“两高一部”发布的《关于办理侵犯知识产权刑事案件适用法律若干问题的意见》第 3 条第 1 款规定：公安机关在办理侵犯知识产权刑事案件时，可以根据工作需要抽样取证，或者商请同级行政执法部门、有关检验机构协助抽样取证。法律、法规对抽样机构或者抽样方法有规定的，应当委托规定的机构并按照规定方法抽取样品。

② 《人民检察院办理网络犯罪案件规定》第 21 条规定：人民检察院办理网络犯罪案件，确因客观条件限制无法逐一收集相关言词证据的，可以根据记录被害人人数、被侵害的计算机信息系统数量、涉案资金数额等犯罪事实的电子数据、书证等证据材料，在审查被告人及其辩护人所提辩解、辩护意见的基础上，综合全案证据材料，对相关犯罪事实作出认定。第 22 条规定：对于数量众多的同类证据材料，在证明是否具有同样的性质、特征或者功能时，因客观条件限制不能全部验证的，可以进行抽样验证。

助信息网络犯罪活动的犯罪以及主要行为通过信息网络实施的诈骗、赌博、侵犯公民个人信息等犯罪案件与涉毒品、食品 、产品、商品、商标等行政犯案件的差异则更为突出，海量证据的情形从物转移为人与数据。行政执法建构的物证抽样取证规则难以直接适用于信息网络犯罪案件对人与数据的抽样取证。信息网络犯罪案件中，大量证据以电子证据或数据证据的形式呈现。电子证据存在于网络虚拟空间，是通过某种信号量的方式存储的信息，现实中并不存在这样的物。与传统证据相比，在考虑网络犯罪中电子证据的证明力时不仅需要考虑信息内容的关联性，甚至还需要对与其载体或形式的关联性予以特别关注。由于电子证据具体性质的判断需借助技术手段认定，司法机关的工作人员在进行抽样取证前对抽样对象的关联性仅能作形式的初步认定，在处理案件当事人与他人共用设备或账号，或者同时涉及多个犯罪的情况下，各种样式的电子证据极有可能发生混同，甚至有可能出现对载体关联性认知的滞后。

（二）《信息网络犯罪程序意见》程序性内容缺乏

抽样取证是收集证据的方法，但理论上更多地认为抽样取证是一种证明方法①。在刑事诉讼中，抽样取证作为一个证据规则更具有合理性。《信息网络犯罪程序意见》从证据选取、证据审查、证据采信等三个维度建构了抽样取证规则，其积极意义值得肯定。但该意见仅明确了适用抽样取证的案件条件与范围，要求对选取情况作出说明和论证并依法审查与采信认定，这些都是程序法中的“实体性内容”，而对于怎么选取、由谁来选取，由谁以什么形式说明与论证，由谁审查、怎么审查等程序法中必须具备的“程序性内容”是缺乏的。

《信息网络犯罪程序意见》中规定只有同时符合“数量特别众多”“具有同类性质、特征或者功能”“确因客观条件限制无法逐一收集”等条件的案件，司法机关才能运用抽样取证，这些都是抽样取证的实体性内容。在理论研究中及司法实务中，也常会运用“海量”来表述涉案证据材料数量之多，无论“数量特别众多”抑或“海量”都不是清晰的标准，如何把握抽样取证的条件？除此之外，案件本身的复杂程度、证据类型的不同、各类证据与案件事实的关联性等都会对如何按比例或数量抽样产生影响，而选取数量或比例的大小、确定选取数量或比例的依据或抽样方法是否科学决定了所选取的样本能否代替整体用于证明案件事实。抽样选取规则中程序性内容的空白使得抽样取证规则的运用难以启动。

《信息网络犯罪程序意见》中关于抽样主体内容的缺乏也导致司法实践各

① 参见郝爱军、殷宪龙：《行政机关收集证据在刑事诉讼中运用的疑难问题解析》，载《中国刑事法杂志》2013年第9期。

自为阵。如甘某、张某杰等人制作、复制、出版、贩卖、传播淫秽物品牟利罪案[①]，侦查机关从该平台租用的服务器中提取视频文件共计22838份，后抽取571份视频文件并经鉴定；而在陈某、张某制作、复制、出版、贩卖淫秽物品牟利案[②]中，侦查机关调取了与本案有关的涉案视频共11724份（储存在移动硬盘）委托某市出版物鉴定委员会随机抽样进行鉴定；在虞某等人诈骗案[③]中，公安机关将扣押的浦发银行、平安银行的信用卡委托浦发银行、平安银行抽样鉴定真伪。行政机关抽样取证鉴定证据是否可以直接适用，信息网络犯罪案件抽样取证主体是否仅限于侦查机关？能否委托其他技术或鉴定机构实施抽样？委托程序是否应当区别抽样程序与鉴定程序？能否赋予网络平台的经营者或者管理者抽样取证权？同样，《信息网络犯罪程序意见》虽然明确应当对按比例选取样本情况进行说明和论证，但由谁来说明和论证、以什么形式来说明和论证、说明和论证需达到的要求并未作出相应规定。这些都是司法实践中运用抽样取证规则需要面对的程序性问题。

《信息网络犯罪程序意见》规定，人民检察院、人民法院应当重点审查抽样取证方法、过程是否科学。但如何审查并未具体化，是进行形式审查还是实质审查，是否需要出具相应的审查报告？用什么样的标准和方式展开审查，判断抽样取证方法、过程是否科学的标准是什么？审查过程中被告人一方能否参与、如何参与？有的案件，办案机关出于对案件效率的追求，很少会主动说明和论证样本证据选取情况；技术性、专业性很强的案件，侦查人员不具备相关专业知识难以对选取情况说明和论证。这些情形，人民检察院、人民法院的审查工作又如何开展。

抽样证明可以被看作是一种对事实的推定，这种推定是借助于常识和逻辑的推理。从法官角度，对抽样取证的采信基于自由心证，抽样证明所得出的推论能否使其形成内心确信，主要取决于控方对抽样取证方法、过程的说明与论证以及在法庭质证能否经受得起被指控方的质证。在此过程中，法官一方面要审查控方证据是否确实、充分，同时被指控方的质疑也要作出是否合理的判断。《信息网络犯罪程序意见》要求人民检察院、人民法院应当结合其他证据材料，以及犯罪嫌疑人、被告人及其辩护人所提辩解、辩护意见，审查认定取得的抽样证据。理论与司法实践中，也强调对抽样取证应当采取综合认定的方法，结合其他证据判断抽样证据的证明力与可采性，这实质上是法官自由裁量权的体现。对于

① 参见（2020）苏03刑终309号刑事裁定书。

② 参见（2018）粤1881刑初503号刑事判决书。

③ 参见（2017）川1903刑初33号刑事判决书。

这种自由裁量权，如何在诉讼程序上进行有效控制需要深入思考。

四、刑事诉讼中抽样取证的程序规制

需要对刑事诉讼中抽样取证规则的适用进一步作出专门的司法解释，在程序意义上具体化。没有程序保障的权利，会成为落实不了的权利；同样，没有程序规制的权力，将导致权力地滥用或无法运用。在程序设置时，不应仅考虑司法的便利，更要重视被指控人的权利保障。司法机关追求的不应当是现代刑事诉讼的全部实践价值，价值的主体是多元的。通过正当程序的构建来保障抽样取证规则适用的科学性与公正性，降低适用风险，有效规制职权并保障涉案人员的权利。

（一）选取程序

首先，应当对抽样取证选取规则程序化。无论是“数量特别众多”还是“海量”都缺乏具体的标准，制度上都难以确定清晰的标准；况且涉及“物”“人”与“电子数据”等不同抽样种类时，“海量”也是相对而言的。对于证据材料的“同质性”，通说认为证据材料具有相同的性质、特点和属性，司法实践一般认为属于同一证据种类就具有同质性，《信息网络犯罪程序意见》对证据的同质性表述为“具有同类性质、特征或者功能”。“同质性”如何界定，不同主体也会产生争议。“确因客观条件限制无法逐一收集”也是一个难以清晰、准确判断的实体标准，“按一定的比例或数量选取”，理论界对于抽样取证是否会冲击刑事诉讼证明标准或证明要求存在不同认识，对于抽样比例或数量是否具有代表性也会产生争议。笔者认为，对于这些实体标准难以清晰化的问题，不如设置程序来规制。《信息网络犯罪程序意见》中关于抽样取证适用条件的表述本身没有问题，重要的是如何确定把握这些条件，如果没有程序的规制，那么按比例或数量抽样本身的合理性就应当质疑。在程序设置上，对于侦查机关，一是增设侦查机关适用抽样取证的审批程序，由县级以上公安机关负责人审批，才能启动抽样取证，从而控制抽样取证适用的条件与案件范围；二是对于“数量特别众多”“具有同类性质、特征或者功能”“确因客观条件限制无法逐一收集”以及“按一定的比例或数量选取”等抽样选取规则的运用，抽样主体要作出明晰的说明和论证；三是设置选取程序的见证人制度或全程录音录像制度，以保障抽样选取的客观性。

其次，对证据材料类型化区分设定抽样的基本方法与过程。例如，可以按照不同的证明对象先进行一级分类，再根据案件材料的复杂情况使用分层抽样方法；或是先将不同质的证据分为若干同质的层，在各层中简单随机抽样，而后进行整合判断整体属性等。相关司法解释及司法实践中，涉及“海量数据”

的认定通常以人次、点击数、转发数、浏览数来确定。在确定选取证据抽样比例的过程中，也应该考虑到证据重复率的问题，在技术条件允许的情况下，抽样之前过滤部分重复信息，保证使用抽样方法得出的证据结论的准确性和代表性。同样，不同类型的证据材料，选取数量与比例也不一样，当然，网络犯罪中结果的确定并不只是单方面根据抽样结果，采取的是结合其他获取的证据材料综合认定的方法，对样本量的要求无须完全按照统计学中的标准来。

最后，明确不同抽样取证主体的权限与责任。抽样取证主体的确定与案件性质、复杂程度以及取证的专业技术程度直接相关。在侦查程序中，侦查人员主导整个取证过程的运行具有合理性，这也是刑事证据具备“合法性”的前提。鉴于信息网络犯罪案件的技术专业性，很多时候侦查人员受限于能力而不能独立完成抽样取证时，委托相关专业技术机构实施抽样具有一定的合理性。在程序设置上，至少应包括以下内容：一是明确除侦查机关之外的合法抽样主体包括哪几类，哪些情形可以委托抽样。二是设立完善的委托程序，如审批程序、证据材料移交、保管程序等，以保障证据材料的完整性以及抽样取证的有效性。需要强调的是，抽样程序与检验或鉴定程序应作严格区分，分别设定不同的程序内容与要求，不能混为一谈。三是合理划分侦查人员与专业技术机构的职责，侦查机关负责抽样取证程序的启动、方案的确定以及对抽样方法、过程的说明和论证；抽样方案设计、抽样对象的性质判断、样本证据检验或者特殊样本的抽样等需要较高技术要求的工作可委托专业技术机构实施，侦查机关承担监督职责。

（二）审查程序

首先，检察机关是抽样证据审查的责任主体，应当就侦查机关的抽样取证开展实质审查，并出具抽样取证审查报告。《信息网络犯罪程序意见》虽然规定人民检察院、人民法院都应当重点审查抽样取证方法、过程是否科学，但检察机关的审查与法院的审查责任并不相同。检察机关承担着刑事案件证明的主导责任，对于侦查阶段的抽样取证，应当开展实质性审查，即不仅要审查侦查机关是否提交抽样取证的说明和论证，更要审查抽查取证的科学性与过程的正当性。“判断经审查认为取证不科学的，应当由原取证机关作出补充说明或者重新取证”这一规定也主要是针对检察机关提出的。检察机关的审查起诉职能体现在对案件事实审查与案件性质的判断决定是否移送起诉，其核心内容就是对证据的审查。对信息网络犯罪案件抽样取证方法的审查可以借鉴刑事诉讼中对电子数据合法性审查的相关标准。2016 年“两高一部”的《关于办理刑事案件收集提取和审查判断电子数据若干问题的规定》和 2019 年公安部颁布的《公安机关办理刑事案件电子数据取证规则》为电子数据取证过程确立了基本的规范体系，电子数据合法性审查逐渐由一条简单的规则演变成相对体系化的标准。根据 2021 年《刑事诉讼法解释》，这一标准主要包括主体的适格性、取证方法是否符合相关技术标准、保管链条要求、见证人要求、审批程序要求、检查程序要求六个部分的要求。

其次，充分保障辩护权，辩护方能够参与审查程序。侦控机关运用抽样取证指控犯罪的正当性以这一证明方法能够经得起被指控方的质疑为前提，因此，要在程序上给辩方留下能够抗衡的可能性，设定辩护方检验抽样取证规则的权限和条件。对于信息网络犯罪案件抽样取证可能涉及的技术性争议问题，如“数量特别众多”“具有同类性质、特征或者功能”“确因客观条件限制无法逐一收集”以及“按一定的比例或数量选取”等实体标准争议，可以通过抽样审查程序来解决。一是要保障被指控方对抽样取证的知情权。审查起诉阶段，辩护律师的通过阅卷要能了解控方抽样取证的方法、过程与结果，明晰抽样取证与所证明案件事实的关联性。这就要求检察机关提供的证据材料是全面的、完整的。二是听取辩护人对抽样方法、过程与结果的意见，对于辩护人就抽样取证提出事实不清、证据不足的质疑，控方应加以重视并给予回应。三是赋予辩护方“反抽样”的权利，即辩护方可以委托专业技术机构使用与控方相同或不同的方法展开抽样。

（三）采信程序

首先，保障庭审质证的充分展开。法院对抽样取证的审查更多是形式审查，包括案件材料中是否有选取证据的说明和论证，辩护律师审查起诉阶段是否获取抽查取证的相关证据材料。司法实践中，辩护律师自己去收集证据并不现实，其主要作用体现在对控方证据的质证。检察机关在对侦查机关适用抽查取证进行审查并决定使用的，应当在开庭前告知犯罪嫌疑人及其辩护人，并说明和论证抽样取证的科学性以及过程的正当性，以便辩方能够有效开展质证。对于选取证据没有“说明和论证”或“说明和论证”不够清晰详细地抽样取证，辩方因为不能了解抽样的方法和过程而无法开展有效的质证，也会影响法官对抽样证据采信的准确性，法官应当要求控方作出补充说明。

其次，重视被告方的合理质疑。从诉讼证明的角度来看，一般情况下，一项待证事实的成立需要经过“论据—论证—结论”的过程。① 针对网络犯罪的司法证明难题，有观点提出用“底线证明”或“低限证明”方式简化证明。②

---

① 参见郭悦悦：《海量数据抽样证明与刑事推定的关系辨析》，载《人民法院报》2023 年 1 月 19 日，第 6 版。

② 参见刘品新：《网络犯罪证明简化论》，载《中国刑事法杂志》2017 年第 6 期。

对于存在海量证据的网络犯罪而言，并不强制要求认定每一计量对象均要满足证据间的相互印证原则，只要客观上存在的待证对象在整体上有行为人供述、被害人陈述、证人证言或书证等相关证据的支持，在犯罪数额认定上就可将计量对象所涉数额归入其中。但在程序上，理应对这种概括印证方式建立允许反驳或反证的救济规则。一是辩方质疑并不需要达到“有证据证明”“确实、充分”的高度证明标准，质疑的理由只要能提出合理怀疑动摇控方的指控即可。要求被告方反驳必须达到证据确实、充分，显然违背了事实存疑有利于被告的基本原则，也会因被告方天然的弱势地位、查证能力有限导致提出的反驳意见不被采纳。二是审判程序中，法官对被告方质疑不予采纳的，应当在裁判文书作出必要的回应，详细说明不予采纳的理由。

最后，综合认定，存疑有利于被告方。抽样取证是通过验证“部分”来推断“整体”的一种证明方法。审判机关应当根据抽样取证得出的结论，结合基础事实以及其他相关证据综合认定“全部”事实。《信息网络犯罪程序意见》规定，经审查，对相关事实不能排除合理怀疑的，应当作出有利于犯罪嫌疑人、被告人的认定。抽样取证的科学性是相对而言的，无论多么科学的抽样方法、精细的抽样过程也不能完全消除抽样可能发生的证明误差。因此，充分保障被告方辩护权，重视被告方的合理质疑，如若控方对被告方的合理质疑不能作出合理解释，根据疑罪从无的基本原则，应作出有利于被告方的判决。

五、结语

刑事诉讼中的抽样取证规则，对于侦查机关、起诉机关是便利有效的证明方法或手段，能发挥提高诉讼效率的积极作用；抽样取证规则对于法院审判同样具有积极意义，花费难以预计的时间与人力成果对案件中同质、海量的证据案件一一认定也不是现代刑事诉讼应有的常态。对于被指控方的意义，则要从不同角度来讨论：一方面，如果犯罪嫌疑人或被告人承认控方根据抽样取证推定的全部行为事实、依据抽样取证认定的情节或数额没有异议，辩护律师对抽样取证方法、过程与结果也没有质疑，那么抽样取证所带来的诉讼快捷对于被指控方也是有积极意义的，毕竟案件久拖不决的诉累与可能带来的刑罚变化是任何人也不愿承受的；另一方面，抽样取证的程序设置要为反对抽样取证的被指控方提供质疑的条件与机会，犯罪嫌疑人或被告人能够及时指出侦控机关抽样取证的问题，依照法律程序主张、救济自己的权利。即便一百个案件中只有一个案件抽样取证是有问题的，法律上也要设置权力的阀门。

信息网络犯罪大数据证据运用研究[*]

曹盛楠[**]

随着新一轮信息科技革命的发展，人工智能、大数据、云计算等技术与人类社会活动交织日益紧密。这些新兴科技在不断改变犯罪生态的同时，也对犯罪治理产生了深刻影响。一方面，信息网络犯罪①愈演愈烈，仅帮助信息网络犯罪活动罪一个罪名在 2021 年的起诉人数就达 12.9 万人，在所有罪名中位居第三位②，打击和治理信息网络犯罪的紧要性不言而喻。另一方面，鉴于大数据技术契合信息网络犯罪侦查取证的需要，大数据侦查及其取得的大数据证据逐渐崭露头角，在促进犯罪治理高效化、集约化、智能化发展的同时，也带来了科技与司法制度如何协调发展的新命题。学界对上述两方面问题谈论热度较高，研究成果也较为丰富。然而，前者的相关研究主要集中于宏观的犯罪治理和司法层面的罪名适用领域，对微观层面的证据问题关注较少。后者的相关研究虽然对大数据证据的属性、分类、特征等抽象理论讨论较多，但较多问题仍有不少争议，且缺乏以特定案件为视角的具象化探讨，理论研究存在进一步拓宽和深入的空间。故本文拟从当下信息网络犯罪大数据证据运用的实践样态切入，检视所存在的问题并剖析原因，之后在厘清大数据证据概念和分类的基础上，针对问题提出构建信息网络犯罪大数据证据运用规则的建议，以期在推动信息网络犯罪

---

* 本文系 2021 年西南政法大学学生科研创新项目“个人信息保护视野下大数据侦查的法律规制研究”（2021XZXS－279）和西南政法大学法学院 2023 年度学生科研创新项目“个人信息处理原则在刑事诉讼中的引入研究”（FXY2023027）的研究成果。

** 西南政法大学法学院 2023 级博士研究生。

① 学界对信息网络犯罪的外延存在争议，本文采取广义上的范围，包括以数据化的信息作为侵犯对象的犯罪、计算机犯罪以及网络化的传统犯罪。参见敬力嘉：《信息网络犯罪治理中协同立法模式之提倡》，载《人民检察》2020 年第 24 期。

② 参见《2021 年全国检察机关主要办案数据》，载最高人民检察院网，https：//www.spp.gov.cn/xwfbh/wsfbt/202203/t20220308_547904.shtml#1，2022 年 3 月 10 日访问。

精准治理的同时，丰富特殊类型案件视角下大数据证据的理论研究成果。

一、信息网络犯罪大数据证据运用的现实图景

目前，信息网络犯罪的滋生蔓延对公民个人的合法权益以及社会稳定造成了严重威胁。该类犯罪因犯罪空间虚拟化、作案手法智能化、犯罪组织集团化以及涉案信息海量化等特点，使得侦查取证和事实认定工作面临较大困难。大数据证据形成于虚拟空间，直观清晰地呈现了海量数据背后蕴藏的富有证明价值的信息，契合信息网络犯罪案件办理的需求。因此，虽然目前大数据证据不属于法定证据种类，且理论争议颇多，尚未形成较为成熟的运用规则，但在信息网络犯罪的司法实践中，并不乏运用大数据证据的身影，有必要从信息网络犯罪中大数据证据适用的实践样态切入，对相关问题作进一步探讨。

（一）当下的实践样态

笔者在“中国裁判文书网”上以“大数据侦查”“数据比对”“数据分析”“数据研判”为关键词，限定案由为“刑事案由”，时间设置为2015年1月1日至2022年3月1日，共检索出与大数据证据相关的裁判文书78份。将其中并非信息网络犯罪、内容重复以及相关记载过于简略导致基本无分析价值的文书剔除之后，得到9份样本判决，这些案件中大数据证据运用的具体情况详见表1。

表1　信息网络犯罪样本判决中大数据证据运用情况①

序号	案由	表现形式	大数据证据使用情况	辩方相关意见
1	谢某某侵犯公民个人信息案	结果说明	控方出示浙江省教育厅的比对结果，证明被告人出售的学生信息与教育厅学籍信息库中数据比对一致的信息共计4809398条	无
2	杨某某、郭某某等侵犯公民个人信息案	调取证据通知书附件、情况说明	控方举示相关地区城建局、住房保障局或房管局的数据比对结果，证明曾为相关房管局研发软件的被告人非法获取的购房信息绝大部分为真实信息，均来自各地房管系统	无

① 该表中的案件依序号顺序分别参见：浙江省绍兴市中级人民法院（2020）浙06刑终453号刑事裁定书；四川省江油市人民法院（2019）川0781刑初310号刑事判决书；江西省南昌市西湖区人民法院（2019）赣0103刑初223号刑事判决书；贵州省惠水县人民法院（2021）黔2731刑初51号刑事判决书；江苏省徐州市泉山区人民法院（2016）苏0311刑初380号刑事判决书；陕西省渭南市中级人民法院（2019）陕05刑初64号刑事判决书；江苏省无锡市锡山区人民法院（2016）苏0205刑初382号刑事判决书；成都铁路运输第一法院（2021）川7101刑初5号刑事判决书；陕西省咸阳市中级人民法院（2018）陕04刑终131号刑事判决书。

续表

序号	案由	表现形式	大数据证据使用情况	辩方相关意见
3	成某、李某利用网络开设赌场案	鉴定意见	鉴定机构对50余万条银行网银流水明细进行数据分析，得出结果有173个银行账号，并对相关IP地址、MAC地址是计算机系统、网站服务平台等数据分析后，证明上述涉及账号具备关联性，为同一操作主体行为	无
4	杨某某、胡某某利用网络开设赌场案	情况说明	控方出示公安局对赌博网站后台数据分析结果，用以证明两名被告人在惠水县的参赌人员名单及上下线关系	无
5	李某某、刘某破坏计算机信息系统案	侦查实验	控方出示的侦查实验报告表明，将涉案营业厅数月的全量入网信息与公安人口信息库数据进行比对后，证实有49家营业厅存在使用该软件办理未实名验证手机卡的情况。姓名与身份证号不一致的条数共有4572条，占全部入网信息量的9.8%	公安机关侦查实验未能对侦查实验对象的外观、来源作出任何说明，与本案不具有关联性
6	鲍某诈骗案	分析结果	控方举出公安机关的数据分析结果，证明两个非法交易平台的受害人亏损占比为82.42%、81.47%，亏损金额总数占比为96.26%、96.44%，不符合正常投资交易情况	无
7	倪某某等非法获取计算机信息系统数据案	检验报告	控方举出腾讯公司的数据比对检验报告，用以证明涉案QQ账号和密码数据与腾讯数据库中存储的当前或历史数据的吻合数量较多	无
8	杨某、宋某等诈骗案、帮助信息网络犯罪活动案	情况说明	控方举出公安机关数据分析情况说明，用以证明被告人所属诈骗集团与犯罪活动相关联以及诈骗的总数额	无法确认控方验证诈骗数额的方式可行，对诈骗总额提出异议
9	解某某组织、领导传销活动案	鉴定意见	控方举出鉴定意见证明解某某等人在会员中心网络管理的网络层级以及账户的赠与、支出和剩余情况	鉴定意见中对被告人的数据分析与事实认定没有关系

由以上信息可以看出，在适用范围层面，大数据证据适用的信息网络犯罪案件可分为两个类型：一是入罪证明高度依赖数字量化评价标准。例如，表1中的1号、2号、5号和7号裁判文书，这些案件所涉的“侵犯公民个人信息”“破坏计算机信息系统”和“非法获取计算机信息系统数据”，在我国刑法中均规定了“情节严重”或“后果严重”作为入罪门槛，而且相关司法解释在对其所作的量化解释中都包括信息数量或计算机系统数量等情况。[①] 二是犯罪组织体系盘根错节，涉案数额极大且资金流动错综复杂。表1中的3号、4号、6号、8号和9号裁判文书便属于这类案件，表现为利用信息网络实施的诈骗罪、开设赌场罪和组织、领导传销活动罪。

相对应地，大数据证据的作用方式也主要分为两种：一是以存储海量数据的数据库为基础的大数据比对，该数据库既包括以全国人口信息库为代表的公安基础信息库，也包括行政事业单位或社会企业构建的数据库，侦查人员往往将涉案数据与数据库进行数据比对，以核实数据真实性或核对数据信息的数量。二是以算法工具为基础的大数据分析，通过运用大数据技术分析流转账户、流转时间、流转终端IP地址、MAC地址等资金流转信息，可以构建出资金流动账号与犯罪活动以及账号之间的相关关系，进而梳理出犯罪组织的层级架构。

在表现形式层面，大数据证据的表现形式多样，控方多以“情况说明”“结果说明”或“检验报告”等形式在庭审中出示，或转化为“鉴定意见”“侦查实验”等法定证据种类使用，还存在将其作为证据调取文书的附件提交给法庭的情形。

在控辩对抗层面，控方对大数据证据的运用占据主导地位，辩方针对大数据证据的质证意见较少，在上表的裁判文书中，辩方提出质证意见的情形只占1/3，而且，这些质证意见均未被法庭采纳。

---

① 《关于办理危害计算机信息系统安全刑事案件应用法律若干问题的解释》第1条规定：“非法获取计算机信息系统数据或者非法控制计算机信息系统，具有下列情形之一的，应当认定为刑法第二百八十五条第二款规定的‘情节严重’：（一）获取支付结算、证券交易、期货交易等网络金融服务的身份认证信息十组以上的；（二）获取第（一）项以外的身份认证信息五百组以上的；（三）非法控制计算机信息系统二十台以上的……”《关于办理侵犯公民个人信息刑事案件适用法律若干问题的解释》第5条规定：“非法获取、出售或者提供公民个人信息，具有下列情形之一的，应当认定为刑法第二百五十三条之一规定的‘情节严重’：……（三）非法获取、出售或者提供行踪轨迹信息、通信内容、征信信息、财产信息五十条以上的；（四）非法获取、出售或者提供住宿信息、通信记录、健康生理信息、交易信息等其他可能影响人身、财产安全的公民个人信息五百条以上的；（五）非法获取、出售或者提供第三项、第四项规定以外的公民个人信息五千条以上的……”

（二）实践运用中存在的问题及原因剖析

在对上述实践样态进行深入剖析后，本文认为，信息网络犯罪大数据证据的运用主要存在三个问题：

第一，大数据证据的种类归属问题。在我国立法明确证据法定种类的分类框架下，信息网络犯罪大数据证据的种类归属不一，不可避免地会影响证据的展示方式和对案件事实的证明价值。虽然在实践中，一种新的证据形式难以与已有的法定证据种类相契合，属于立法滞后司法的正常现象，但是该问题在理论上仍面临许多分歧，就意味着对于大数据证据概念本身的理解尚未完全达成共识，对于该问题的探讨有必要从概念层面切入进行分析。

第二，大数据证据的审查判断问题。该问题是大数据证据运用的核心问题，包括证据能力和证明力两方面的审查判断。一方面，表 1 中的 5 号、8 号和 9 号案例中辩方质证意见的核心实际上就是大数据证据的关联性问题，说明控方对证据能力问题的回避已然引起辩方注意。另一方面，大数据证据证明力的审查判断多依附于其他法定证据种类，其独立证明价值难以得到认可，这也与第一个问题相对应。而且，受印证证明的影响，法庭也常将大数据证据的证明力置于证据群中进行综合评价，从而规避单独的审查判断。① 例如，表 1 中的 8 号案例中，针对辩方对诈骗总数额的质疑，法庭的审理意见是“结合在案的银行流水等相关书证、被告人供述、被害人陈述等综合认定涉案资金……最终确认宏盛国际诈骗总数额及每日诈骗数额”，并未单独说明大数据证据对法官认定案件事实的影响。

第三，大数据证据的证据偏在问题。证据偏在，是指由于诉讼双方获取证据能力上的差异导致所获取的证据往往被一方控制，其实质是控辩不平等问题在证据维度的集中体现。信息网络犯罪大数据证据的证据偏在主要存在两种情形：一是大数据库和大数据技术往往被侦查机关掌握，使得本就在权力和资金方面具有优势地位的控方可以轻易地获取并运用大数据证据，而较为弱势的辩方很难使用大数据库中的海量数据资源，且囿于专业知识的缺乏无法针对大数据技术提出实质性辩护意见，进而加剧控辩不平等的困境。例如，表 1 案例中所有大数据证据均由控方出示，并主要是由侦查机关自身提供或侦查机关委托其他鉴定机构、企事业单位出具，而辩方全无出示大数据证据的情形，且鲜有质证意见。二是在信息网络犯罪案件中，作为大数据技术分析对象的海量数据，往往有较大部分被辩方控制，为了逃避定罪和处罚，其可能对数据进行删除、篡改或伪造，以这些数据为基础得出的大数据分析结果，会成为案件事实

① 参见马明亮、王士博：《论大数据证据的证明力规则》，载《证据科学》2021 年第 6 期。

认定的阻碍和被告人脱罪的“保护伞”。

综上，下文将从大数据证据的概念和分类切入，从技术、制度和观念等方面寻求上述三个问题的解决方案。

二、大数据证据的概念厘清与分类之辩

（一）大数据、大数据侦查与大数据证据

对大数据证据含义的探讨绕不开“大数据”和“大数据侦查”这两个概念，前者揭示了大数据证据的技术本质，后者则是取得大数据证据的唯一手段。三者的含义有诸多共通之处，也有各自不同的侧重维度。只有准确把握大数据和大数据侦查的含义，大数据证据概念的界定才能有的放矢。

首先，“大数据”本身并非一个确切的概念，诸多研究从价值、思维、技术、资源等不同维度阐释了大数据的含义，中国信息通信研究院在其发布的《大数据白皮书（2016）》中将大数据界定为“新资源、新技术和新理念的混合体”[①]，这也反映了大数据含义的复杂性和多层次性。本文认为，大数据主要有两个层面的含义：其一是指远超人力和常规数据处理方式管理、分析能力的海量数据的集合，也被称为大数据集，其中大部分数据表现为非结构化、半结构化数据，导致大数据集虽然可能蕴藏极高的价值，但是价值密度较低。其二是指专门处理大数据集，可以发掘大数据价值的数据分析技术，包括数据比对、数据碰撞和数据挖掘等。可以说，大数据既是蕴含巨大价值的数据资源本体，也是处理数据资源的技术方法，只有两者结合，才能实现大数据的价值发掘和应用。因此，当“大数据”用于修饰不同维度的概念时，形成的新概念往往也包含大数据资源与大数据技术两层含义。

其次，实践中，大数据在刑事侦查领域的适用现象形成了“大数据侦查”这一概念。考察学界对大数据侦查定义的诸多观点，可以发现对大数据侦查技术特征和目的特征的理解基本一致，即大数据侦查普遍运用大数据技术且主要用于查明事实、收集证据、查获犯罪嫌疑人以及预测犯罪。[②] 技术特征体现了大数据在技术层面的含义，目的特征则是大数据蕴藏的价值在刑事侦查领域的具体体现。至于为何没有明显体现大数据资源的含义，很大程度上因为刑事侦查中大数据技术处理的对象主要以公安已经掌握的数据库资源为主，换言之，大数据侦查的实践操作本身就以大数据资源为前提，海量数据是大数据侦查的

---

① 参见中国信息通信研究院：《大数据白皮书（2016）》，载中国信息通信研究院网，http：//www.caict.ac.cn/kxyj/qwfb/bps/201804/P020161228288011489875.pdf，2022 年 3 月 10 日访问。

② 参见陈刚：《解释与规制：程序法定主义下的大数据侦查》，载《法学杂志》2020 年第 12 期。

隐性含义。因此，大数据侦查承继了大数据本身的含义，并在侦查中予以具象化。此外，需说明的是，虽然大数据侦查的形式特征，即大数据侦查是侦查模式、侦查措施还是侦查理念，存在较大争议，但考虑到侦查措施的含义主要通过侦查方法予以阐释①，符合大数据侦查的技术特征，以及大数据证据的产生离不开具体的侦查行为，本文将大数据侦查界定为一种侦查措施或行为。

最后，三个概念之间的紧密联系决定了大数据证据包含或从不同维度体现了大数据与大数据侦查的含义，一方面，大数据证据包含大数据资源以及大数据技术两个特征；另一方面，大数据证据是大数据侦查的结果，侦查机关通过大数据侦查发掘海量数据所蕴藏的与案件事实相关的证明价值，大数据证据正是这一价值在证据维度的具象化，人们可以凭借大数据证据理解原本不能感知的海量数据的信息价值。结合“证据”概念本身的含义，本文认为，大数据证据，是指侦查机关通过大数据技术处理海量数据（或通过大数据侦查措施）所取得的，在刑事审判中可以证明案件事实的证据材料，包括大数据资源、大数据技术以及大数据分析结果三个部分。

（二）大数据证据的分类之辩

在2012年刑事诉讼法修改将电子数据作为新的证据种类之前，学界针对电子数据的证据种类归属问题曾进行过激烈讨论，并产生许多不同看法。如今仿佛昨日重现，大数据证据在引起学界关注后，其法定证据种类问题同样备受学界关注，且产生了较大分歧，“电子数据说”② “书证说”③ “鉴定意见说”④ “侦查实验说”⑤ “独立证据种类说” 等观点不胜枚举。随着研究的深入，“独

---

① 侦查措施指侦查机关在刑事案件侦查过程中，为了查明案情、收集证据和查获犯罪嫌疑人，依据法律采取的各种侦查方法。参见任惠华、马方：《侦查学教程》，法律出版社2014年版，第209页。

② 持该观点的学者将大数据集和经过大数据技术分析产生的分析结果分开评价，认为大数据集中那些与案件相关的数据信息可以纳入电子数据的范畴。参见何家弘等：《大数据侦查给证据法带来的挑战》，载《人民检察》2018年第1期；钟明曦：《论刑事诉讼大数据证据的效力》，载《铁道警察学院学报》2018年第6期。

③ 该观点同样将大数据集和经过大数据技术分析产生的分析结果分开评价，认为大数据分析结果属于特殊的书证。参见胡铭、龚中航：《大数据侦查的基本定位与法律规制》，载《浙江社会科学》2019年第12期。

④ 持这一观点的学者认为大数据证据作为鉴定意见，具有形式上的亲缘性、可比性，符合司法追求经济性的原则，在审查判断大数据证据时，司法人员可以较容易地援引鉴定意见的相关规则加以判断，但该学者也指出，严格来说，大数据证据同一般意义的鉴定意见也存在一定差异。参见刘品新：《论大数据证据》，载《环球法律评论》2019年第1期。

⑤ 该观点认为，侦查实验适合于示例化说明大数据分析结果，从而弥补检验报告及书证的局限，增强分析结果的可信度，故有必要使用侦查实验服务大数据证据的运用。参见罗文华：《大数据证据之实践与思考》，载《中国刑事警察》2019年第5期。

立证据种类说”已隐约有成为主流观点之势，支撑这一观点的理由主要有四点：第一，大数据证据中的海量非结构化数据与案件事实之间主要呈现为“弱相关关系”，而其他证据种类均注重证据材料与案件事实的直接相关性；第二，大数据技术注重相关性分析的算法逻辑与其他证据种类的生成逻辑和判断思维存在本质区别；第三，鉴于应将大数据侦查作为新兴的独立侦查措施，通过大数据侦查获得的大数据证据的独立性亦应得到确认；第四，有利于构建契合大数据证据特殊性的证据规则，充分发挥其证明价值。[①] 本文基本认同这些理由，且认为大数据证据的内部结构不能分开评价。简言之，无论是对比现有法定证据种类的概念内涵，还是从设置证据规则、契合侦查措施的需求考虑，大数据证据由于本身特殊性所在，都应以独立的证据种类看待。

在以上讨论进行的同时，部分研究在反思法定证据种类这一问题本身的价值和意义的基础上，提出了针对大数据证据分类的不同的研究路径。有学者指出，我国的法定证据种类因同时兼顾不同证据类别的内在属性及其应用上的便宜需要而不具有周延性，对于构建大数据证据审查判断规则而言，证据的学理分类更具系统周延性。[②] 也有学者认为，纠结大数据证据的证据种类归属容易陷入立法论的窠臼，考虑到理论和实践的迫切需求，探讨如何建立大数据证据的证明力规则才更有意义。[③] 还有学者认为，在法定证据种类问题上过多纠缠，不利于对新证据类型及其审查判断规则的深入研究，建议以大陆法系的“证据方法”理论替代证据种类作为大数据证据定位问题的研究重心。[④] 以上观点均以审视法定证据种类这一分类方式的弊端为论证基点，或建议将这一问题暂且搁置，或选择法定证据种类之外的分类方法，最终均指向大数据证据审查判断规则的构建。

实际上，对法定证据种类的质疑一直存在，当下以证据表现形式为划分标准的法定证据种类，不仅在自身概念的解释逻辑上存在难以自洽之处，而且在

---

① 参见严若冰：《以定义为中心的大数据证据独立种类研究》，载《山东警察学院学报》2020 年第 5 期；徐惠等：《大数据证据之证据属性证成研究》，载《中国人民公安大学学报（社会科学版）》2020 年第 1 期；刘甜甜：《刑事大数据分析报告的证据属性》，载《人民检察》2021 年第 10 期；童飞霜、向培权：《大数据分析报告作为刑事证据的可能与限度——以权利保护为中心的制度回应及规则探求》，载《全国法院第 30 届学术讨论会获奖论文集（下）》，第 1755 页。

② 参见元轶：《大数据证据二元实物证据属性及客观校验标准》，载《山西大学学报（哲学社会科学版）》2021 年第 5 期。

③ 参见马明亮、王士博：《论大数据证据的证明力规则》，载《证据科学》2021 年第 6 期。

④ 参见林喜芬：《大数据证据在刑事司法中的运用初探》，载《法学论坛》2021 年第 3 期。

一定程度上造成了刑事证据运用的形式化和程序正当性的虚无化。[①] 但是，在刑事诉讼法确立法定证据种类框架以及司法实践仍主要依赖这一分类方法的情况下，贸然将其抛弃可能得不偿失，而且，就大数据证据而言，当务之急是构建证据的审查判断规则以解决现实问题。故本文认为，将大数据证据作为独立的证据种类，围绕其含义和实践中的作用方式构建特殊的运用规则，更符合当下理论和实践的需求。

三、信息网络犯罪中大数据证据运用规则的构建

（一）证据能力的审查判断

鉴于大数据证据带有数据科学的色彩，其若要具备证据能力，除了经受住传统相关性和合法性的检验外，还需要考虑科学证据所要求的可靠性。易言之，相关性、可靠性和合法性是大数据证据证据能力审查的三个要素。

第一，相关性审查。“概括地讲，具有相关性的证据一般都是可采的。”[②] 相关性是证据具备证据能力的基础。考虑到大数据证据本质上是大数据技术应用于海量数据的结果，其相关性的判断需要从作为分析对象的数据本身和分析结果两个层面进行。一方面，要注意到大数据的相关关系是一种不易被人类察觉和理解的弱关联关系，传统证据的因果关系是一种强关联关系[③]，人们要学会接受并认可大数据技术的弱关联性判断；另一方面，数据分析结果与案件事实是否具有相关性属于裁判者逻辑经验的范畴，完全可以援引一般意义上的关联性判断标准，即分析结果是否与案件要素性事实有关以及分析结果是否使某个事实更可能或更不可能。

第二，可靠性审查。大数据证据的可靠性审查同样需要考虑大数据集和大数据技术两个方面。就前者而言，作为分析对象的数据一旦出现纰漏，那么分析结果的准确性便无从保证，大数据证据的证据资格自然无所依附。因此，大数据集的完整性决定了其可靠性，参考《公安机关办理刑事案件电子数据取证规则》第 46 条和第 47 条的规定，大数据集完整性的审查既要核对电子数据的完整性校验值，也应对数据依附载体的封存状态和保护情况进行核查。

对后者来说，美国关于科学证据可靠性标准的探讨值得借鉴。在 20 世纪

---

① 参见孙远：《论法定证据种类概念之无价值》，载《当代法学》2014 年第 2 期；林劲松：《法定证据种类的解释视角反思——以刑事诉讼为中心的分析》，载《浙江大学学报（人文社会科学版）》2016 年第 4 期。

② ［美］约翰·W. 斯特龙主编：《麦考密克论证据（第五版）》，汤维建等译，中国政法大学出版社 2004 年版，第 359 页。

③ 参见刘品新：《电子证据的相关性》，载《法学研究》2016 年第 6 期。

早期，美国通过 Frye 案确立了科学证据可采性判断的“普遍接受”标准，该标准在之后的 70 年间一直处于主导地位。但在 1993 年的 Daubert 案中，联邦最高法院否认“普遍接受”作为可采性的一个绝对前提条件，认为科学证据的可靠性取决于其所依据的技术或方法的科学有效性，并提出了审查有效性可以参考的五个要素，即理论或者技术是否能被（并且已被）检验、是否已经过了同行审议并发表、已知或潜在的误差率是否很高、是否有关于技术操作的标准、在相关科学共同体中是否得到普遍接受。[①] 需注意的是，科学证据可靠性的判断标准是灵活的，“Daubert 案关于标准的具体要素既非必要也非排他性地适用于所有案件”[②]。具体到大数据技术而言，其科学性主要体现在算法上，而在实践中，由于侦查秘密性原则或保护商业秘密等条件限制，相当一部分算法的源代码不能开示，处于“黑箱”状态。基于此，上述经过同行审议并发表、是否得到普遍接受等涉及公开的因素缺乏可操作性。不过，证据规则不是为了对宇宙奥秘进行彻底的探究，而是为了解决特定的法律争端。[③] 结合大数据证据的特殊情况，大数据技术的可靠性审查可以分为两种情形：一方面，如果算法的源代码可以开示，算法科学性的评估可以通过类似“白箱”测试的方法直接进行检验，并借鉴上述 Daubert 案提出的判断因素，由法官进行裁量。另一方面，一旦面临算法“黑箱”困境，法庭则可采取“黑箱”测试的方式，向算法输入大量实例，验证结果是否符合技术运用目的，并要求算法开发者公布算法的历史误差率，结合技术顾问或专家辅助人的说明解释，对算法的科学有效性进行综合审查。

第三，合法性审查。合法性体现了除真实外的公正、人权等其他价值，是证据能力的重要影响因素，非法证据排除规则便是例证，即使证据相关可靠，但取证违法，侵犯了公民基本权利或重要利益，该证据也不具有证据能力。大数据证据合法性的审查依赖于大数据侦查措施的程序规则，但我国目前的法律

---

① 参见王进喜：《美国〈联邦证据法规则〉（2011 年重塑版）条解》，中国法制出版社 2012 年版，第 215 页。

② 王进喜：《证据科学读本：美国“Daubert”案三部曲》，中国政法大学出版社 2015 年版，导言第 7 页。

③ 参见王进喜：《证据科学读本：美国“Daubert”案三部曲》，中国政法大学出版社 2015 年版，第 67 页。

规范并未对大数据侦查设置程序规则，合法性的审查判断缺乏明确的实定法依据[①]，因此，目前司法实践可以先围绕公民个人信息权的保障，参照比例原则对大数据证据的合法性进行判断，排除方式则应以裁量排除为主，待之后立法完善相关程序后，再构建具体的审查判断规则。

（二）证明力的审查判断

自由心证作为现代刑事诉讼普遍承认的一项原则，强调证据的证明力不由法律预先设定，而是交由法官内心自由判断，不过，这一判断须受到经验法则和逻辑的内在制约。随着科技的发展，裁判者专业知识的不足越发难以应对科学证据的审查判断。在“科学迷雾”的隔阂下，法官对大数据证据证明力可能作出过高或过低的不当评价。“我们可能会完全受限于大数据的分析结果，即使这个结果理应受到质疑，我们会形成一种对数据的迷信，因而赋予数据根本无权得到的信任。”[②] 法官对大数据证据的心证需要得到合理规范。因此，法官在审查大数据证据的证明力时，有必要慎重考虑以下几个方面的影响。

首先，重视算法歧视的评估。算法模型的源自人类的认识和经验，自然可能带有设计者本身的偏见，而且作为分析对象的数据的统计也可能存在偏差，导致大数据证据可能带有歧视性和入罪化倾向。美国在之前打击大麻毒品犯罪的过程中，有较多的黑人犯罪嫌疑人被警方逮捕，原因在于黑人犯罪嫌疑人的犯罪数据被更多地储存在警方的数据库，而实际上白人和黑人具有相同的吸食比例。[③] 基于此，在评价大数据证据的证明力时，应当注重审查数据库样本本身的统计方法、覆盖范围和算法模型的选择，评估歧视存在的可能性。

其次，关注数据资源的来源。数据的来源体现了数据资源与案件待证事实的关联程度，进而影响着大数据证据证明力的评价。例如，在上述涉及大量资金支出的案件中，侦查机关往往从犯罪平台的后台直接收集数据进行分析，而不是从银行等金融机构调取相关流水数据，很大程度上是因为犯罪平台的后台数据与犯罪事实的相关性更强，可以避免额外的数据清洗，以此为基础得出的分析结果也更具证明价值。可见，数据来源对大数据证据证明力的影响不容忽视。

---

① 在我国当前法律框架下，虽然《公安机关执法细则（第三版）》29－02条直接规定了数据查询、检索、比对的侦查措施和适用情形，但该条规定既没有明确程序规则，其规范性质也仅属于公安机关内部规章。此外，刑事诉讼法中的“技术侦查措施”虽有“技术”之名，但《公安机关办理刑事案件程序规定》第264条将其解释为“记录监控、行踪监控、通信监控、场所监控等措施”，可见，“技术侦查措施”本质上是一种“监控”措施，无法解释大数据侦查措施中的大数据挖掘等技术。

② ［英］维克托·迈尔－舍恩伯格、肯尼思·库克耶：《大数据时代：生活、工作和思维的大变革》，盛杨燕、周涛译，浙江人民出版社2013年版，第195页。

③ See Andrew Guthrie Ferguson, *Big Data and Predictive Reasonable Suspicion*, 163 University of Pennsylvania Law Review 327, 402 (2015).

最后，验证算法的稳定性。算法的稳定性是算法模型设计的目标和追求，原因在于算法是否稳定，决定了算法结论的可信性。大数据技术的核心就是算法，如果大数据证据所运用的算法能够得到多种方法的检验，则说明该大数据证据的可信度更佳，对案件待证事实的证明力也更强。[①]

（三）证据偏在困境的出路

在涉及大数据证据的信息网络犯罪案件中，诉讼双方很难保持一个均衡的状态，而控辩能力的差异并非可以凭借规则加以调整，较为合理的做法是在控辩平等原则的指导下，通过相关制度设计矫正证据偏在现象。

对于控方主导大数据证据获取和运用的情形而言，制度设计的关键是保障辩方知情权，强化辩方针对大数据证据的质证能力，并在必要情况下，赋予辩方运用有利于己方的大数据证据的机会。具体而言，首先，构建审前大数据证据开示制度。证据偏在现象体现了证据信息的不对称，而如果控辩双方可以在举证前交流共享大数据证据的有关信息，那么该问题就会在一定程度上得到解决。我国《刑事诉讼法》第187条规定了庭前会议制度；《人民法院办理刑事案件庭前会议规程（试行）》（以下简称《庭前会议规程》）第1条也指出在庭前会议中，人民法院可以组织控辩双方展示证据。可以考虑依托该制度，在庭前会议中，由审判人员组织控辩双方展示大数据证据，就证据相关信息展开交流。其次，完善专家辅助人制度。大数据证据的技术门槛决定了有必要引入有专门知识的人进行解释说明。《庭前会议规程》第17条赋予了有专门知识的人申请参与会议的权利，根据最高人民法院在2021年颁布的《关于适用〈中华人民共和国刑事诉讼法〉的解释》第100条的规定，有专门知识的人除可以出庭对鉴定意见发表意见外，还可以出庭就其对案件专门性问题出具的报告作证，可以以该条规定为基础，扩大专家辅助人的说明对象的范围，允许其就大数据证据发表看法，提出意见。最后，赋予辩方申请使用大数据库和大数据技术的权利。当辩方获悉存在有利于己方的大数据时，可以向检察机关或法院提出收集、调取和分析相关数据的申请，检察机关或法院应重点审查数据与案件是否相关以及数据是否由第三方主体控制，对于符合条件的可发布令状，交由侦查机关或其他掌握大数据技术的机构实施。令状应明确第三方主体的配合义务、实施机构的保密义务以及不履行义务对应的法律责任。

对于辩方控制海量数据资源的情形而言，制度设计应落脚于保障控方能够接触到完整真实的由辩方控制的数据，以发现事实真相。民事诉讼中的证明妨碍制度较为契合这一需求，该制度要求当事人应对法院在诉讼程序中用以查明

---

① 参见林喜芬：《大数据证据在刑事司法中的运用初探》，载《法学论坛》2021年第3期。

事实的证据负有普遍性的保存义务，一旦当事人以作为或不作为的方式拒绝履行该义务，则可能面临公法上的制裁等后果。① 回到刑事诉讼领域，为了防范辩方对其所控制的大数据集进行篡改，在诉讼程序启动后，有必要赋予辩方妥善保存可能用以查明案件事实的相关数据的义务，如果拒绝履行保存义务且不能说明不履行行为的合理性，则将承担相应的处罚以及不利于己方的事实推论的后果。

四、结语

在刑事诉讼领域，科技与司法制度的深度融合已然成为一个不容忽略的现象，信息网络犯罪中大数据证据的运用便是例证。不过，我们在拥抱大数据证据以更好地控制犯罪的同时，也应积极应对其带来的问题。本文只是以信息网络犯罪为视角，对大数据证据的实践运用、种类归属、证据能力和证明力等问题进行了一个初步的探讨，尚未触及深层次的价值冲突、数据控制以及技术赋能与技术赋权的协调等论题。未来有必要秉持数据正义的理念，对这些论题深入讨论，推动科技与制度的协调发展。

① 参见毕玉谦：《关于创设民事诉讼证明妨碍制度的基本视野》，载《证据科学》2010年第5期。

网络犯罪证明方法研究

论电信网络诈骗案件中辩方的证明责任*

吉冠浩** 朱雨桐***

一、问题的提出

2022年9月2日第十三届全国人民代表大会常务委员会第三十六次会议表决通过了反电信网络诈骗法，为反电信网络诈骗提供了有力的、专门性的法律支撑，也反映了近年来我国电信网络诈骗犯罪形势严峻、亟待治理。仅2021年1月至11月间，全国范围内公安机关破获的电信网络诈骗案件共计37万起，抓获犯罪嫌疑人总计54.9万人①，电信网络诈骗正是当前犯罪治理的重点对象。但是，电信网络诈骗犯罪的基本特征导致以司法证明认定其案件事实存在诸多困境。在电信网络诈骗多发、高发的态势下，电信网络诈骗案件固有的非接触性、海量化、集团职业化以及产业链条化，使得传统的司法证明在认定部分案件事实时呈失灵状态。比如，对于电信网络诈骗罪量的认定，由于电信网络诈骗是“点对面”的犯罪，犯罪对象不特定，导致被害人人数众多②，

---

* 本文系北京市社会科学基金规划项目青年项目“网络犯罪的司法证明研究”（21FXC020）的阶段性成果。

** 法学博士，北京航空航天大学法学院副教授。

*** 北京航空航天大学工信部工业和信息化法治战略与管理重点实验室研究人员。

① 参见《2021年电信网络诈骗治理研究报告》，载微信公众号“腾讯安全战略研究”2022年2月18日。

② 参见远桂宝：《电信网络诈骗犯罪的三个特征》，载《检察日报》2019年10月20日，第3版。

具有海量化的特征，难以对被害人一一取证核查。缺乏被害人陈述这一直接证据，仅凭其他客观证据难以形成完整的证据链。[①] 在电信网络诈骗案件中的被害人人数以及相应的诈骗资金数额存在认定困难。又如，对于行为人主观上明知实施电信网络诈骗的认定，一方面，基于犯罪团伙内部的集团职业化与非接触性，实施诈骗的同案犯各司其职，上下线单线联系，互相独立不知彼此的存在，使得主观明知的认定缺乏行为人以及同案犯的供认，难以认定同案犯之间存在共同犯罪的犯意联络[②]；另一方面，电信网络诈骗外部已形成链条化的产业结构，外围实施帮助行为的人不直接参与诈骗环节，仅仅为诈骗提供帮助或者创造条件，在正犯未到案的情况下帮助者往往否认其存在主观明知[③]，也无法从其实施的客观行为直接推知主观状态。概言之，上述电信网络诈骗犯罪事实的认定难点在于缺乏被追诉人供述或者被害人陈述等直接证据证明，导致其余以实物证据为主的间接证据无法与之进行印证，而仅凭间接证据又难以满足最高人民法院《关于适用〈中华人民共和国刑事诉讼法〉的解释》（以下简称《高法解释》）第140条所要求的形成完整证据链并能够排除合理怀疑。由此可见，运用证据印证规则的传统司法证明难以发挥有效认定电信网络诈骗案件事实的作用。

针对无法以司法证明认定电信网络诈骗案件事实的问题，反电信网络诈骗法并未提出具体解决方案，我们仍需回到刑事诉讼法及其相关司法解释中。在司法证明无法应对电信网络诈骗犯罪事实认定难题，而法官不能拒绝裁判的情况下，势必要变通事实认定的方法。推定作为传统司法证明的替代方法，便受到关注和应用，具体体现在电信网络诈骗相关司法解释中出现了可以适用推定的情形。2016年“两高一部”发布的《关于办理电信网络诈骗等刑事案件适用法律若干问题的意见》（以下简称《电信网络诈骗意见》）中多处适用刑事推定，包括对行为人故意隐匿、毁灭证据时拨打电话次数、发送短信条数的认定，电信网络诈骗被害人人数和诈骗资金数额的认定，电信网络诈骗违法所得的认定以及对转移赃款赃物者主观明知的认定。[④] 2021年“两高一部”又发布了《关于办理电信网络诈骗等刑事案件适用法律若干问题的意见（二）》（以

---

① 参见李睿懿、王珂：《惩治电信网络诈骗犯罪的主要法律适用疑难问题》，载《法律适用》2017年第9期。

② 参见李文涛、何苏桦、李根：《电信网络诈骗刑事法律认定中的疑难问题》，载《中国检察官》2020年第3期。

③ 参见王地、高融：《网络诈骗认定三难亟待破解》，载《检察日报》2015年5月21日，第3版。

④ 参见黄河、张庆彬、刘涛：《破解打击电信网络诈骗犯罪的五大难题——〈关于办理电信网络诈骗等刑事案件适用法律若干问题的意见〉解读》，载《人民检察》2017年第11期。

下简称《电信网络诈骗意见（二）》），其中的犯罪严重情节、帮助行为的主观明知以及上游犯罪侵犯个人信息条数等事实认定也涉及推定的适用。[①]

但是，在推定认定电信网络诈骗事实时，辩方承担何种证明责任及其证明标准仍有待厘清。一般而言，刑事诉讼中控方对被告人有罪的事实承担证明责任并须达到最高的证明标准，基于“谁主张谁举证”和无罪推定原则的基本法理，辩方不承担任何证明自己有罪的责任。[②] 辩方对于控方指控事实的否认、反驳甚至出示任何证据线索材料，均为其“质证权”的体现而非承担证明案件事实的义务。[③] 这是辩方基于对当前案件证明状况的评估，为避免在特定争点上的败诉风险，其在客观上有提供反驳性证据的现实必要性。[④] 即使辩方保持沉默，对指控不提出任何辩解，也不应承担任何对其不利的后果。这一证明责任分配原则的适用是建立在以司法证明作为事实认定方式的基础上，不存在任何辩方证明责任的问题，而这一情形并非本文的主要分析对象。作为司法证明替代方式的推定[⑤]，其适用不完全遵循司法证明的证明责任分配原则，会导致辩方承担一定的证明责任，这也是我国立法和司法实务的立场。以巨额财产来源不明罪为例，我国《刑法》第 395 条规定，国家工作人员的财产、支出明显超过合法收入且差额巨大的，可以责令该国家工作人员说明来源，如不能说明来源则将差额部分认定为非法所得。即在确实无法查清被告人巨额财产非法来源时，本人必须对财产来源作出说明，否则将被追究刑事责任。[⑥] 司法实践认定该罪名时，检察机关在证明行为人财产与合法收入之间存在巨大差额这一基础事实之后，法院可以直接认定差额为非法所得的推定事实；如行为人不能说明财产来源合法性，法院则能够将推定事实作为最终裁判事实。[⑦] 由此可见，巨额财产来源不明罪以推定的方式认定非法所得数额，使辩方承担了说明财产来源合法性的证明责任。

在明晰了推定会导致辩方承担证明责任的前提下，基于电信网络诈骗案件中存在适用推定情形的现状，要进一步研究在这些情形中辩方究竟承担何种证明责任并需达到何种证明标准。对这一问题，有关司法解释语焉不详，而现有在电信网络诈骗领域下关于该问题的研究往往直接以一般刑事推定的理论框架

---

① 参见刘太宗、赵玮、刘涛：《“两高一部”〈关于办理电信网络诈骗等刑事案件适用法律若干问题的意见（二）〉解读》，载《人民检察》2021 年第 13 期。

② 参见龙宗智：《诉讼证据论》，法律出版社 2021 年版，第 345 页。

③ 参见陈瑞华：《刑事诉讼中的证明责任问题》，载《警察法学》2013 年第 1 期。

④ 参见李昌盛：《积极抗辩事由的证明责任：误解与澄清》，载《法学研究》2016 年第 2 期。

⑤ 参见陈瑞华：《刑事证据法》（第 4 版），北京大学出版社 2021 年版，第 531 页。

⑥ 参见王爱立主编：《中华人民共和国刑法释义》，法律出版社 2021 年版，第 870 页。

⑦ 参见陈瑞华：《论刑事法中的推定》，载《法学》2015 年第 5 期。

进行分析。[①] 但是，电信网络诈骗的事实认定有其特殊性，与此对应的辩方证明责任及其标准也应当与一般刑事推定适用的案件相区别。如巨额财产来源不明罪中，差额是否有合法来源这一事实，辩方较控方更便于举证，因而基于提出证据的公平适用推定并要求辩方承担证明责任。然而，由于网络犯罪的非接触性与产业链条化，诈骗以及上下游帮助行为均需电信网络平台介入，犯罪的实施或后果甚至主要借助第三人或被害人的积极行为，较传统犯罪而言，行为人对具体犯罪事实信息的了解和掌握程度也更低，因而对电信网络诈骗犯罪的部分危害结果与控方同样面临证明困难。[②] 如上游侵犯个人信息的行为人从网上购买的大量个人信息中是否包含重复或不真实的情形，行为人因未亲自采集信息也难以从中辨别。因此，基于电信网络诈骗案件的新特点，其适用推定后辩方承担何种证明责任及其标准需要重新审视厘清，不能简单地照搬一般刑事推定适用的观点及分析逻辑。

基于上述问题，本文将对电信网络诈骗中辩方证明责任及其需达到的程度进行现状考察与反思厘清。本文从电信网络诈骗司法解释入手，梳理出相关推定适用的事实认定条文，并归纳出辩方需承担证明责任的情形与辩方的证明对象；进而从实然样态与具体展开两个层面，分别对辩方证明责任及承担证明责任需达到的程度先进行立足于现状的深入观察，而结合推定的原理与电信网络诈骗的特点，进行批判性反思与具体展开。

二、电信网络诈骗案件中辩方承担证明责任的情形

在电信网络诈骗案件中讨论辩方承担何种证明责任及要承担到什么程度，第一步需要明确究竟在电信网络诈骗的哪些事实认定的情形中，辩方需要承担一定证明责任，即在认定电信网络诈骗的哪些事实时、符合哪些条件下辩方可能承担证明责任。在司法证明理论中，证明责任与事实主张密切相关，“证明责任要以一定的事实主张为基础”。[③] 所以电信网络诈骗案件中辩方的证明责任也离不开其提出的事实主张，或者说辩方证明对象本身的特征即在一定程度上影响了辩方的证明责任，不能脱离证明对象谈辩方的证明责任及其要达到的

---

① 有学者在论及电信网络诈骗案件辩方反驳主观“明知”的证明责任与证明标准时，直接援引了一般刑事推定的适用规则，参见高铭暄：《论中国大陆（内地）电信网络诈骗的司法应对》，载《警学研究》2019年第2期；有学者在论及电信网络诈骗案件辩方反驳概括认定的犯罪数额的证明责任时，笼统地认为此时辩方证明责任与一般刑事推定中辩方的证明责任无异，参见张平寿：《刑事司法中犯罪数额概括化认定研究》，载《政治与法律》2018年第9期。

② 参见张平寿：《网络犯罪计量对象海量化的刑事规制》，载《政治与法律》2020年第1期。

③ 何家弘、刘品新：《证据法学》（第7版），法律出版社2022年版，第341页。

程度。因此梳理这些情形也能确定辩方的证明对象，为后文厘清证明责任内容提供基础思路。

本文将基于现有相关司法解释中关于电信网络诈骗事实认定的规定，筛选出其中辩方可能承担证明责任的情形。围绕电信网络诈骗，本文确定了六部核心司法解释，分别为 2016 年“两高一部”发布的《电信网络诈骗意见》、2018 年最高人民检察院（以下简称最高检）发布的《检察机关办理电信网络诈骗案件指引》（以下简称《电信网络诈骗指引》）、2019 年“两高”发布的《关于办理非法利用信息网络、帮助信息网络犯罪活动等刑事案件适用法律若干问题的解释》（以下简称《非法利用信息网络、帮助信息网络犯罪解释》）、2021 年“两高一部”发布的《电信网络诈骗意见（二）》、2021 年最高检发布的《人民检察院办理网络犯罪案件规定》（以下简称《网络犯罪案件规定》）、2022 年“两高一部”发布的《关于办理信息网络犯罪案件适用刑事诉讼程序若干问题的意见》（以下简称《网络犯罪程序意见》）。上文我们已经明确在司法证明中辩方不承担任何证明责任而推定会导致辩方承担证明责任这一前提，此处则是将司法解释中以推定认定事实的条文及其对应的证明对象进行分类与说明。因此，这一梳理过程同时也会涉及推定与司法证明的区分，尤其是推定与间接证明的区分。需要注意的是，有关司法解释中的部分条文并非无争议地仅作为推定或仅作为间接证明的规定应用，与此相反，对于部分事实认定规定的适用逻辑，在司法实践或者司法解释之间显示出间接证明和推定两种不同的理解思路，存在适用上的争议。因此本文将司法解释中的相关情形划分为“适用推定的明确情形”与“适用推定的存疑情形”。

为了更清晰地讨论这两种情形，作为论述的起点性共识，需要先行说明司法证明尤其是其中间接证明与推定的区分标准。如图 1 所示，推定由“基础事实”“推定事实”以及二者之间的伴生关系或常态联系等三要素构成。[①] 根据二者之间的常态联系，当基础事实存在时，可直接推引推定事实存在。[②] 但是常态联系不是必然联系，即便基础事实存在，推定事实也有不存在的可能。[③] 间接证明与直接证明相对，是以间接证据认定案件事实的过程。根据《高法解释》第 140 条的规定，依据在案间接证据认定的案件事实，结论需是唯一的，足以排除一切合理怀疑。具体而言，依据间接证据所构筑的证明体系或间接性事实，进行符合经验、逻辑的推理，得出的结论只能是一个，完全排除了

① 参见何家弘、刘品新：《证据法学》（第 7 版），法律出版社 2022 年版，第 309 页。

② 参见陈光中主编：《证据法学》（第 4 版），法律出版社 2019 年版，第 435 页。

③ 参见张云鹏：《刑事推定与无罪推定之契合》，载《法学》2013 年第 11 期。

其他可能性。[1] 由此可见，推定与间接证明的事实认定过程中均存在两种事实：一是案件现有证据能够证明的事实，即基础事实或者间接证据证明的间接性事实；二是案件事实。但是，推定中由基础事实推理出推定事实，所依据的是两种事实间的常态联系，即在一般情况下通常如此；而间接证明中由间接性事实推理出案件事实，所依据的是两种事实间在个案逻辑判断中的唯一排他性，即在本案中只能如此。因此，推定与间接证明本质的区别在于两种事实之间的关系不同。间接证明的间接性事实与案件事实之间为唯一、排他性的一一对应关系，间接性事实经过推理能够得出唯一的案件事实，足以排除其他合理怀疑；但是推定的基础事实与案件事实之间为选择关系，案件事实只是基础事实通常会导致的结果之一，无法排除在个案中，基础事实可能导致案件事实以外的其他事实的可能性。[2]

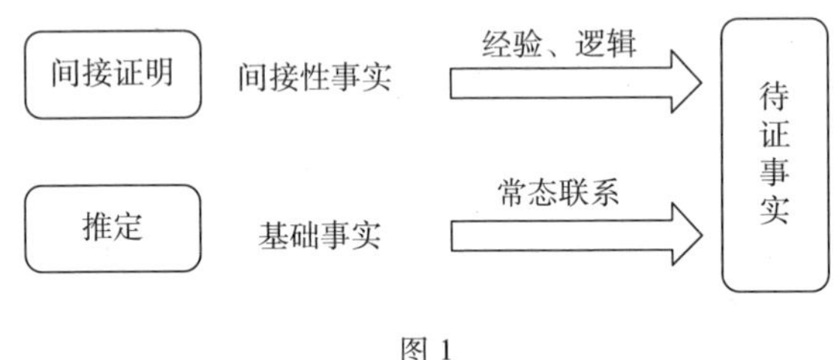

图 1

将这一前提适用于对电信网络诈骗司法解释事实认定条文的分类中，采法教义学的方法尤其是文义解释来判断相关条文是否适用推定的标准，即为条文中所罗列事实或罗列的数种证据能够证明的事实与案件事实之间的关系，是唯一的能够排除合理怀疑，还是可选择的不能排除其他可能性。

（一）适用推定的明确情形

明确适用推定的情形，是指从条文字面文义来看，所列的证据证明的基础事实不能排他地推理出所列的案件事实这一唯一结论，在电信网络诈骗个案中存在其他可能性，不能排除合理怀疑。此种情形可以归纳为四类事实的认定，即电信网络诈骗中的严重情节、罪量、主观方面和违法所得数额的认定。

第一，对于严重情节，《电信网络诈骗意见（二）》第 3 条规定，有证据证实行为人在境外针对境内的居民进行电信网络诈骗犯罪，犯罪的数额难以查实，但行为人赴境外犯罪窝点累加计算的时间在一年内有 30 日以上或多次出

① 参见张军主编：《刑事证据规则理解与适用》，法律出版社 2010 年版，第 254 页。

② 参见褚福民：《事实推定的客观存在及其正当性质疑》，载《中外法学》2010 年第 5 期。

境前往犯罪窝点的，应认定为诈骗罪的“其他严重情节”，有证据证明其出境从事正当活动的除外。诈骗罪的定罪采取数额与情节的双重标准，本条所体现的基础事实为行为人确有在境外实施电信网络诈骗的事实，但一年内赴境外窝点达 30 天或多次；而推定事实为行为人构成实施诈骗具有“其他严重情节”，将行为人前述赴境外窝点的时间或次数均认定为实施诈骗犯罪。但是，即便行为人确有诈骗行为，一年内赴诈骗窝点时间长或多次并不能推理出其必然实施诈骗犯罪，不能排除实施非犯罪行为的可能性，如提供煮饭、安保等后勤工作。因此，基础事实不能排他地得出唯一的推定事实，本条为适用推定认定事实的情形。

第二，对于罪量认定，《电信网络诈骗意见》第二部分第 4 条第 4 款规定了因行为人故意隐匿、毁灭证据等原因，致拨打电话次数、发送信息条数的证据难以收集的，可以根据经查证属实的日拨打人次数、日发送信息条数，结合犯罪嫌疑人、被告人实施犯罪的时间、犯罪嫌疑人、被告人的供述等相关证据进行综合认定；《电信网络诈骗意见（二）》第 5 条第 2 款规定对侵犯公民个人信息的条数，根据查获的数量直接认定，但有证据证明信息不真实或者重复的除外。对上述两种罪量认定，无论是根据已查证的日拨打人次数、日发送信息条数计算的整体全部的拨打电话次数、发送信息条数，还是查获的所有个人信息数量，这些基础事实与案件事实即客观上精确的犯罪数额之间，显然并非一一对应的排他关系，不能排除未查证属实的日拨打电话次数或发送短信条数与已经查证属实的数量之间存在差异，也不能排除查获的个人信息中存在重复或不真实信息的可能性。此外，认定犯罪数额时，《网络犯罪程序意见》第 21 条规定，如涉案人数特别众多，但因客观条件限制无法逐一收集证据或核实涉案账户资金来源的，在根据银行账户等交易记录以及其他证据材料足以认定有关账户主要用于接收、流转涉案资金的，可以按照该账户接收的资金数额认定犯罪数额，但犯罪嫌疑人、被告人能作出合理说明的除外。根据该表述，根据证据能够证明的基础事实即账户“主要”用于接收诈骗资金，与案件事实即确定的诈骗资金数额之间，不能排除该账户存在合法收入的可能性，因而属于推定规则。[①]

第三，对于主观方面认定，存在以下三种情形：

一是掩饰、隐瞒犯罪所得、犯罪所得收益罪的犯罪故意，《电信网络诈骗意见》第三部分第 5 条第 1 款规定行为人明知是电信网络诈骗犯罪所得及其产

---

① 周加海、喻海松、李振华：《〈关于办理信息网络犯罪案件适用刑事诉讼程序若干问题的意见〉的理解与适用》，载《中国应用法学》2022 年第 5 期。

生的收益，同时具有“通过使用销售点终端机具（POS 机）刷卡套现等非法途径，协助转换或者转移财物”等五种转账、套现、取现的异常客观行为之一的，可以直接以掩饰、隐瞒犯罪所得、犯罪所得收益罪追究刑事责任。[①]《电信网络诈骗意见（二）》第 11 条第 1 款又增加了“多次使用或者使用多个非本人身份证明开设的收款码、网络支付接口等，帮助他人转账、套现、取现的”等三种情形。此条文展现的基础事实为行为人明知钱款为电信网络诈骗犯罪所得及其产生的收益，且实施了一种异常转账、套现、取现的客观行为，并不能据此唯一、排他地得出行为人具有实施掩饰、隐瞒犯罪所得、犯罪所得收益的故意这一推定事实。通常情况下，只要证明行为人知道或者应当知道是犯罪所得及其产生的收益，就可以认定该罪的故意。[②] 但具体到电信网络诈骗案件中，仅有上述八种行为情形，不能排除行为人确实不知道是犯罪所得及其产生的收益这种可能。

二是电信网络诈骗共同犯罪的主观方面，《电信网络诈骗意见》第四部分第 3 条规定行为人明知他人实施电信网络诈骗犯罪，且具有“提供信用卡、资金支付结算账户、手机卡、通讯工具”等八种帮助行为之一的，以共同犯罪论处。具体而言，此条规定的基础事实是行为人明知他人实施电信网络诈骗还实施了有关帮助行为的，能够直接认定行为人具有诈骗罪共同犯罪的主观方面这一案件事实。与上述第一种情形类似，行为人明知他人实施电信网络诈骗且实施了有关帮助行为的基础事实，不能唯一、排他地推导出行为人具有诈骗罪共同犯罪主观方面的推定事实。因为诈骗罪的罪责形式是故意，并且具有非法占有的目的。这里的故意，是指明知是诈骗行为而有意实施的主观心理状态。[③] 对于非法占有目的的认定这一事实，仅有该条规定的基础事实显然不能得出唯一结论。

三是帮助信息网络犯罪的主观明知，《非法利用信息网络、帮助信息网络犯罪解释》第 11 条规定了“经监管部门告知后仍然实施有关行为”等七种异常行为，如行为人为他人犯罪提供技术支持或者帮助并同时满足其一情形的，可以认定行为人明知他人利用信息网络实施犯罪；《电信网络诈骗意见（二）》第 8 条第 2 款又增加了“收购、出售、出租单位银行结算账户、非银行支付机构单位支付账户，或者电信、银行、网络支付等行业从业人员利用履行职责或提供服务便利，非法开办并出售、出租他人手机卡、信用卡、银行账户、非银

---

① 参见李睿懿、王珂：《惩治电信网络诈骗犯罪的主要法律适用疑难问题》，载《法律适用》2017 年第 9 期。

② 参见曲新久主编：《刑法学》（第 6 版），中国政法大学出版社 2022 年版，第 427 页。

③ 参见陈兴良：《规范刑法学》（教学版），中国人民大学出版社 2022 年版，第 306 页。

行支付账户等”两种情形。同样，仅依据行为人为他人犯罪提供技术支持、帮助且具有其中一种异常行为的基础事实，不能唯一、排他地推导出行为人明知他人利用信息网络实施犯罪，不能完全排除合理怀疑。

四是对于违法所得数额的认定，《电信网络诈骗意见》第七部分第2条规定对于涉案银行账户或第三方支付账户，如果确因客观原因无法查实全部被害人，但有证据证明该账户是用于电信网络诈骗犯罪且被告人无法说明款项合法来源的，应认定为违法所得。从条文行文逻辑来看，只要能够证明账户是用于犯罪的即可直接认定其违法所得的性质，显然无法排除账户中存在合法资金的可能性，符合推定的认定思路。并且，最高检作为该意见的制定主体之一，也在解读中明确了该规定采用了刑事推定的方法。①

（二）适用推定的存疑情形

区别于上文的四种情形，部分事实认定条文并非排他地仅属于适用推定的情形，是否能作为适用推定的规定仍有争议。具体体现在因相关规定字面文义模糊导致其是否适用推定作为事实认定方式仍存疑，即依据条文本身的行文逻辑，无法判断基础事实和案件事实之间的关系，以“综合认定”条文为典型。试以犯罪数额的认定为例，《电信网络诈骗意见》《网络犯罪案件规定》均有类似规定，即确因客观条件的限制无法逐一收集言词证据尤其是被害人陈述的，可以结合已收集的言词证据，以及查证属实的银行账户交易记录、第三方支付结算账户交易记录、通话记录、电子数据等证据，在审查辩方辩解、辩护意见的基础上，综合认定被害人人数、诈骗资金数额等事实。② 由于没有言词证据的一一印证，仅凭大多数为间接证据的客观证据认定犯罪数额往往无法得出唯一结论，且相关条文所列举的几类证据所对应的事实与案件事实的关系也无法直接从文义上判断，即在个案应用中可能只综合一两种证据认定而与案件事实之间难以达到排他的程度，也可能综合数种证据而足以达到排他性。因此，以“综合a、b、c等证据或事实，综合认定d事实”结构为典型的事实认定条文，通常都存在此种适用争议。除犯罪数额外，《电信网络诈骗意见》还

① 参见黄河等：《破解打击电信网络诈骗犯罪的五大难题——〈关于办理电信网络诈骗等刑事案件适用法律若干问题的意见〉解读》，载《人民检察》2017年第11期。

② 《电信网络诈骗意见》第六部分第1条规定：“办理电信网络诈骗案件，确因被害人人数众多等客观条件的限制，无法逐一收集被害人陈述的，可以结合已收集的被害人陈述，以及经查证属实的银行账户交易记录、第三方支付结算账户交易记录、通话记录、电子数据等证据，综合认定被害人人数及诈骗资金数额等犯罪事实”；《网络犯罪案件规定》第21条规定：“人民检察院办理网络犯罪案件，确因客观条件限制无法逐一收集相关言词证据的，可以根据记录被害人人数、被侵害的计算机信息系统数量、涉案资金数额等犯罪事实的电子数据、书证等证据材料，在审查被告人及其辩护人所提辩解、辩护意见的基础上，综合全案证据材料，对相关犯罪事实作出认定。”

规定了对电信网络诈骗共犯主观“明知他人实施电信网络诈骗犯罪”的综合认定；[①]《电信网络诈骗指引》规定了对电信网络诈骗帮助者主观“明知他人实施犯罪”的综合认定；[②]《网络犯罪案件规定》规定了电信网络诈骗犯罪嫌疑人主观方面的综合认定；[③]《电信网络诈骗意见（二）》规定了帮助信息网络犯罪活动罪行为人主观“明知他人利用信息网络实施犯罪”的综合认定。[④]

我们认为，对于“综合认定”中满足间接证明的条件、确属于间接证明的情形，并非本文讨论的内容。如最高检发布的第67号指导性案例中，针对辩护人提出的指控犯罪数额证据不足，不能证明被害人是被告人所骗的辩护意见，检察机关以间接证明认定了犯罪集团与被害人的关联性。即认定电信网络诈骗的被害人数量及犯罪数额，要结合电话卡、银行卡等间接证据，审查被害人接到诈骗电话的时间以及向诈骗犯罪组织指定账户转款的时间，如果能够和诈骗犯罪组织存储的聊天记录中出现的被害人的账户信息和转账时间相互关联印证的，则可以认定为案件被害人和诈骗资金数额。[⑤] 而“综合认定”中存在适用争议的情形，则应当被划入推定的范畴。究其原因，第一，在“综合认定”相关司法解释的解读中，司法解释制定者已经明确此类“综合认定”规定为刑事推定的体现。以被害人人数和诈骗资金数额的综合认定为例，“两

---

① 《电信网络诈骗意见》第四部分第3条第2款规定：“上述规定的‘明知他人实施电信网络诈骗犯罪’，应当结合被告人的认知能力，既往经历，行为次数和手段，与他人关系，获利情况，是否曾因电信网络诈骗受过处罚，是否故意规避调查等主客观因素进行综合分析认定。”

② 《电信网络诈骗指引》中“需要特别注意的问题”下“（五）关联犯罪事前通谋的审查”规定：“应当重点审查帮助转换或者转移财物行为人是否在诈骗犯罪既遂之前与实施诈骗犯罪嫌疑人共谋或者虽无共谋但明知他人实施犯罪而提供帮助……审查时，要根据犯罪嫌疑人的认知能力、既往经历、行为次数和手段、与他人关系、获利情况、是否曾因电信网络诈骗受过处罚以及是否故意规避调查等主客观因素分析认定。”

③ 《网络犯罪案件规定》第19条规定：“认定犯罪嫌疑人的主观方面，应当结合犯罪嫌疑人的认知能力、专业水平、既往经历、人员关系、行为次数、获利情况等综合认定，……”

④ 《电信网络诈骗意见（二）》第8条第1款规定：“认定刑法第二百八十七条之二规定的行为人明知他人利用信息网络实施犯罪，应当根据行为人收购、出售、出租前述第七条规定的信用卡、银行账户、非银行支付账户、具有支付结算功能的互联网账号密码、网络支付接口、网上银行数字证书，或者他人手机卡、流量卡、物联网卡等的次数、张数、个数，并结合行为人的认知能力、既往经历、交易对象、与实施信息网络犯罪的行为人的关系、提供技术支持或者帮助的时间和方式、获利情况以及行为人的供述等主客观因素，予以综合认定。”

⑤ 参见张凯闵等52人电信网络诈骗案（检例第67号）。

高”系相关司法解释的制定机关，在解读中均明确指出该条为推定的适用。[①]第二，基于“综合认定”条文文义的适用来看，“综合认定”在实践中应用时若存在争议，则属于综合几种间接证据无法满足间接证明所要求的能够得出唯一事实结论、排除合理怀疑，换言之，此时据以认定案件事实的间接性事实不能排他地得出结论，存在其他可能性，实际上符合推定的适用情形。第三，从后续立法来看，以《电信网络诈骗意见》第六部分第1条为例，《网络犯罪程序意见》第21条作为先前规定在理论脉络上的延伸，能够印证“综合认定”理论上为刑事推定的性质。具体而言，两条规定具有诸多一致性，如均适用于电信网络诈骗案件，均为解决电信网络诈骗涉众性所导致的证据逐一核实困难，均以犯罪数额为证明对象，[②]因而《网络犯罪程序意见》第21条的文义表述与制定机关的解读均能够反映“综合认定”属于刑事推定。[③]值得强调的是，本文之所以将间接证明以外的情形一律纳入推定范畴，重要考量因素之一是相比置存疑情形于真空空间内，赋予司法实践极大的自由来解读与适用相关条文而言，将存疑情形归入现有的理论框架内，以推定加以规制，不失为避免潜在司法适用乱象的“相对合理”[④]的做法。

（三）小结

之所以要对以上“适用推定的明确情形”和“适用推定的存疑情形”进行区分，是为了更细致、精确地筛选出本文聚焦的研究范围，即电信网络诈骗中辩方需要承担证明责任的情形与证明对象。换言之，接下来本文对辩方证明责任的讨论范围，将进一步向内划定到电信网络诈骗中“适用推定的明确情形”以及“适用推定的存疑情形”中以推定认定事实的具体情况。而争议情形中将明确间接证明作为事实认定方法的情形，仍属于司法证明的范畴，由控方承担全部证明责任，不存在辩方的证明责任问题，故被排除在下文的论述之

---

① 最高人民法院对该条的适用明确表示，在审判阶段如确因客观原因无法逐一向被害人取证，要根据在案证据进行有效的推定，综合认定被害人人数及诈骗金额，参见李睿懿、王珂：《惩治电信网络诈骗犯罪的主要法律适用疑难问题》，载《法律适用》2017年第9期。最高检则将该条作为合理运用刑事推定解决证明难题的具体规定，参见黄河等：《破解打击电信网络诈骗犯罪的五大难题——〈关于办理电信网络诈骗等刑事案件适用法律若干问题的意见〉解读》，载《人民检察》2017年第11期。

② 对于适用案件类型，《网络犯罪程序意见》第21条适用于信息网络犯罪案件，而电信网络诈骗正是该类案件的典型；对于解决的问题，《电信网络诈骗意见》第六部分第1条强调“被害人人数众多”的适用情形，而《网络犯罪程序意见》第21条也限定适用于“涉案人数特别众多”的案件；对于证明对象，《电信网络诈骗意见》第六部分第1条的证明对象为被害人人数或犯罪数额，《网络犯罪程序意见》第21条的证明对象亦为犯罪数额。

③ 如前所述，《网络犯罪程序意见》第21条在字面文义上符合推定的构成，在制定机关的解读中也明确其为刑事推定。

④ 龙宗智：《论司法改革中的相对合理主义》，载《中国社会科学》1999年第2期。

外。因此，下文对于争议情形中涉及的司法解释规定及其对应的电信网络诈骗事实的分析，都是在刑事推定的语境下展开，不再对间接证明的适用分歧另行说明。

那么，整合“适用推定的明确情形”与“适用推定的存疑情形”中采用推定的情形，我们可以归纳出以下四种电信网络诈骗中辩方需要承担证明责任的情形。其一是客观上严重情节的认定，针对跨境电信网络诈骗，在诈骗数额无法查证的情况下，可根据出境赴犯罪窝点的时间或次数认定；其二是客观上电信网络诈骗罪量的认定，包括无法一一收集被害人陈述时被害人人数与诈骗资金数额，行为人故意隐匿、毁灭证据时拨打电话次数与发送短信条数，侵犯个人信息条数；其三是电信网络诈骗主观方面的认定，包括掩饰、隐瞒犯罪所得、犯罪所得收益罪的犯罪故意，电信网络诈骗共同犯罪的主观方面，帮助信息网络犯罪的主观明知；其四是电信网络诈骗的违法所得数额的认定。

三、电信网络诈骗中辩方承担证明责任的流程

在具体展开电信网络诈骗中辩方证明责任的讨论之前，需要先行对刑事诉讼中辩方证明责任产生的原理及其与控方证明责任的关系进行简要说明。一般来说，刑事诉讼中仅控方承担证明犯罪嫌疑人、被告人有罪的全部证明责任，但是这一观点存在默认的前提条件，即是以静态的、初始的视角看待刑事诉讼中的证明活动。尤其是学界传统观点对证明责任研究的静态分类，包括借鉴英美法系的提出证据责任与说服责任，以及参考大陆法系的行为责任与结果责任[①]，都是将刑事诉讼的证明活动视作一个整体并从静态的视角作出的分类；在此情况下，不论是否适用推定，控方承担证明责任都是毫无争议的。因为即使是以推定认定案件事实时，也“只有在控方对被告人构成犯罪的基本事实进行证明之后，被告方才需要对法定的应由其证明的辩护事实承担证明责任”。[②] 推定的证明活动，依然由控方对其据以提起指控的基本事实进行证明而开启，只是当控方就基本事实履行完证明责任后，推定事实自动成立，此时辩方才应对其推翻推定事实的主张承担证明责任。[③] 如果辩方履行了证明责任，那么控方将进一步承担反驳辩方的证明责任，如果控方的证明达到了法定最高证明标准，辩方可以针对指控继续反驳，如此进行第二轮、第三轮的抗辩。[④]

---

① 参见陈瑞华：《刑事证据法》（第4版），北京大学出版社2021年版，第461—465页。

② 龙宗智：《诉讼证据论》，法律出版社2021年版，第348页。

③ 参见陈瑞华：《刑事证据法》（第4版），北京大学出版社2021年版，第544—547页。

④ 参见吉冠浩：《指导案例视角下网络黑灰产犯罪罪量的司法证明》，载《国家检察官学院学报》2021年第1期。

由此可见，辩方的证明责任是在适用推定后动态的事实认定流程中才产生的，只有跳脱静态视角，依循推定的动态思维，才会发现辩方的证明责任问题。所以，下文对于电信网络诈骗中辩方证明责任的分析，也是以适用推定的事实认定流程为整体框架，将电信网络诈骗中辩方证明责任放在整个动态流程中加以厘清。因而本文关于电信网络诈骗中辩方证明责任的讨论不止步于证明责任的实体内容，而是对辩方证明责任流程的全面刻画，包括证明责任的产生、证明责任如何履行、证明责任履行完毕后的证明活动全流程。

（一）以控方承担基础事实的证明责任为前提

一旦推定被适用，控方仍有义务首先开启证明活动，对司法解释中规定的基础事实承担证明责任。换言之，在适用推定认定事实活动的流程中，以控方为主体的司法证明活动并未消失，只是控方的证明对象由案件事实变为法律规定的基础事实。基础事实作为推定的前提，仍属于司法证明的对象，应当由控方承担证明责任，并且需要达到“事实清楚，证据确实、充分”的最高证明标准，排除合理怀疑。①

由于控方承担了证明基础事实的责任，不论辩方是否反驳基础事实都不会给自身招致不利的后果，因而此时辩方否认基础事实存在“只是在行使其辩护的‘权利’而不涉及任何‘责任’，其主要目的在于阻止控诉方的证明达到法律所要求的标准”。② 此时，辩方对于基础事实的反驳只需达到使法官产生合理怀疑的程度即构成有效反驳。③

如果控方履行基础事实的证明责任达到了法定证明标准，且辩方没有提出有效反驳，那么依据法律的规定控方被免除了证明推定事实的责任，推定事实自动成立。④

（二）辩方承担推翻推定事实的证明责任

1. 基础事实成立导致证明责任转移

推定事实自动成立，但仍然处于不确定的状态，如果辩方能够证明相反的事实存在，就可以推翻该推定事实。所以推定事实初步成立后，推翻该推定事实的证明责任就转移给了辩方。

有观点认为，推定导致证明责任的倒置而非转移。如有学者认为刑事诉讼的推定规则并非导致证明责任全部倒置，检察院仍承担初步证明责任，只是对

---

① 参见陈瑞华：《刑事证据法》（第4版），北京大学出版社2021年版，第544页。

② 张云鹏：《刑事推定与无罪推定之契合》，载《法学》2013年第11期。

③ 参见何家弘：《司法证明方法与推定规则》，法律出版社2018年版，第287页。

④ 参见陈瑞华：《刑事诉讼中的证明责任问题》，载《警察法学》2013年第1期。

定罪的关键事项由被告人证明。[①] 有学者认为推定的后果是本对案件负有证明责任的一方可以不必举证，如对方不能举出反证则法官能直接认定，属于证明责任的倒置，而公诉方只承担初始推进性的证明责任[②]；在网络犯罪领域，有学者认为司法解释的相关规定会将应由控方承担的部分证明责任通过立法倒置给辩方[③]。

针对这一分歧，我们需要明确证明责任转移与倒置的区分，才能厘清推定的效果。证明责任的转移是指在遵循“谁主张，谁举证”原则的前提下，提出诉讼主张的一方在将案件事实证明到一定程度之后，另一方需要承担证明该案件事实不存在或者另一新的案件事实存在的责任，且证明责任的转移必须以法律规定为前提。而证明责任的倒置是指提出积极主张的一方不需要承担提出证据进行论证的义务，而对方则需要承担证明前者所主张的案件事实不存在的义务，否则，对方就要承担败诉后果。即可以通俗称为“谁主张，谁不举证”或者“一方主张，对方举证”。[④] 由此可见，证明责任转移与倒置的主要区别在于是否遵循“谁主张，谁举证”的原则。[⑤] 具体来说，倒置完全不同于证明责任的正置规则，事实的主张方被免除了全部的证明责任，改由否定方承担；而转移只是部分改变了证明责任正置规则，它不完全免除事实主张方的证明责任，而是主张方在履行了法律预设的部分证明责任后，将证明责任转移给了否定方。也就是说，“在转移中，事实的主张方和否定方在证明责任上是一种接力关系；而倒置中，双方是一种非此即彼的关系”[⑥]。

由此，结合推定的事实认定流程可知，提起有罪指控的控方必须先证明基础事实的存在，才能推定案件事实，辩方并非一开始就承担反驳责任；[⑦] 而只有控方尽此证明责任之后，辩方若想推翻特定的案件事实，才对推翻案件事实的主张产生证明责任。[⑧] 而这一控辩双方证明责任的交互“接力”现象，完全符合证明责任转移的特质。

---

① 参见张保生主编：《证据法学》（第3版），中国政法大学出版社2018年版，第355页。

② 参见何家弘：《刑事诉讼中举证责任分配之我见》，载《政治与法律》2002年第1期。

③ 参见刘品新：《网络证明简化论》，载《中国刑事法杂志》2017年第6期。

④ 参见陈瑞华：《刑事证据法》（第4版），北京大学出版社2021年版，第470—472页。

⑤ 参见何家弘：《刑事诉讼中举证责任分配之我见》，载《政治与法律》2002年第1期。

⑥ 汪建成、何诗扬：《刑事推定若干基本理论之研讨》，载《法学》2008年第6期。

⑦ 参见劳东燕：《推定研究中的认识误区》，载《法律科学》2007年第5期。

⑧ 参见汪建成、何诗扬：《刑事推定若干基本理论之研讨》，载《法学》2008年第6期。

2. 辩方承担证明责任的实然样态

证明责任转移给辩方后，辩方究竟承担何种证明责任？学理上对于辩方所承担的证明责任性质存在分歧，有“全部说”[①] 与“部分说”两种观点，而“部分说”中又因学者们所采的证明责任分类理论不同而有所区别。[②] 但是均存在对国外学说的理解与套用，或者没有具体结合我国司法实践现状等问题。

我们认为，要研究电信网络诈骗中辩方的证明责任，应当先深入观察、充分了解我国司法实践的现状，如此才有研究的“底气”。因而旨在以一种发现的眼光进入实践经验的探索[③]，先在经验事实中总结实务智慧，着眼于司法实践中呈现的辩方证明责任实然样态，再结合推定及证明责任分配的原理进一步论述，以使本文厘清的辩方证明责任兼具实务的可操作性与理论的合体系性，而非“空中楼阁”。

接下来本文将聚焦于电信网络诈骗中辩方需要承担证明责任的各种情形，阐述司法实践经验，并据此形成对电信网络诈骗中辩方证明标准的初步认识。

在客观罪量认定方面，以实践中最常面临的无法逐一收集被害人陈述时诈骗资金数额认定为例，多名实务人员表达了相似的观点，即辩方至少需要提供相关线索供司法机关查实。有观点认为诈骗数额的推定事实自动成立后，线索提供责任将转移给辩方，如果辩方不能提出相应的证据或者提供有效线索让公安机关查证的，法院对此抗辩事由将不予认可。[④] 有观点则认为在诈骗罪所涉银行卡用途确系专门用于接受诈骗罪，而被告人又辩解部分为合法收入来源的，应由辩方对其辩解提供证据或线索供进一步查实，否则可认定所涉银行卡的钱款均系诈骗款项。[⑤] 还有观点认为诈骗数额的推定成立后，行为人提出与被害人存在债权债务关系、买卖关系等辩解的，司法机关应查明其辩解是否属实。[⑥]

而典型案例中的裁判也与上述观点不谋而合。在谢某某、吴某某诈骗案中，被告人庭审辩称被认定为诈骗数额的银行账户资金中，部分资金是其在平

---

① “全部说”认为推定将全部证明责任转移给辩方，参见汪建成、何诗扬：《刑事推定若干基本理论之研讨》，载《法学》2008 年第 6 期；陈光中、陈学权：《中国语境下的刑事证明责任理论》，载《法制与社会发展》2010 年第 2 期；裴苍龄：《再论推定》，载《法学研究》2006 年第 3 期。

② “部分说”认为推定仅转移了部分证明责任给辩方，其中有学者认为推定仅转移了提出证据的责任，参见劳东燕：《认真对待刑事推定》，载《法学研究》2007 年第 2 期。有学者认为推定仅转移了主观证明责任，参见张云鹏：《刑事推定与无罪推定之契合》，载《法学》2013 年第 11 期。

③ 参见陈瑞华：《论法学研究方法》，北京大学出版社 2017 年版，第 35 页。

④ 参见姚万勤、汪东海：《网络侵财犯罪数额的认定》，载《中国检察官》2021 年第 7 期。

⑤ 参见吴成杰：《电信网络诈骗案件中的疑难问题探讨》，载《法律适用》2017 年第 21 期。

⑥ 参见尹巍：《浅析电信网络诈骗犯罪的三个实务问题》，载《中国检察官》2017 年第 14 期。

台销售化妆品、经营同城交友等合法经营的收入；但法院认为其无法提供与合法经营有关的任何线索供公安司法机关查证属实。[①] 在汤某甲、汤某乙诈骗案中，一审阶段公诉机关以微信交易记录、部分被害人陈述和转账记录等直接认定诈骗数额，但是被告人辩解称其中有亲朋好友间的转账、有做生意的转账以及与朋友赌博的转账，后法院梳理出部分存疑的交易流水要求公安机关补充取证，经查实对该存疑流水中证据不足的部分不予认定。二审中，上诉人又提出先前一审认定的犯罪数额不是诈骗数额，但法院认为其无法说明资金的合法来源，且一审的认定已经基于有利被告人的原则排除了存疑流水，因而不支持该意见。[②] 该案中，一审控方综合各证据认定诈骗数额，是适用推定的体现；而辩方说明了资金具体来源，提供了合法流水的线索，司法机关才据此进一步核查流水。但是二审中辩方再反驳诈骗金额，法院因其没有说明资金的合法来源不予支持。可见实践中辩方对于反驳的证明责任，甚至无须提出相应证据，而只需说明资金合法来源或者提供线索即可，并由司法机关根据线索继续核查。

此外，再以罪量认定中对于上游侵犯公民个人信息罪个人信息条数的认定为例，虽然司法解释明确规定“但是有证据证明信息不真实或重复的除外”，看似要求辩方必须提供“证据证明”，但是实践中并非一律按照字面意思适用。实践中，有裁判意见否定存在不真实或重复信息的辩护意见的理由为“未提供相关证据或线索”[③]，也就是说，“证据”与“线索”是二选一的关系，辩方被允许仅提供线索材料。而有些案件的裁判意见则明确指出辩方只需提供线索即可，在刘某周等侵犯公民个人信息案中，辩护人主张批量信息不真实或重复，法院以其“未能提供明确的证明线索予以反驳”为由不予认定[④]；而在吴某怡等侵犯公民个人信息案中，法院认为“目前无具体线索显示哪一条信息系错误或重复”[⑤]。

在犯罪主观方面的认定上，从个案的控辩对抗与法院的认定意见中也能体现辩方负有提供线索的证明责任。以是否具有共犯的主观方面为例，在施某、彭某诈骗案中，控方结合收取报酬、办银行卡取现等客观行为认定被告人彭某

---

① 参见姚万勤、汪东海：《网络侵财犯罪数额的认定》，载《中国检察官》2021 年第 7 期。

② 参见汤某甲、汤某乙诈骗案，江西省上饶市中级人民法院（2021）赣 11 刑终 349 号刑事判决书。

③ 张某祥侵犯公民个人信息案，安徽省阜阳市中级人民法院（2020）皖 12 刑终 235 号刑事裁定书；另见沈某龙、徐某侵犯公民个人信息案，四川省宜宾市中级人民法院（2020）川 15 刑终 241 号刑事裁定书。

④ 刘某周等侵犯公民个人信息案，南京市中级人民法院（2017）苏 01 刑终 870 号刑事裁定书。

⑤ 吴某怡等侵犯公民个人信息案，浙江省台州市中级人民法院（2018）浙 10 刑终 748 号刑事判决书。

等人明知施某实施电信网络诈骗犯罪仍为其转移赃款，构成诈骗罪的共同犯罪。[①] 而其中彭某的辩护人提出“彭某及其他被告人均认为其所取的钱是赌场的钱，均不知道所取的钱是实际诈骗所得。从彭某办理多张银行卡取现的行为、彭某的认知能力、既往经历及获利情况也不能推断其主观上明知”。据此，法院最后从彭某等人的社会认知能力、既往经历和前科情况、与他人及上游犯罪的关系、无组织临时邀约聚集等情况综合分析认定彭某等人主观上不明知他人犯罪。[②] 由此可见，控方以相关行为推定彭某等人的主观明知后，辩护人从钱款性质、认知能力、既往经历和获利情况四方面说明彭某并不明知，为法院后续进一步查实提供了具体线索。

而对于电信网络诈骗违法所得数额的认定，法条的字面表述即为“被告人无法说明款项合法来源的”，可见被告人仅负说明来源的提供线索责任。在严某、周某诈骗案中，被告人上诉称公安机关扣押的用于收取被害人钱款的银行卡中，有部分钱款是其妻子用于治病的借款，并非实施犯罪的违法所得，但因其无法确认银行流水清单中哪些是诈骗收入、哪些是合法借款，无法提供合法款项的具体信息，法院未采纳其辩解[③]，亦能佐证辩方有提供具体线索的责任。

根据以上实务观点与案例做法，我们可以发现电信网络诈骗实务中对于辩方证明责任形成了共识，即辩方需承担提供线索供司法机关进一步查实的义务。需要特别强调的是，本文以发现的眼光观察实务的现状，并非为了对该做法进行价值判断，评价实然做法的优劣。我们认为，如果要推进电信网络诈骗辩方证明责任及其标准的研究，应当先踏实地了解其实然样态“是什么”，在此基础上再进行反思与建议，才能使研究既“接地气”又“有高度”。此外，需要说明的是，不可否认实务中存在其他观点，如辩方承担的是提出证据证明的责任。而本文之所以不采用这一观点，将在下文具体展开的“举证能力”部分予以说明。

3. 辩方承担证明责任的具体展开

通过对实然样态的考察，我们对电信网络诈骗中辩方的证明责任有了初步

---

① 公诉人据以指控的事实中提及，被告人施某以取款金额3.5%的报酬雇请彭某帮忙提取诈骗赃款，彭某邀约何某而何某继续邀约江某、杜某等人参与取款，何某按照每天200—500元支付报酬；后施某、彭某要求何某等人提供银行卡供上家使用，彭某等人便用自己的身份证办理了银行卡，何某还通过他人办理大量银行卡供上家和自己控制使用。参见施某、彭某诈骗案，湖北省十堰市郧阳区人民法院（2020）鄂0304刑初8号刑事判决书。

② 参见施某、彭某诈骗案，湖北省十堰市郧阳区人民法院（2020）鄂0304刑初8号刑事判决书。

③ 参见严某、周某诈骗案，广东省佛山市中级人民法院（2018）粤06刑终783号刑事裁定书。

认识，即辩方承担提供线索供司法机关进一步核查的责任。接下来，我们要在刑事诉讼理论框架下具体展开，对辩方证明责任进一步解读与厘清。

刑事诉讼的证明责任，原则上仅指控方的证明责任，即控方作为提出积极主张的一方，有提出证据、论证所主张的案件事实真实性的证明义务，具体包括举证义务和败诉风险两方面。举证义务是指承担提出证据论证事实真实性的义务，或者分为举证活动和主张事实的论证活动；如果无法履行这一举证义务，则需承担败诉后果。[①] 电信网络诈骗案件中控方的证明责任亦无任何例外。由此，我们可以提出三个问题：第一，在刑事诉讼以控方证明责任为原则的语境之下，控辩双方的证明责任有何区别？第二，为什么会产生这样的区别？第三，在电信网络诈骗案件司法实践基础上，辩方证明责任有无进一步更细致、更可操作的厘清空间？

针对第一个问题，基于上述对辩方证明责任的观察结果，相较于控方承担的证明被告人有罪的完整举证义务和败诉的不利后果，辩方仅在推定动态环节中承担的提供线索责任显然更低。

在举证义务方面，第一，二者承担义务的阶段不同。对于一般案件控方的举证义务贯穿整个事实认定流程，即使适用推定，控方也承担最初启动证明活动的义务，率先对基础事实进行举证；而辩方只在适用推定的情形中承担举证义务，且是“后发”的举证义务，以控方履行完毕基础事实的证明责任为前提。第二，二者举证义务的内容也不同。控方需要提供证据证明案件事实，“证据”本身已有默认的要求，即属于我国刑事诉讼法规定的八种法定证据种类，且控方同时要对证据的真实性、关联性与合法性进行证明，并运用证据论证案件事实真实性；但是辩方只需向法庭提供线索材料，不要求是法律规定的“证据”，而对于相关线索及辩方所主张事实的真实性，实践中司法机关往往会介入审查核实，辩方不负论证的义务。

在不利后果方面，辩方如不能提供线索，那么可能面临推定事实被认定的不利后果，但是推定事实只是全案的部分事实，并不必然导致其败诉或者被定罪量刑的最终后果；但是对控方来说，不论是否适用推定，如果其不能履行举证义务，部分事实不被认定的不利结果，会使控方指控的有罪事实链条出现断裂，控方指控体系不完整，进而产生整个诉讼结果意义下败诉的不利后果，而非仅限于事实认定的部分不利。

---

① 本文对控方证明责任的含义不采用英美法系或大陆法系的分类，而是根据我国刑事诉讼法规定的现实情况作出定义。根据《刑事诉讼法》第51条所规定的“公诉案件中被告人有罪的举证责任由人民检察院承担”，控方负有举证义务并面临不能履行时的不利后果。参见陈瑞华：《刑事证据法》（第4版），北京大学出版社2021年版，第468—469页。

研究第二个问题，我们必须要了解辩方的证明责任是如何形成的，有哪些考量因素。辩方证明责任的产生有特定的前提条件，即以推定认定事实。其中，推定适用的公平原则恰恰与控辩双方证明责任的分配密切相关。因此，对于辩方证明责任形成的分析，以及控辩证明责任差异背后的价值因素衡量，本文将从推定的公平原则切入。

推定的公平原则，是指推定制度之所以被设立，往往是因为特定时代下打击犯罪的价值倾向性，使得法律的“天平”发生一定倾斜，在适用推定时法官必须通过平衡诉讼双方当事人权益来保持法律的公平，尤其在推定本身免除了控方对于推定事实的证明责任而有利于控方证明活动的前提下，法官需要维护推定的公平适用原则，优先考虑辩方的权益，而在程序设置上保障辩方进行有效反驳的权利和机会，就成为落实公平原则的路径之一。[①] 据此，我们认为辩方证明责任的形成源于推定制度分别基于控辩利益，对刑事诉讼证明责任分配进行的两种公平性矫正。一方面，考虑到控方与辩方举证能力的差异，原则上应当由控方承担证明责任，因此当辩方需承担证明责任时，对其履行举证义务的要求应当更低，这是基于辩方立场的公平调整。另一方面，为了打击电信网络诈骗犯罪的现实需要，特殊情况下不要求控方承担证明被告人有罪的全部责任，即适用推定制度，对于部分控方举证不便的事实，免除了控方的证明责任而将之转移给辩方承担，这是基于控方立场的公平调整。可见，在例外情况下确实存在辩方需承担证明责任的情形，因而在个案中对辩方举证的要求应低于对控方的要求，优先保障辩方能够有效反驳。概言之，对推定中辩方证明责任及其与控方证明责任的差异，可以围绕上述举证能力与举证便利两个维度理解。

举证能力是指控辩双方获取、收集、提供证据的能力。举证能力的判断根据在于主体不同，体现在控辩双方的诉讼攻防角色与力量对比。公诉机关在诉讼中处于主动进攻的控诉角色[②]，且作为国家机关享有一系列国家司法资源，具有更为强大的取证能力。相反，被告人作为普通公民仅依靠个人力量调查取证，即便获得辩护律师的帮助，其在收集证据以及举证、质证方面具有先天劣势，难以与公诉机关相抗衡[③]，因而原则上刑事诉讼的全部证明责任由控方承担。但在辩方因刑事诉讼制度的限制缺乏自行收集证据的条件或能力的情况下，即便其举证具有相对便利性或专属性，也不应直接将收集和出示证据的责

① 参见何家弘：《司法证明方法与推定规则》，法律出版社 2018 年版，第 265—266 页。
② 参见何家弘：《司法证明方法与推定规则》，法律出版社 2018 年版，第 149—150 页。
③ 参见陈瑞华：《刑事证据法》（第 4 版），北京大学出版社 2021 年版，第 473 页。

任转移至辩方。[①] 因此，考虑到控辩双方举证能力的差异，当特殊情况下辩方需承担证明责任时，要在辩方立场上进行公平性矫正以避免辩方在诉讼中陷入举证不能的困境，保障其有效反驳。故而在证明责任的具体要求上，辩方应当与控方作出区别，辩方无须提供证据证明主张事实，只需提供更低程度的线索材料供司法机关查实即可。也有学者认为，由于刑事诉讼中辩方不具备控方的证明条件，将辩方的证明责任概括为一种合理说明并在可能的情况下提出适当证据予以证明的责任，免使辩方承受无法承受的证明负担。[②] 据此，在举证能力区别的考量下，面对前述司法实践中对于辩方的证明责任有“仅需提供线索”与“必须提供证据证明”两种观点时，我们支持前者。

举证便利是指“由哪一方举证更有利于诉讼证明的推进”[③]。具体来说，对于案件部分事实控方较辩方来说存在证明困难，在此情况下如具有举证上便利的辩方不负举证责任，可能导致承担举证责任的控方无法完成任务，进而造成诉讼拖延。因此，为保障实质上举证的公平并有效推进案件证明活动，对于个案中特殊的事实认定情形可以适用推定，使举证困难的控方被免除对案件事实的证明责任，而举证便利的辩方则承担一定的证明责任并承担相应的不利后果。[④] 换言之，因为推定事实由否定者举证反驳较为容易，要求辩方承担举证反驳的义务，能合理地解决控辩双方对推定事实的举证责任。[⑤] 这是在控方立场的公平性矫正，其结果是对于部分控方举证不便的事实，刑事诉讼的证明责任主体由控方转移至辩方，辩方要承担推翻推定事实的证明责任。此外，举证是否便利的判断，我们认为应重点考虑行为人客观上是否对案件事实的犯罪过程具有亲历性。典型如行为人主观是否明知，行为人的认识内容往往只有其本人独知，显然具备亲历性；又或者涉案账户内是否均为诈骗资金，行为人本人持有账户并亲自操作账户内资金流向，可见其亲历性。而通过上文对司法解释的梳理，可见在电信网络诈骗案件中确实存在可以适用推定认定事实的特殊情形，在个案中辩方需承担对部分事实的证明责任。因此，结合上述举证能力基于辩方利益的公平矫正，电信网络诈骗案件在适用推定认定事实时，即使辩方承担证明责任，其负担的举证义务要求也应低于控方，即仅负提供线索供司法

---

① 参见张斌、徐威：《情理推断与刑事推定的理论界分》，载《西南民族大学学报（人文社会科学版）》2022 年第 4 期。

② 参见龙宗智：《诉讼证据论》，法律出版社 2021 年版，第 349 页。

③ 何家弘：《司法证明方法与推定规则》，法律出版社 2018 年版，第 149 页。

④ 参见褚福民：《刑事推定的基本理论——以中国问题为中心的理论阐释》，中国人民大学出版社 2012 年版，第 40 页。

⑤ 参见陈光中主编：《证据法学》（第 4 版），法律出版社 2019 年版，第 442 页。

机关查实的义务。

本质上，举证能力与举证便利两个因素体现了两种不同价值的平衡，即公正和效益之间的博弈。从理论角度分析，按照无罪推定和有利被告人的刑事诉讼原则，不能将辩方证明责任及其标准定得过高，否则不利于保障辩护权；而如果对辩方证明责任及其标准设定太低，则设定推定以解决案件事实证明困难的意图可能无法实现，不利于有效打击犯罪。因此，对于辩方应承担何种证明责任，应承担到何种程度，学界的观点往往在两种倾向之间摇摆、试图寻找一定平衡。[①]

基于推定适用下控辩差异的视角，对电信网络诈骗司法实践中辩方证明责任形成的原因有初步认识后，紧接着我们讨论第三个问题。

如上所述，实践中电信网络诈骗辩方证明责任是因控辩举证能力与举证便利差异下公平性的矫正，举证能力是一般性的原则要求，而举证便利则是特殊性的考量因素。举证能力的差异根植于控辩角色自身的不同，换言之，不论是否是电信网络诈骗案件，控辩双方在举证能力上的差异不会有明显区别。但是，举证便利的判断则会因不同类型案件甚至不同个案而有所差别，因此考虑电信网络诈骗案件控辩双方证明责任分配时，我们更应认真对待举证便利这一特殊因素。

举证是否便利的判断，在电信网络诈骗中，客观上拨打电话次数与发送短信条数、被害人人数、相关交易记录是否包括合法资金、出入境是否基于合法理由等事实，以及主观方面的事实认定，因行为人对犯罪的亲历性，以上能够适用推定认定的事实，辩方都具有举证的便利。但是，由于电信网络诈骗非接触性的特点，行为人犯罪的实施可能依赖第三人或第三方平台，其亲历性被大大削弱。如控方依据查获的海量个人信息条数直接认定犯罪数额时，出售、提供这些个人信息的被告人可能也是从其他平台上获取的信息，其中是否有重复条数或者不真实信息，被告人本身也并不知情。再加上信息数量呈现的海量化特征，要求辩方从成千上万的信息中核实甄别显然十分困难。在这种情况下，辩方不存在举证便利性的优势，控辩双方对海量个人信息中是否存在重复或不真实，均存在举证上的困难。但司法解释仍允许适用推定并将证明责任转移到辩方身上，实则是在效益与公正的天平上往效益的一端放置了较多砝码。因此，为保持天平的平衡，这一情形下辩方证明责任具体内容应当区别于电信网络诈骗的其他事实认定情形。

---

① 参见褚福民：《刑事推定的基本理论——以中国问题为中心的理论阐释》，中国人民大学出版社 2012 年版，第 218 页。

由此，在适用推定认定电信网络诈骗事实时，证明对象对证明责任的影响则具体体现在举证便利这一考量因素上。本文将把电信网络诈骗中辩方承担证明责任的情形划分为辩方举证便利与举证不便的事实，进而在实践“提供线索”责任基础上，进一步分类厘清辩方的证明责任具体内容。

对于举证便利的事实，辩方提供的线索应当较为具体，需涵盖“结果+原因”两个要素。如针对诈骗资金数额的认定，在钟某龙等诈骗案中，法院认为行为人虽供述有合法收入存入涉案的他人银行卡内，但其无法说明其他收入是具体哪笔款项，甚至无法说明其他收入的大概数额，且据一般常理用他人银行卡收取合法收入的可能性极低。① 可见，法院要求行为人对合法资金的说明要包含两个内容：一是合法收入的具体款项或大概数额，二是合法收入的事由。而在唐某像等诈骗案中，法院也以行为人无法说明款项合法来源而不予采纳其上诉意见。② 由此可见，控方对诈骗资金数额进行推定后，辩方反驳其中有合法资金数额，不仅要从结果上说明合法收入的具体款项或数额，还要从原因上解释款项的合法来源，具体如上述汤某甲、汤某乙诈骗案中行为人提供的合法资金的事由、转账人身份、联系方式等明确取证线索。③ 对于共犯是否明知他人实施犯罪的认定，也可能要求辩方解释行为人不明知的具体理由，比如认为所转移的赃款为赌资，或者以行为人的认知能力、既往经历等不足以知晓他人实施犯罪。④

而对于举证不便的事实，辩方提供的线索则不必如前者般具体，但至少也需明确“结果”这一要素，才足以使司法机关依循此线索进一步核查。如对于电信网络诈骗上游侵犯个人信息犯罪非法获取、出售、提供的个人信息数量，辩方也要提供能够显示哪一条信息有误或重复的具体线索⑤，或者概括地指出体现部分信息有误或重复的比率、数值等。如司法实践的典型案例也存在辩方提出经随机筛查信息数据的实验得出信息重复率为4.5%，法院采纳该意见并予以扣除的情形。⑥

---

① 参见钟某龙等诈骗案，广东省东莞市中级人民法院（2021）粤19刑终795号刑事裁定书。

② 参见唐某像等诈骗案，广西壮族自治区百色市中级人民法院（2021）桂10刑终20号刑事裁定书。

③ 参见汤某甲、汤某乙诈骗案，江西省上饶市中级人民法院（2021）赣11刑终349号刑事判决书。

④ 参见施某四、彭某搏诈骗案，湖北省十堰市郧阳区人民法院（2020）鄂0304刑初8号刑事判决书。

⑤ 参见吴某怡等侵犯公民个人信息案，浙江省台州市中级人民法院（2018）浙10刑终748号刑事判决书。

⑥ 参见蔡云：《公民个人信息的司法内涵》，载《人民司法》2020年第2期。

简言之，虽然电信网络诈骗中辩方的证明责任统一体现为“提供线索”的责任，但是基于举证是否便利的特殊考量，应当对辩方承担证明责任的情形进一步细分，即对于辩方具有举证便利的事实，辩方证明责任为提供含“结果+原因”要素的较为具体的线索；而对于辩方同样与控方具有举证不便的事实，辩方证明责任则为提供含“结果”要素的较为概括的线索。减轻辩方对举证不便事实的证明责任，是为了弥补打击犯罪的效益价值追求给辩方带来的举证不利负担，以使辩方的权益得到平衡，公平价值尤其是程序正义价值得以彰显。

（三）后续的事实认定活动

那么在辩方履行上述推翻推定事实的证明责任后，后续的事实认定活动如何进行？控辩双方的证明责任如何进一步分配？法院在事实认定中又起到什么作用？

对于后续控辩双方的证明责任分配情况，如图2所示，仍要视辩方第一次承担证明责任的情况而定。在裁判者看来，辩方第一次不能推翻推定，推定则从原先的效力待定状态转变为生效状态①，推定确定、生效，控方完成了对推定事实的证明，而法官也能够直接认定推定事实。此时，辩方承受未履行提供线索义务所带来的不利后果，后续对此事实不再承担任何证明责任。

如裁判者认为辩方第一次能推翻推定，证明责任将再次转移给控方。那么此时，控方的证明对象是什么？是推定事实，还是基础事实？第一，控方承担的并非证明推定事实成立的责任，否则控方可以一开始就通过司法证明来认定事实，便没有推定适用的空间。第二，控方承担的也并非重新证明基础事实成立的责任，因为辩方并未质疑基础事实是否存在，而是对于推定事实成立与否提出反驳，因而控方也无须对基础事实进行重新证明。我们认为，对于此时控方证明责任的研究，应当回到辩方的主张来看。如前文所述，基础事实成立后辩方承担反驳推定事实的证明责任，而辩方往往会提出与推定事实相反的事实主张。比如在侵犯个人信息的案件中，控方证明了所有收集到的个人信息数量后，该数量将被直接认定为侵犯个人信息的数量。而辩方为了反驳这一数量认定，往往会提出其中存在重复的个人信息，甚至通过抽样等方式计算个人信息的重复率。那么控方为了使推定事实继续成立，就要反驳辩方提出的“存在重复率”这一反驳推定事实的事实主张，即控方的证明对象是辩方提出的反驳事实不成立。同时，控方反驳辩方提出的反驳事实的证明要达到证据确实、充分的最高证明标准，否则控方就将承担未尽证明责任，接受辩方的事实主张

① 参见褚福民：《事实推定的客观存在及其正当性质疑》，载《中外法学》2010年第5期。

成立的法律后果。[①] 如果控方再次通过反驳履行了对推定事实的证明责任并达到最高标准，辩方可以继续针对控方的指控进行反驳，如此在第二轮、第三轮的事实认定环节继续承担反驳的证明责任。[②]

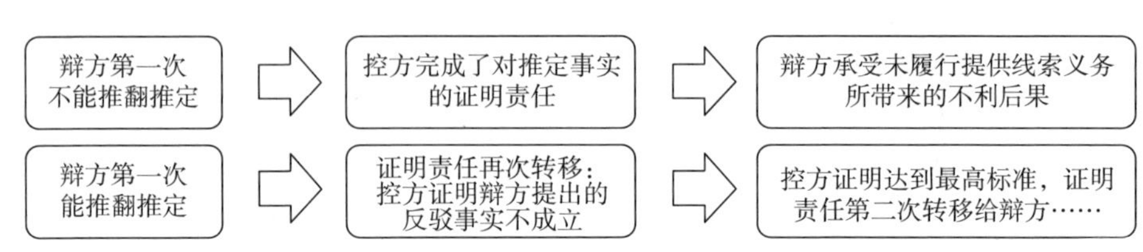

图 2

此外，还需注意法院在后续事实认定中发挥的作用。推定中辩方需提供线索供司法机关进一步查实，但是“司法机关”并不仅限于检察机关。即以推定认定电信网络诈骗事实的活动，可能不仅是控辩双方参与，在实践中也能发现裁判方依职权查明案件事实的情况。如在汤某甲、汤某乙诈骗案中，法官根据辩方提供的诈骗数额中存在合法收入的线索，梳理出了可疑的银行流水信息并直接要求公安机关补充取证。[③]

而本该作为中立第三方的裁判者，为什么会直接参与以推定认定电信网络诈骗事实的活动中？一方面，与推定中辩方承担证明责任息息相关。即在刑事诉讼控辩双方本就势力不均衡的前提下，推定更是给辩方增加了举证的不利负担。考虑到辩方的弱势地位，在其承担证明责任的情况下，法官应秉持“平等武装”的理念，对辩方的证明活动积极干预并提供必要协助。[④] 另一方面，基于我国刑事诉讼较为浓厚的职权主义色彩，法院一定程度上承担了查明真相的责任。[⑤] 有学者将此总结为职权主义刑事诉讼中的“澄清义务与照料义务”，即法院调查证据范围应及于所有对于裁判具有重要性的事实与证据，并且不受控辩双方的主张及其提供的证据资料约束。[⑥] 而我国司法实践中法官在调查与核实证据方面都有极大的自由裁量权，能够依职权介入案件的事实认定活动。

---

① 参见龙宗智：《诉讼证据论》，法律出版社 2021 年版，第 349 页。

② 参见吉冠浩：《指导案例视角下网络黑灰产犯罪罪量的司法证明》，载《国家检察官学院学报》2021 年第 1 期。

③ 参见汤某甲、汤某乙诈骗案，江西省上饶市中级人民法院（2021）赣 11 刑终 349 号刑事判决书。

④ 参见陈瑞华：《刑事诉讼中的证明责任问题》，载《警察法学》2013 年第 1 期。

⑤ 参见褚福民：《刑事推定的基本理论——以中国问题为中心的理论阐释》，中国人民大学出版社 2012 年版，第 199 页。

⑥ 参见程捷：《论刑事证明责任分配之迷思——兼谈二元分配方法论的提出》，载《法学评论》2012 年第 4 期。

但我们认为，裁判者更宜基于前者能动司法。

四、电信网络诈骗案件中辩方承担证明责任的程度

在厘清了电信网络诈骗中辩方承担提供线索供司法机关进一步查实的证明责任之后，接下来的问题是，辩方履行证明责任要到什么程度才能卸下这一负担，也即需达到何种证明标准？依循证明责任的论述思路，对辩方证明标准的探究也分为以发现眼光总结实然样态，并以此为基础具体展开。

（一）辩方证明标准以其证明责任的确定为前提

在呈现辩方证明标准的实然样态之前，我们必须明确的是，证明标准的确定是以证明责任的确定为前提的。因证明标准是“使证明责任的承担者要卸去自己的证明责任而提出证据应达到的标准”①，证明责任和证明标准不可分割，证明标准总是依附于证明责任。② 因而电信网络诈骗中辩方证明标准的高低应依据其证明责任的高低确定。

因此，我们应当在上文所确立的证明责任基础上分析证明标准。一方面，基于控辩双方举证能力的差异，原则上辩方的证明标准不应过高。另一方面，基于电信网络诈骗中控辩双方对于举证便利和举证不便事实在证明责任上高低程度的区别，两者在证明标准也应存在高低程度的差异。具体来说，辩方对举证便利事实需提供“结果 + 原因”线索，但对于举证不便事实仅需提供“结果”线索，二者不论在客观上对线索材料的内容、质量要求，还是在主观上能够使法官形成的对相关事实的确信程度，显然有所不同。

（二）辩方证明标准的实然样态

对于举证便利的事实，以电信网络诈骗资金数额为例，实务中要求辩方提供有效的线索，③ 或者说线索具有合理性。如在邱某等诈骗案中，辩护人提出推定的诈骗金额中有 1 万元无报案材料及转账记录支持，法院认为该辩护意见合理并最终予以采纳。④ 有的案例在裁判中则对“合理”进行了具体描述。在何某勇等合同诈骗案中，辩护人提出控方认定的诈骗数额中的两笔款项为娱乐活动的私人转账，而法院则认为两笔转款金额精确到小数点，明显不属于打牌娱乐时的借款或输赢款项，故对此意见不予采纳。⑤ 由此可见，“合理”能够

---

① 张建伟：《证据法要义》（第 2 版），北京大学出版社 2014 年版，第 404 页。

② 参见何家弘：《司法证明方法与推定规则》，法律出版社 2018 年版，第 283 页。

③ 参见姚万勤、汪东海：《网络侵财犯罪数额的认定》，载《中国检察官》2021 年第 7 期。

④ 参见邱某等诈骗案，山西省太原市中级人民法院（2021）晋 01 刑终 398 号刑事裁定书。

⑤ 参见何某勇等合同诈骗案，广东省深圳市南山区人民法院（2019）粤 0305 刑初 1502 号刑事判决书。

体现在生活常理、日常逻辑等经验判断的运用。

而对于举证不便的事实，如侵犯个人信息条数的认定，对于辩方提出的控方认定的条数中含有存在和无效的个人信息，法院认为该辩护意见理由不足，不予采纳。[①] 可以看出，即便对于辩方举证不便的事实，辩方的证明标准也需具有一定的合理性，但这一合理的程度仍需结合辩方承担的证明责任进一步明确。

（三）辩方证明标准的具体展开

基于实然样态我们能够对辩方的证明标准有大致的认识，即所提出的线索具有一定合理性。显然远低于控方证明所需达到的最高证明标准，这也与证据法理论的主流观点一致，即辩方只要达到较低的证明标准即可。[②] 那么，为了使这一标准更加清晰，我们必须回到证明标准的根据，即承担证明责任一方为了卸下自身证明责任而需证明到的程度，换言之，电信网络诈骗中辩方证明标准的厘清，仍要以其证明责任的内容和目的为逻辑起点。

我们知道，电信网络诈骗中辩方承担提出线索供司法机关进一步查实的证明责任，即提出线索的目的，在于能够供司法机关进一步核查。而证明标准恰恰是针对法官内心确信的程度提出，它要求的是举证方对其证据“在说服法官相信其所主张的事实存在方面应当达到的程度”[③]。因此，对于电信网络诈骗中辩方证明标准的审查视角，可以从辩方提供线索的证明活动能否使法官对其主张的反驳事实的确信程度达到愿意进一步核查该事实真实性的主观心证效果。而这一确信程度，则是建立在辩方所提线索的合理性上，具体而言，辩方举证要达到能够使法官产生合理怀疑，认为该事实的存在具有一定合理性，以促使法官希望依此线索进一步查清事实。

进一步的问题是，“合理性”所代表的法官对事实存在与否的确信程度是多少？虽然我国并没有关于辩方证明标准的明确规定，但上述基于实践观察而形成的初步印象实际在比较法上也有迹可循，典型情况如美国法关于辩方提出积极抗辩事由的证明标准。在美国法上，对于积极抗辩事由的主张，通常情况下辩方需承担证明责任并达到“优势证据”的证明标准。[④] 而通说认为，优势证明的含义是证明能使事实审理者认定争议事实的存在比其不存在更有可能，

① 参见蓝某3侵犯公民个人信息案，福建省厦门市中级人民法院（2018）闽02刑终741号刑事判决书。

② 参见陈瑞华：《刑事证据法》（第4版），北京大学出版社2021年版，第473页。

③ 易延友：《证据法学：原则 规则 案例》，法律出版社2017年版，第601页。

④ 参见［美］约翰·W. 斯特龙主编：《麦考密克论证据（第五版）》，汤维建等译，中国政法大学出版社2004年版，第675页。

因而优势证据就表示事实审理者对盖然性优势的确信。[①] 具体来说，在辩方提出了积极抗辩主张并举出一定证据后，法官要在辩方所提证据的基础上，判断其提出的主张是更有可能还是更无可能；如果法官认为辩方的主张更有可能，就会要求控方继续举证并达到排除合理怀疑的标准。[②] 由此可见，“优势证据”标准的含义与前述实然做法要求的“合理性”十分类似，两者在本质上代表了对于辩方主张并负证明责任的事实，法官确信其存在可能性的程度。那么参考比较法上这一具有相同适用前提即辩方承担证明责任且目前较为成熟的做法，我们可以进一步将“合理性”的内涵明确为存在可能性上的优势程度，即法官能够形成辩方反驳推定的事实主张存在的可能性较不存在更高的心证。

基于上述对“合理性”标准内涵的分析，继续引入证明责任的细化区分。对于举证便利的事实，由于辩方需要提供“结果 + 原因”的两要素线索，法院要同时审查相关线索在原因与结果两个层面的合理性，比如辩方提出诈骗金额中有一笔转款为与友人的私人转账，事由为打牌的娱乐活动，那么法院要对该事由进行审查，结合转账形式甚至被告人的人际关系、生活习惯等因素，判断该笔款项为娱乐活动私人转款这一事实存在的可能性是否更高。由于涉及对“原因”事由的审查，法官可能要结合其生活经验、逻辑思维、社会情理观念等对原因和结果的合理性综合考量，从实质上判断相关事实存在的可能性高低，本文将其称为“实质合理性”。

而对于举证不便的事实，合理怀疑的“合理”程度则更低，因辩方只提供“结果”要素的线索，法院仅能且仅需审查相关线索在结果层面的合理性，比如辩方提出个人信息中有 4% 为不真实信息，不要求说明个人信息中哪个要素不真实或者为什么不真实，法官只需就本案个人信息数量、内容的表面情况，对该结果的表面合理性进行判断即可。再比如控方共搜集 1000 条信息，法官粗略浏览其中 300 条信息后，发现在表面内容上不存在姓名、电话号码等个人信息的重复。此时，根据个人信息的表面情况，如辩方提出重复率为 4%，该事实存在的可能性是很高的；但如辩方提出重复率为 40%，那么该事实存在的可能性就很低。对于此种仅需从形式上判断相关线索事实存在可能性是否更高的，本文将其称为“形式合理性”。

---

① 参见［美］约翰·W. 斯特龙主编：《麦考密克论证据（第五版）》，汤维建等译，中国政法大学出版社 2004 年版，第 656 页。

② 参见易延友：《证据法学：原则　规则　案例》，法律出版社 2017 年版，第 622—623 页。

概言之，上述证明标准的区分厘清，是尝试基于“合理性”这一从正面描述的客观标准，为司法实践中法官的心证程度提出可供其实际操作的主观标准，即对举证便利的事实，需使裁判者确信辩方主张事实存在可能性达到“实质合理性”；对举证不便的事实，则需使裁判者确信辩方主张事实存在可能性达到“形式合理性”。

网络犯罪事实认定问题研究

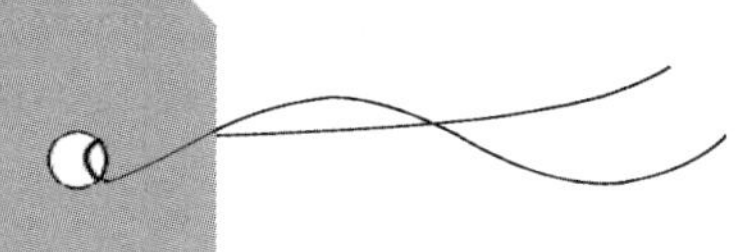

易志鑫[*]　王　彪[**]

刑事犯罪的行为方式随着信息技术的发展不断变化，网络犯罪在犯罪对象规模、手段和后果堆积化程度、证据分布情况等方面已与传统犯罪有着较大差异，给司法实践带来了极大挑战。鉴于此，刑法修正案和司法解释不断为网络犯罪追诉提供着规范指引。其中，网络犯罪的证据审查判断与事实认定是困扰司法实践的主要问题。直接证据匮乏、大数据证据印证难等直接影响着事实认定的准确性，并造成裁判者诉累和心理负担。为此，司法实践立足于电信网络犯罪的证据和证明特点，不断探索解决事实认定难题的新证明路径和证据审查方法，并将司法经验由下至上地形成了系列司法解释等法律规范性文件。其中一些内容在学理上也不无争议，但仍是实践中共识性的经验之谈，尤其是印证证明的宽松化要求和综合形成心证的导向具有极强的指导意义。正如2022年《关于“断卡行动”中有关法律适用问题的会议纪要》指出的，犯罪形势依旧复杂严峻，犯罪类型多样且不断发展，需要进一步统一认识，明确依据，既实现治理，也要防止矫枉过正。

一、网络犯罪事实认定难的类型化表征

当下，网络犯罪的链条性、跨地域性、涉众性特征十分突出，在事实认定核心内容不变的情况下，网络犯罪事实认定面临新的技术性难题。结合刑事证明的内外部要求来看，网络犯罪案件的证据资料出现了碎片化、数据化、海量化等特点，存在证据事实的指向性弱、证据链条衔接粗犷、司法认定习惯亟须转变等问题，同时其事实认定对主观推理判断也提出了更高要求。

---

* 山东省济南市中级人民法院法官助理，法学硕士。

** 西南政法大学法学院副教授，法学博士，硕士生导师。

（一）网络犯罪主客观方面的新情况

网络犯罪行为方式的转变引起了犯罪主客观方面的新情况。其多环节、多层次、上下游结合的链条型结构使得犯罪主观联系不再紧密，主观内容难以展示全貌，上游行为“明知”的证明难度加大。一方面“明知”成为主观故意的认定重点。目前，对网络犯罪始终保持全链条打击的态势。对于多数上游行为，刑事司法逐渐扩张至共犯独立化予以规制，但链条或节点行为的认定仍需考虑共犯行为。以帮助信息网络犯罪活动罪为例，犯罪链条之间主观联系弱，无法单独依靠共犯客观行为来进行主观追责。[①] 在此情况下，司法解释普遍以“知道或者应当知道”来解决主观要件证明难题，主观认定的重心成为对“明知”的认定，如此在共犯未到案或者没有直接联系的情况下，也能完成对犯罪的追诉。[②] 另一方面主观方面的证明要求增多。在传统犯罪中，犯罪主客观与主体往往是交互性认定，在案客观性证据与陈述证言等的印证较为明显，事实指向较为固定。而网络犯罪大多为人机交互性犯罪，案件证据存在于虚拟空间和现实物理空间之中，侦查取证逻辑是以危害结果等事实为出发点，进而确定行为、电子设备，最终锁定行为人。相应地，身份同一性认定成为主观归责的出发点，且以电子数据为主的证据分布也让交互性事实的证明成为重点。但从实际情况来看，不少案件中共犯行为人的主观意思并不彰显，影响着完整稳定的证据体系构建。

另外，网络犯罪案件中不同笔的犯罪事实较多，存在较多大数据证据材料，如侵犯公民个人信息案件中的海量个人信息、侵权案件中的大量复制品、电信诈骗案中数以万计的被害人和相应犯罪数额、网络赌博案件中关于赌资的批量资金流水或银行转账记录、DDOS 攻击案件中被批量控制的电脑及其操作日志，等等。对于此类情况，显然无法一一查明每笔事实，完成主要事实的认定便需转换证明的思路。同时，单独的大数据证据也难以从整体上进行精细证明，而其本身蕴含着丰富的证据信息，需要结合客观证据和证明的特点完成对特定指向的犯罪事实的认定。

（二）证据审查判断难题

基于司法成本的考虑，网络犯罪的取证工作存在范围限制。侦查机关可能因涉案人员分布广且数量多、涉案财物流向复杂、数据资料多等难以一一查证。如《北京市公安局办理电信诈骗案件指导意见》明确说明，由于当前电

---

① 参见冀洋：《帮助信息网络犯罪活动罪的证明简化及其限制》，载《法学评论》2022 年第 4 期。

② 参见郝川、冯刚：《帮助信息网络犯罪活动罪的“明知”应包含“或许知道”》，载《检察日报》2020 年 9 月 23 日，第 3 版。

信诈骗案件的特殊性，在侦办该类案件时，确实存在因客观条件不能固化闭合整个证据链条的情况，公安机关只能尽最大努力去获取证据。同时，由于网络犯罪的非接触性和链条化，案件侦查难以做到全部查明整个链条各个环节，证据材料之间的统合性远不如传统犯罪。例如，利用“杀猪盘”进行电信诈骗的案件，查清网站设立、信息发布的事实容易，但实际诈骗事实查清较难，甚至于只能查处上下游犯罪的部分行为事实，难以直接反映案件全貌。[①] 另外，取证工作还涉及电子数据取证程序、技术侦查与跨境协作等系列问题，更使得网络犯罪的证据状况并不能尽如人意。

目前，普遍情况是证据所承载的案件事实更加分散。言词证据的作用下降，较多情况下供述、证言等无法直接描绘出主要事实，以直接证据为中心构建验证式证据体系较为不易。同时，证据类型也较为固定，电子数据等客观证据的作用越来越大，但以电子数据为主要分布的证据生态对证据本身的“三性”审查提出了独特要求和标准。从衔接的角度来看，证据之间的普遍联系是事实认定的必然前提，网络犯罪的证据之间则难以具有较为明显的关联性与衔接性，需更注重体系化、融贯式的理解。因而，从证据收集便难以做到“确实充分”，且以电子数据为主的案件证据材料的真实性和关联性都容易让人产生疑问，具有证明价值的证据材料也多会以整体性的面貌呈现，不易判断，这些都容易使得案件事实认定的基础面临不牢靠的风险。

（三）证明标准的把握难

刑事司法的严肃性和刑罚的严厉性都要求事实认定准确，其前提是对大量证据材料的占有，在此基础上规范主观判断，以一种主客观证据事实相互印证的方式，来合乎经验逻辑地描绘出最终事实。显然，这要求基础证据材料的丰富度、证据链形成的统合性（证据反映的事实应该具有共同指向或者相互衔接）、主观论断的合理性（从证据到待证事实要合乎经验法则）。相应地，证明活动既要有证据基础，又要准确进行主观认知。然而，“网络犯罪具有去中心化特征，同一犯罪被切割成若干环节，区分为不同层级，各环节和层级协同共生，打破了传统犯罪的单一性和完整性”[②]。这种碎片化使得事实认定不仅要考虑各个“碎片”自身的证明问题，还要将碎片予以串联以对完整犯罪过程形成证据链条。有时犯罪嫌疑人自己都无法描绘犯罪全貌，以电子数据为代表的间接证据之间的印证也并不能明显契合。此时，面对多数量、多环节的待证事实，在证据数量与同源证据指向等方面都不尽如人意。定罪证明的指向力

---

① 参见喻海松：《网络犯罪形态的碎片化与刑事治理的体系化》，载《法律科学》2022 年第 3 期。

② 喻海松：《网络犯罪形态的碎片化与刑事治理的体系化》，载《法律科学》2022 年第 3 期。

分散，在逻辑上不能直接从证据到待证事实，无法在“行为人—犯罪行为—犯罪后果”之间形成稳定、可靠的因果逻辑式证据和证明关系。[①] 此外，即使各环节能有效衔接，海量待证事实要素也必然导致案件定量评价不精细，案件情节难以准确把握。同时，从司法实践来看，网络犯罪事实认定在一定程度上还要依赖于辩方反向辩护的程度。辩护意见往往会对以整体融贯式认定的案件事实形成挑战，相关辩护意见可能因缺乏证据材料支撑而未被采纳，但却会对习惯于精准印证的心证形成产生影响，从而使得司法实务中对如何实现“排除合理怀疑”的标准产生困惑。

二、司法实践的应对路径

从前述可以看出，网络犯罪的行为状况与证据生态决定了刑事证明需要有更符合司法实践的实然方案。以“两高”为代表的实务部门不断以司法解释、指导性案例和其他内部文件等方式提炼实务中可行的法律适用规则，[②] 包括证明方法更新、证明对象简化、证明责任分配、推定推理运用等。其中，出现了以综合证明原则为主的司法能动新方法，并以规范性文件和判例等为司法裁判提供方法指引和要求。目前来看，其已不仅是对综合全案证据以认定事实的重申，更是释放出转变精准印证证明方法和注重心证形成的信号。

（一）类型化指导：综合认定原则的提出

“综合认定”是司法裁判中常见的认知方法。在网络犯罪中，该思路最初由犯罪罪量确定问题延伸开来，主要是指不依赖口供，对于数量庞大的证据材料或待证事实要素改变以往点对点式的证据审查判断或严丝合缝的印证证明方法，而以宏观视角处理，以整体印证、印证方向一致或评估的思路形成心证。该思路在司法解释及法律规范性文件中多有体现。如《关于办理电信网络诈骗等刑事案件适用法律若干问题的意见》（以下简称《电信诈骗意见》）第二

---

① 参见金浩波、倪春乐：《网络犯罪印证证明及融贯式补足——以电子数据证据为基点的分析》，载《证据科学》2021年第5期。

② 参见最高人民检察院法律政策研究室编：《网络犯罪指导性案例实务指引》，中国检察出版社2018年版，第21页。

部分中“(四)”第4款、第六部分“(一)”的规定[①];《关于办理电信网络诈骗等刑事案件适用法律若干问题的意见(二)》(以下简称《电信诈骗意见(二)》)第8条中关于明知的认定指出，行为人明知他人利用信息网络实施犯罪，应结合系列证据予以综合认定;《人民检察院办理网络犯罪案件规定》第7、18、21条之规定等[②];《检察机关办理侵犯公民个人信息案件指引》第二部分中的规定[③];《检察机关办理电信网络诈骗案件指引》第二部分中“(三)”有关诈骗数额及发送信息、拨打电话次数认定的规定;《关于办理非法集资刑事案件适用法律若干问题的意见》中有关集资规模的认定[④]。此外，有关证明思路在其他内部文件中也有体现。如浙江省高级人民法院、浙江省人民检察院和浙江省公安厅联合制定的《电信网络诈骗案件证据收集审查判断工作指引》，广东省高级人民法院、广东省人民检察院和广东省公安厅联合制定的《关于办理电信网络诈骗等刑事案件的工作指引》，重庆市高级人民法院、重庆市人民检察院和重庆市公安局联合发布的《关于办理电信网络诈骗及其关

---

① 《电信诈骗意见》第二部分“(四)”第4款规定：因犯罪嫌疑人、被告人故意隐匿、毁灭证据等原因，致拨打电话次数、发送信息条数的证据难以收集的，可以根据经查证属实的日拨打人次数、日发送信息条数，结合犯罪嫌疑人、被告人实施犯罪的时间、犯罪嫌疑人、被告人的供述等相关证据，综合予以认定。第六部分“(一)”规定：办理电信网络诈骗案件，确因被害人人数众多等客观条件的限制，无法逐一收集被害人陈述的，可以结合已收集的被害人陈述，以及经查证属实的银行账户交易记录、第三方支付结算账户交易记录、通话记录、电子数据等证据，综合认定被害人人数及诈骗资金数额等犯罪事实。

② 《人民检察院办理网络犯罪案件规定》第7条规定：人民检察院办理网络犯罪案件应当加强对电子数据收集、提取、保全、固定等的审查，充分运用同一电子数据往往具有的多元关联证明作用，综合运用电子数据与其他证据，准确认定案件事实。第18条规定：认定犯罪嫌疑人的客观行为，应当结合全案证据，围绕其利用的程序工具、技术手段的功能及其实现方式、犯罪行为和结果之间的关联性，注重审查以下内容：(1) 设备信息、软件程序代码等作案工具；(2) 系统日志、域名、IP地址、Wi-Fi信息、地理位置信息等是否能够反映犯罪嫌疑人的行为轨迹；(3) 操作记录、网络浏览记录、物流信息、交易结算记录、即时通信信息等是否能够反映犯罪嫌疑人的行为内容；(4) 其他能够反映犯罪嫌疑人客观行为的内容。第21条：人民检察院办理网络犯罪案件，确因客观条件限制无法逐一收集相关言词证据的，可以根据记录被害人人数、被侵害的计算机信息系统数量、涉案资金数额等犯罪事实的电子数据、书证等证据材料，在审查被告人及其辩护人所提辩解、辩护意见的基础上，综合全案证据材料，对相关犯罪事实作出认定。

③ 《检察机关办理侵犯公民个人信息案件指引》第二部分规定：在审查认定违法所得数额过程中，应当以查获的银行交易记录、第三方支付平台交易记录、聊天记录、犯罪嫌疑人供述、证人证言综合予以认定，对于犯罪嫌疑人无法说明合法来源的用于专门实施侵犯公民个人信息犯罪的银行账户或第三方支付平台账户内资金收入，可综合全案证据认定为违法所得。

④ 《关于办理非法集资刑事案件适用法律若干问题的意见》第6条规定：办理非法集资刑事案件中，确因客观条件的限制无法逐一收集集资参与人的言词证据的，可结合已收集的集资参与人的言词证据和依法收集并查证属实的书面合同、银行账户交易记录、会计凭证及会计账簿、资金收付凭证、审计报告、互联网电子数据等证据，综合认定非法集资对象人数和吸收资金数额等犯罪事实。

联犯罪案件法律适用问题的会议纪要》，“两高一部”《关于深入推进“断卡”行动有关问题的会议纪要》等。其中，《电信诈骗意见（二）》进一步补充完善帮助信息网络犯罪活动罪的主观明知规定，确定了综合判断标准，以方便司法操作。[①]

上述文件及解读中，多用“综合”这样的字眼，强调从部分犯罪事实或证据中反映出的犯罪行为的时间、地点、方式等一系列细节，结合电子数据、勘验笔录、书证等证据，形成一整套犯罪轨迹，进而考察绝大多数的案件事实能否认定。[②] 从相关情况来看，“综合认定”有以下几方面特征：（1）缺少直接证据，印证证据范围扩大。网络犯罪中存在另一种形式的验证式证明，如电信诈骗犯罪中相当一部分受害者是无法对受骗过程提供证据的，行为人也难以针对某一起犯罪事实进行具体供述。完整的犯罪事实经过是从部分犯罪情况中归纳出来的，进而用行为事实的高度相似性去判断其他犯罪事实是否在行为要素的各个方面与之契合，从而认定整体事实，与相似证据规则类似，但并非径直认定，而是帮助心证的形成。（2）印证契合度降低，但证据信息内容的指向一致。一般叙事型认知是主观认识的主要形态。从侦查取证开始，办案人员会对犯罪本身及相关事实要素进行完整细致的侦查取证，到提起公诉，案件至少经过两次叙事型事实构建。凡是无法消除的疑点要素，都会引起重视。而能够打消疑虑的自然是证据之间高度一致的印证，进而产生事实认定符合客观真实的内心感受。但网络犯罪的证据事实之间的印证多表现为方向一致，不追求叙事上的完全周密。（3）强调经验法则和推理的运用。印证仅是实现“综合认定”原则的一种重要方法，而证据内容发掘和证据之间逻辑联系需要更多主观判断。以帮助信息网络犯罪活动罪为例，一般即使在上游犯罪事实尚未固定，上下游犯意联络未查清的情况下，仍可根据被告人认知能力、既往经历、交易对象、行为合理性、上下游行为人联系情况等综合判断行为人具有帮助犯罪的故意。[③] 此类情况中很少存在证据信息内容直接反映案件待证事实，而是更考量主观心证的塑造。（4）注重辩解的合理性。几乎所有强调综合认定的场合均要求重视辩方意见，一方面基于正当程序的要求，在司法证明方案有所调整更兼顾效率的同时，应进一步落实被告人辩护权行使等刑事程序保障机制；另一方面是为防止粗糙运用司法解释规则，避免主观擅断。规则制定者需

① 参见《〈关于办理电信网络诈骗等刑事案件适用法律若干问题的意见（二）〉六大亮点》，载《中国防伪报道》2021 年第 9 期。

② 参见王彪、易志鑫：《刑事司法中“综合认定法”的解读与反思》，载《司法改革论评》2020 年第 2 期。

③ （2022）豫 0821 刑初 4 号刑事判决书。

要考虑到实务中改变严格印证证明后，事实认定可能存在误差，而重视辩解也是对事实精准认定的一种保障。尤其是综合认定涉及推定或事实推理，只要辩方意见能引起疑点，都需针对性说理回应，从而完成整体叙事的融贯性。(5) 具有可验证性。可验证性既体现在从证据到事实或事实之间的串联关系应具有高度盖然性，符合逻辑推理和经验法则，也表现为能够反向地进行检验。如《关于办理信息网络犯罪案件适用刑事诉讼程序若干问题的意见》中的同类证据选取规则；实践中对巨量个人信息或犯罪金额的认定，采取抽样验证或技术鉴定等对其中部分数额予以去除，以及获取代表性被害人，获取其陈述，以对部分或整体事实进行佐证。换言之，网络犯罪事实认定需要达成一种平衡，必须有足够的方式去防止印证粗犷化所带来的可能错误。

对于事实认定而言，“综合证明原则否定了一直以来侧重单向线性推论而忽视事实推理的论证结构，以‘自然生活历程事实’为证明对象，依据司法推理过程所确立的、综合运用融合核心证据与补助证据并容许运用或然性法则的司法证明方法”[①]。结合网络犯罪具体情形，可从定性与罪量两方面进一步看清其内涵。在定性方面，其表现出一种“结果主义”，即以存在犯罪行为、实害结果与身份的锁定来认定相应犯罪行为必然发生过和行为逻辑内容如何，不纠缠于每一笔犯罪事实的具体经过。这在网络犯罪司法逐渐由以人证、物证为中心转向以数据为中心的情况下，是对“客观真相”还原的一种良性选择。可以说，多数网络犯罪只要针对当时具体的证明对象，灵活运用各类型证据把犯罪定性所需的主客观要素、各环节的衔接点做到齐备精细即可[②]，且对全部事实的认定遵循“部分—整体”的进路[③]。在这个过程中，证据选取、印证、推理推定、证明责任分配等方法均可能被运用。而对主要的印证方法来说，更关注其适用的灵活化和宽松化，既不苛求印证完全严丝合缝，也考虑到案件碎片化的特征，印证方向大致相同成为判断的重点。而在用印证以及其他方法判断单一证据的真实性之后，便并不需要再利用严格印证审查判断全案证据。因为审查判断全案证据的直接目的在于衡量所有证据的证明力，进而作出事实认定。这时，要求由裁判者自主判断证据的证明力，并利用常识、理性、经验法

---

① 向燕：《论刑事综合型证明模式对印证模式的超越》，载《法学研究》2021年第1期。

② 正如《检察机关办理侵犯个人信息案件的办案指引》中强调，犯罪定性工作重点关注的是存在客观犯罪事实、犯罪主体、主观故意的确定。

③ 定性方面的“综合”思路突出表现为：以电信诈骗为例，涉案金额、人数和话术等一般均有在案证据反映。针对不同诈骗团伙、不同欺骗话术、不同支付手段等则可在分别选取一定比例或数量被害人取证，并结合在案其他证据相互印证，综合考虑各类别不同方式的诈骗能否全部综合认定，并以此达到案件“事实清楚，证据确实、充分”的证明标准。

则、法律推理等综合机制认定事实。[①]

罪量是以概括化面貌呈现的，对其综合认定采取了“整体印证 + 推理”的思路。“只要客观存在的计量对象在整体上得到了行为人供述、被害人陈述、证人证言或书证等相关证据的印证，就可将计量对象所涉数额皆认定为犯罪数额。”[②] 在上述文件中几乎都反映着这种方法，在指导性案例中也普遍得以体现，目前司法解释更是将这种方法上升为推定。有论者进一步从指导案例出发，“总结出了实践中的网络犯罪罪量证明的三个环节：公诉方基于综合认定得出推定数量；辩护方针对推定数量承担证明责任；公诉方对反驳进一步承担证明责任”[③]。总而言之，传统犯罪的事实认定中，通常以点对点、原子化的证据模块化处理模式进行主体事实要素的还原，而对于网络犯罪，则无须每一要素的证明均要满足证据间的一一印证。这是面对网络犯罪行为虚化与事实要素海量化的务实选择，但该方式相较于传统犯罪的证明更加注重证明工作的精密性，容错率更低，需要合理运用证据来避免用事实推导的可能性替代“案件事实清楚”。

（二）司法能动的强调：自由心证的本质

长期以来，印证证明在我国司法实践中发挥了重要作用，并得到了相关解释性文件的确认。[④] 其作为一种证明方法并未存在太多争议，但有研究指出，“印证证明模式‘外部性’特征显著，即当两个以上的证据在形式上相互重合和交叉，整体上呈现排除合理怀疑和不矛盾之态，结果上可以接受反复考察和检验，那么真实即已经到达”[⑤]。以此逻辑出发，排除合理怀疑也逐渐体现为证明标准的客观化，从而产生了对印证证明的极致化追求，使得司法实践中出现偏重印证事实而忽略对案件的“综观式验证”，违背证明规律而忽略心证功能等情况。[⑥] 相应地，在实践中便存在以高度一致性印证为追求的证明方法，

---

① 参见王星泽：《“印证理论”的表象与实质——以事实认定为视角》，载《环球法律评论》2018 年第 5 期。

② 张平寿：《网络犯罪计量对象海量化的刑事规制》，载《政治与法律》2020 年第 1 期。

③ 吉冠浩：《指导案例视角下网络黑灰产犯罪罪量的司法证明》，载《国家检察官学院学报》2021 年第 1 期。

④ 参见孔令勇：《刑事印证规范解读：从证明方法到证明规则》，载《环球法律评论》2020 年第 4 期。

⑤ 汪海燕：《印证：经验法则、证据规则与证明模式》，载《当代法学》2018 年第 4 期。

⑥ 参见何家弘：《司法证明模式的学理重述——兼评“印证证明模式”》，载《清华法学》2021 年第 5 期。

有学者将之总结为严格印证证明。[①] 然而，严格印证证明在网络犯罪案件中的使用存在限制。一是犯罪事实多，证据材料无法直接反映每一笔犯罪事实。证据是来自于同一类案件的证据，对行为人主观故意、犯罪行为模式、犯罪数额的认定无法用来自于同一笔犯罪事实的证据。二是证明事实之间的矛盾性冲突增多。一般而言，事实认定要实现准确性和完整性两方面要求，完整性主要体现在全面和自然，要将动机、如何案发、过程时间地点以及事后行为全面涉及并串联。此类事实要素不一定是犯罪构成要件，但是却影响着法官对经验法则和逻辑推理的运用。而网络犯罪中此类事实要素在具体内容上无法形成良好对应，需要解释说明的冲突性事实增多。三是证据内容的同一性印证弱。大数据证据常直接独立承载着部分案件事实，在信息指向上，证据材料之间的对向性差，细节表达不够，模糊性更大了，有可能让裁判者产生事实认定未必准确的感觉。因此，严格印证证明与网络犯罪证据生态之间不适应，影响了犯罪的追诉效率，甚至出现裁判者心证确信却降格裁决、司法裁判尺度不一的情形。

为适应新形势，实务中已注意到严格印证有些偏离自由心证制度，会进一步放大网络犯罪的事实认定难题。实际上，已有学者指出印证模式改革的方向是坚持印证主导，加强心证功能，注重追证作用，发挥验证功能。[②] 而实践已开始对严格印证证明进行松绑，以避免证明方法和证明标准的完全混同，强调通过宽松印证与心证融合完成事实认定。“综合认定”所强调的正是综合评判形成内心确信，允许证据事实之间的联系或指向存在差别。这本质上是自由心证的体现，印证不再被强调是达到证明标准的一种外部要求，而是作为审查判断证据的通用方法和对自由心证的适当规范。一般而言，自由心证制度是法官进行裁判时，基于经过审理的全部资料以及各种情况，依其知识经验和良心自由判断所形成的心证而认定主要事实的采证方法。[③] 其中的重点在于法官可以自由评判证据的证明价值，依据是经验规则、逻辑法则和自身知识，同时法官可以在全案证据调查的基础上依靠自由心证来判断事实真伪。综合认定原则对此有着明显体现。例如，司法解释确定了一种证据选取方法，即可以按照一定比例或者数量选取证据材料，被选取证据本身是无法对一类事实完成证明的，但通过对同一类犯罪事实行为过程的反映，再结合辩解意见的合理性，最后综

---

① 有学者将实践中以高度一致性印证为追求的证明方法总结为严格印证证明，具体体现在三个方面：印证证据必须是来源于同一案件的证据；证明范围包括基本事实以及可能影响基本事实准确认定的事实；证据之间相互印证的程度至少要达到清楚和有说服力的标准。参见戴紫君：《从严格僵化到相对自由：心证融合视野下印证证明的区分化适用》，载《证据科学》2022 年第 4 期。

② 参见龙宗智：《刑事印证证明新探》，载《法学研究》2017 年第 2 期。

③ 参见常怡：《比较民事诉讼法》，中国政法大学出版社 2002 年版，第 443 页。

合形成对整体犯罪事实的心证。这是办案人员按照经验规则和逻辑法则形成内心确信的司法判断过程。[①] 再如，大数据证据的证明价值逐渐凸显，但其承载的信息内容无法进行客观印证，对其不存在任何证明力规则，而是运用事实推定，立足经验常识、已证事实、相邻事实、职业思维以及专业研判等对案件作出最符合真相的判断。[②] 故这种所谓的新型证明方法，实际上是在调动司法主观能动性，灵活宽松适用印证方法去确定案件主要事实，通过“代表性”证据收集等方法来辅助心证形成，用同类证据来减少严格印证证明实现难。总而言之，从现实考量来说，“综合”是希望转变证明方法，转变以高度一致性印证为追求和达到证明标准判断依据的传统方法，用整体式、融贯式的心证动态分析的方式来完成事实认定。

三、网络犯罪事实认定的规则展开

作为司法实践的经验之谈，综合证明的作用发挥依赖于对其核心要义和关键内容的理解，应注意类型化区分与精细化适用，需要回归司法解释和代表性案例，本文结合司法解释和网络犯罪的特点阐明其应用重点。当然，“综合”本身就意味着要考虑各种情况的异同，也并非固定程式化的事物。

（一）以电子数据为核心

电子数据承载着网络犯罪发生、经过与结果的痕迹，构成了“综合全部在案证据”的主要部分。在涉及网络犯罪的规范性文件中几乎都强调了电子数据的审查判断与运用，“两高一部”更是专门发布了《关于办理刑事案件收集提取和审查判断电子数据若干问题的规定》。同样，对电子数据证据的审查判断和采信也是主要难题。一方面，“相较于传统证据，电子证据基于其虚拟化的本体特性更具隐蔽性、巨量性、弱关联性，延伸到诉讼实践，这些特征使得电子数据证据的运用存在获取难、固定难、认定难的实践特点”[③]。同时，部分电子数据以大数据形式表现出来，对其分析论证所形成的结果不一定能完全真实准确地反映出待证事实。另一方面，电子数据多表现为间接证据，要以其为中枢来综合其他物证、书证，甚至修正补足言词证据，从而形成完整的证

① 参见程雷、侯若英、赵玮：《〈关于办理信息网络犯罪案件适用刑事诉讼程序若干问题的意见〉的理解与适用》，载《人民检察》2022 年第 19 期。

② 参见施鹏鹏：《刑事裁判中的自由心证——论中国刑事证明体系的变革》，载《政法论坛》2018 年第 4 期。

③ 金浩波、倪春乐：《网络犯罪印证证明及融贯式补足——以电子数据证据为基点的分析》，载《证据科学》2021 年第 5 期。

据链条。[1] 整个过程较复杂，特别是证据之间的弥散性强，一些关键节点不易形成紧密对应的印证关系，共同指向力薄弱影响着认定事实的力度。从审查规则看，现行证据制度将电子数据的真实性审查作为核心，并注重电子数据的多元关联证明作用。[2]

电子数据证据的核心作用发挥，一是着重审查真实性。在某种意义上，电子数据真实性能得到认定，其内容的完整性、合法性、关联性都需要得到确定。[3] 从《关于办理刑事案件收集提取和审查判断电子数据若干问题的规定》等文件来看，“电子数据的真实性具有三个层次，分别是载体、数据和内容的真实性”[4]。司法解释以最佳证据规则确定了真实性的具体审查内容，主要为数据完整性的保障，并涉及证据能力与证明力两方面的事项。在形式上，突出原始证据的证明力，要求储存介质原始、提取过程可重现、保管链条同一、数据完整的可视化等完成鉴真工作。验证达到上述要求需考察的证据类型主要有搜查扣押笔录、取证说明、各式勘验检查提取笔录、见证笔录、录像资料、鉴定意见等，审查时则可结合扣押、收集、提取电子数据的方式具体展开。[5]

在证据内容上，首要关注的仍是电子数据本体完整真实和数据全貌展示。具体来说，电子数据内容包含了事实内容与属性内容两大部分，“法庭对电子证据的采信一定建立在目标数据、衍生数据和关联数据形成合力的基础上”[6]。因为“孤立的电子证据不存在，属性数据或关联数据中蕴含大量隐蔽性信息”[7]，可影响着目标数据的实质关联性与真实性。一般要通过完整性校验、可信时间戳、数字签名、区块链存证等技术鉴定或专家辅助人与庭审展示等方式恢复、确定或展示相关内容的全貌。例如，在查验文档、图片、音频、视频、数字证书、数据库文件等电子文件及其创建时间、访问时间、修改时间、大小等文件附属信息时，往往能判断电子数据的增删改情况；在审查涉案恶意

---

① 参见孔令勇：《刑事印证规范解读：从证明方法到证明规则》，载《环球法律评论》2020 年第 6 期。

② 参见奚玮：《我国电子数据证据制度若干问题的反思》，载《中国刑事法杂志》2020 年第 6 期。

③ 参见胡铭：《电子数据在刑事证据体系中的定位与审查判断规则——基于网络假货犯罪案件裁判文书的分析》，载《法学研究》2019 年第 2 期。

④ 褚福民：《电子证据真实的三个层面——以刑事诉讼为例的分析》，载《法学研究》2018 年第 4 期。

⑤ 电子数据真实性的审查重点和操作可结合系列文件开展，参见《计算机犯罪现场勘验与电子证据检查规则》《公安机关电子数据鉴定规则》《人民检察院电子证据鉴定程序规则（试行）》《关于办理刑事案件收集提取和审查判断电子数据若干问题的规定》。

⑥ 张可：《论电子数据的孤证禁止原则——一个初步的探讨》，载《中国刑事法杂志》2020 年第 1 期。

⑦ 刘品新：《印证与概率：电子证据的客观化采信》，载《环球法律评论》2017 年第 4 期。

程序、工具软件时，可结合系统日志、应用程序日志、安全日志、数据库日志等系统运行信息来与案件事实相对应。而当数据外观真实得以确保时，若电子数据本身是证明所需，如拨打电话次数、短信数量、资金额度等，相应待证事实便可初步证实。即便对于记载案件部分事实的电文数据，如电子邮件、电子数据交换、网络聊天记录等，也可以暂时确定存在相应记载内容。其次是信息指向的确定。在电子数据介质及本体完成鉴真的情况下，需要考虑数据内容的指向性，也即要将电子数据承载的案件事实信息与行为人、犯罪经过或结果等联系起来。司法解释中对此强调要充分借助数据与案件事实之间的多元关联。这种关联，多通过 IP 地址、言词证据、数据存储流通修改运行的“痕迹”去确定电子数据及其存储介质与案件当事人之间的关联性。“进而通过电子数据的事实信息在不同节点的印证，来衔接进入案件事实的发生过程。”① 这种所谓多元关联、综合判断本质上是采信证据的推断，也是发挥电子数据证明作用最为重要的一环。

二是综合分析，强化间接证据的运用。目前，许多涉众型网络犯罪出现了类似“零口供”的情形，② 以电子数据为主的间接证据的重要性开始凸显。经由间接证明形成证据链以完成案件的证明已成为多个网络犯罪法律规范性文件的共识。其综合运用涉及司法经验、常识推理、刑事推定等系列主观论证活动。司法解释已经释放出对间接证据证明力和定案的认可，打消严格印证证明下对间接证据认定全案的疑虑。“同时，改变长期青睐于围绕直接证据进行一系列补强的证明习惯，防止可能出现的规则虚置：或是唯一确定追求理念下的须以口供为基础的有限综合认定；或是在‘法律规则 + 案件事实≥法律结论’的形式法律逻辑的运思中，成为类似于‘打包量刑’的超自由心证”③。出于上述考虑，司法解释强调了电子数据与物证、书证、口供补强的综合运用，来将间接证据承载的多环节案件信息串联起来，在证据事实的衔接点上做好指向的衔接或强化以形成整体事实。此外，司法解释等还用主客观方面的审查重点为办案提供指引，为不同事实要素确定了系列的审查要点和证据名目，对此不再赘述。

（二）犯罪历程的认定重点

犯罪历程完整是案件事实清楚的基本要求，而实行行为是还原犯罪发展历

---

① 刘品新：《电子证据的关联性》，载《法学研究》2016 年第 6 期。

② 犯罪嫌疑人尤其是上下游犯罪的嫌疑人，或者缺乏相应的供述，或者是一种模糊供述，想要通过供述来证实多笔犯罪的事实经过比较困难，言词证据作用急剧下降，类似于传统犯罪中的无口供。

③ 何邦武：《“综合认定”的应然解读与实践进路》，载《河北法学》2019 年第 8 期。

程的核心，围绕实行行为完成刑事证明涉及主体、主观、客观等一系列待证要素。网络犯罪的“去中心化”使得犯罪实行行为的隐蔽性、分散度较高，但网络犯罪事实或上下游链条犯罪经过的证明仍有一些共性问题可以把握。司法解释等文件着重强调了以下几个方面的审查重点：

1. 身份的同一性认定

传统犯罪并不过多涉及同一性的认定，但实践表明，犯罪嫌疑人能否与虚拟空间的身份、行为、时间地址、介质等联系起来已成为案件证明的起点。[①]尤其是涉案人员直接以“没有干、不是我”为辩解理由的情况下，应有充分证据证明虚拟空间的“痕迹”是行为人留下的。例如，在陈某盗窃案[②]中，陈某从郑某等人处先后购买3000余张尚未充值的不记名城市通卡，利用程序破解城市通卡密钥进行非法充值，而后由郑某购买或出售。在上诉意见中，陈某辩称电子物证检验报告、计算机司法鉴定报告及手机通信录只能证明陈某存储卡和电脑中有相关软件，但两者之间无直接因果关系。同时，陈某供述其向一名叫“仓凯”的人购买有金额的城市通卡，而郑某否认向其出售交通卡的人系陈某。这使得明确犯罪嫌疑人，排除他人作案的可能性成为案件争议点。

从司法解释来看，网络犯罪身份确定审查要点主要有：（1）技术性锁定。通过网络空间坐标锁定行为人，可确认域名、IP地址、终端MAC地址、通信基站信息等追踪电子设备是否为犯罪嫌疑人所持有使用；对于涉案数据储存介质等实物，证明是在犯罪嫌疑人处所搜查扣押。（2）言词证据佐证。犯罪嫌疑人供述与辩解、被害人陈述、证人证言等的具体内容是否涉及行为人身份信息，能否联系确定行为主体。（3）验证人机交互信息。通过社交、支付结算、网络游戏、电子商务、物流等平台可以查找账户信息、身份认证信息、数字签名、面部指纹生物识别信息等，借助人机交互产生的数据信息判断使用者与案件的身份关联。（4）数据内容的对应。类似于书证的证明方式，判断聊天记录、短信、语音视频、图片文档等的具体内容能否反映犯罪嫌疑人的具体身份。在该起案件中，法庭正是通过违法软件持有、网购交易、证人证言、短信及微信聊天记录、本人供述等证据证明郑某身份，且证据内容反映出被告人的车辆车型、车牌、手机号码、微信昵称等，最终认定当事人的身份信息与在案证据事实相吻合。所以，网络犯罪行为人虽然看似隐匿于虚拟世界，难有指纹、DNA、辨认、物理痕迹以及其他生理特征等信息，但通过对实体工具、数据及其内容的关联等多方面的审查，完全可以判别出现实中的犯罪嫌疑人。

① 参见吴成杰、陈雯：《电信网络诈骗案件中的疑难问题探讨》，载《法律适用》2017年第21期。

② 浙江省高级人民法院（2017）浙刑终44号刑事判决书。

2. 被害人的关联性

现有研究和文件一般承认网络犯罪的事实认定不需要被害人供述的全部收集，有论者也主张电子数据就是案件事实，无须查清被害人。[①] “但实践中完全依靠间接证据的证据链形成案件主要事实是一种纯然假设的情况，绝对的孤证案件现实中是不存在的，案件主要事实或多或少总是有一些直接的证据。”[②] 对此，《电信诈骗意见》第六部分“（一）”和《关于办理信息网络犯罪案件适用刑事诉讼程序若干问题的意见》第20、21条明确了态度：确因客观限制无法逐一收集被害人陈述的。这反映出网络犯罪事实认定中被害人仍具有相当地位，是还原案件事实的信息来源。只是追诉采取综合证明原则后，不再简单追求被害人供述的数量而是转向了“质量”，即要选取案件中数额大或典型代表的被害人进行取证。这种审慎做法值得肯定。在司法成本可承受范围内，取得代表性被害人陈述可对案件关键事实证据链条进行补足，还可减轻司法人员心证形成的思维成本与心理负担。因此，对于存在被害人的网络犯罪案件，在取证上应存在一定量的被害人的陈述。其能够准确反映出犯罪经过，对犯罪工具、犯罪手法、作案方式、受害经历的描述承载着大量细节，为司法人员判断证据印证和事实细节吻合度提供指引与辅助。

被害人陈述在采信上还具有特殊关联要求，即要证明被害人财产等损失确因犯罪行为引起，指向了哪个犯罪组织或个人。这涉及犯罪集团罪责确定，因为在团伙化的网络犯罪中，层级、人员、行为模式复杂，甚至有犯罪团伙相互交叉、手法类似、窝点统一、账户共用的情况存在。因此对于被害人陈述，要通过证据来强化关联性，将被害人与犯罪行为对应起来。通常，双向通话聊天记录、言词证据、账户资金交易明细等可明确受害事实。如在最高检指导性案例[③]中，检方发现被害人与诈骗犯罪组织间的关联性证据调取不完整后，将案件退回公安机关补充侦查，建议补充调取犯罪嫌疑人与被害人的通话记录、被害人转账汇款记录、涉案收款账户交易明细等证据，以准确认定本案被害人。还有张某某、王某某等诈骗案[④]中，张某某等人开设钓鱼网站进行刷单诈骗。张某某上诉称案件被害人关联性存疑，无法证明全部受害事实为真。

---

① 参见高艳东：《网络犯罪定量证明标准的优化路径：从印证论到综合认定》，载《中国刑事法杂志》2019年第1期。

② 阮堂辉：《“孤证”或证据“一对一”的困境及其出路破解》，载《湖北社会科学》2008年第5期。

③ 最高人民检察院第一检察厅编：《最高人民检察院第十八批指导性案例适用指引（电信网络犯罪）》，中国检察出版社2020年版，第99页。

④ 浙江省高级人民法院（2017）浙刑终5号刑事裁定书。

3. 重视主观认定中的“明知”

一般来说，“客观事实可以反映主观事实，只要客观事实得以认定，主观事实往往会不证自明”[①]。而网络犯罪从客观事实到主观故意之间，还需要客观事实还原与行为人身份、主观内容的确定。鉴于犯罪纵向分工精细，“不同层级的行为人意思联络模糊，主观故意的内容不明显，使得网络犯罪主观方面认定难成为治理的症结之一”[②]。为了有效审查行为人“不知情”的辩解，前述系列文件或者强调了综合全案主客观证据予以认定的思路，或者将特定情形解释为行为人知道或应当知道。具体来说：

一是坚持主客观因素综合分析。其是指结合在案证据，根据具体的事实内容运用常识经验判断行为人的主观内容。例如，认定主观内容，要结合犯罪嫌疑人的认知能力、专业水平、既往经历、人员关系、行为次数、获利情况等，坚持主客观综合认定的思路。[③] 这种方式与传统犯罪主观要件的证明并无二致，多是运用高度盖然性联系来形成推论。司法人员从客观证据出发，运用经验规则与逻辑规则形成自己的主观判断。[④] 从《人民检察院办理网络犯罪案件规定》《检察机关办理电信网络诈骗案件指引》来看，主要审查能反映主观故意的记录内容；行为是否明显违背系统提示要求、正常操作流程；软件程序是否主要用于违法犯罪活动；支付结算的对象、频次、数额等是否明显违反正常交易习惯；行为人是否有使用虚假身份、频繁隐蔽上网、加密通信、销毁数据等异常情况。在证据上主要体现为是否有犯罪嫌疑人的供述和辩解、证人证言、同案犯指证；即时通信工具聊天记录；反映犯罪行为的物证、书证，如诈骗脚本、分工手册、诈骗账目记录、提成记录、工作环境等。

二是明确“明知”认定的事实推定情形。如《关于办理利用互联网、移动通讯终端、声讯台制作、复制、出版、贩卖、传播淫秽电子信息刑事案件具体应用法律若干问题的解释（二）》第 8 条[⑤]、《关于办理网络赌博犯罪案件适

---

① 王彪：《犯罪主观要件证明问题研究》，法律出版社 2016 年版，第 144 页。

② 王地、高融：《网络诈骗认定“三难”亟待破解》，载《检察日报》2015 年 5 月 21 日。

③ 参见刘太宗、赵玮、刘涛：《“两高一部”〈关于办理电信网络诈骗等刑事案件适用法律若干问题的意见（二）〉解读》，载《人民检察》2021 年第 13 期。

④ 参见张先科、应金鑫：《论刑法中的“明知”》，载《法律适用》2009 年第 6 期。

⑤ 《关于办理利用互联网、移动通讯终端、声讯台制作、复制、出版、贩卖、传播淫秽电子信息刑事案件具体应用法律若干问题的解释（二）》第 8 条：实施第 4 条至第 7 条规定的行为，具有下列情形之一的，应当认定行为人“明知”，但是有证据证明确实不知道的除外：(1) 行政主管机关书面告知后仍然实施上述行为的；(2) 接到举报后不履行法定管理职责的；(3) 为淫秽网站提供互联网接入、服务器托管、网络存储空间、通讯传输通道、代收费、费用结算等服务，收取服务费明显高于市场价格的；(4) 向淫秽网站投放广告，广告点击率明显异常的；(5) 其他能够认定行为人明知的情形。

用法律若干问题的意见》第2条第3款[①]、《关于办理非法利用信息网络、帮助信息网络犯罪活动等刑事案件适用法律若干问题的解释》第11条[②]、《电信诈骗意见（二）》第8条第2款[③]、《关于审理洗钱等刑事案件具体应用法律若干问题的解释》第1条等。整体上，可以或应当认定为明知的情形集中在行为方式、交易价格、时间地点等反常，基本上都属于即使不规定，仍会引起司法人员怀疑的情形。而之所以出现了大量的“推定”，根本原因在于电子数据证据一旦被确定为真实，那么内容信息几乎就是案件事实。当行为人明知时，那么案件的具体经过在某种程度上已不再重要。换句话说，在网络犯罪中，由电子数据信息内容反映实行行为弱化了推导的色彩，不同节点的联系更为重要，证据印证证明的方向一致更为重要。

需要说明的是，实务中运用这些情形，应清楚其性质与运用思路。前述列举的情形中，《电信诈骗意见（二）》第8条第2款应为刑事推定，因为规定表述是“应当认定”，且行为人作为行业从业人员或单位账户管理人员负有审查管理的注意义务，违反义务的行为仍然实施则要认定“明知”。对这两种情形，一旦基础事实得以成立，原则上即可宣告推定事实成立，只是防止证明的绝对化与僵化，才设置了例外兜底规定。除此之外，其他的规范属于事实推定或提示性规定，即规范仅将基础事实与结论之间的高度盖然性联系阐释出来。[④] 其实质是事实推论，“应采取‘事实推定+间接证据证明’的模式，即

① 《关于办理网络赌博犯罪案件适用法律若干问题的意见》第2条第3款规定，实施本条第1款规定的行为，具有下列情形之一的，应当认定行为人“明知”，但是有证据证明确实不知道的除外：(1) 收到行政主管机关书面等方式的告知后，仍然实施上述行为的；(2) 为赌博网站提供互联网接入、服务器托管、网络存储空间、通讯传输通道、投放广告、软件开发、技术支持、资金支付结算等服务，收取服务费明显异常的；(3) 在执法人员调查时，通过销毁、修改数据、账本等方式故意规避调查或者向犯罪嫌疑人通风报信的；(4) 其他有证据证明行为人明知的。

② 《关于办理非法利用信息网络、帮助信息网络犯罪活动等刑事案件适用法律若干问题的解释》第11条规定：为他人实施犯罪提供技术支持或者帮助，具有下列情形之一的，可以认定行为人明知他人利用信息网络实施犯罪，但是有相反证据的除外：(1) 经监管部门告知后仍然实施有关行为的；(2) 接到举报后不履行法定管理职责的；(3) 交易价格或者方式明显异常的；(4) 提供专门用于违法犯罪的程序、工具或者其他技术支持、帮助的；(5) 频繁采用隐蔽上网、加密通信、销毁数据等措施或者使用虚假身份，逃避监管或者规避调查的；(6) 为他人逃避监管或者规避调查提供技术支持、帮助的；(7) 其他足以认定行为人明知的情形。

③ 《电信诈骗意见（二）》第8条第2款规定：收购、出售、出租单位银行结算账户、非银行支付机构单位支付账户，或者电信、银行、网络支付等行业从业人员利用履行职责或提供服务便利，非法开办并出售、出租他人手机卡、信用卡、银行账户、非银行支付账户等的，可以认定为最高人民法院、最高人民检察院《关于办理非法利用信息网络、帮助信息网络犯罪活动等刑事案件适用法律若干问题的解释》第11条第7项规定的“其他足以认定行为人明知的情形”。但有相反证据的除外。

④ 陈瑞华：《论刑事法中的推定》，载《法学》2015年第5期。

主要依靠列举情形高度盖然性地推断出行为人明知，再用其他间接证据佐证来支持推断或反驳辩解”[①]。当然，多种情形相互叠加则证明力更高。司法实践需要防止的是将“应当认定”简单理解为法律推定，进而直接进行适用。实践中存在类似情况，当被告人对“推定结论”没有异议或异议不成立时，那么该问题几乎就会得到法庭认可。而用被告方能否反驳或有无证据反驳来判断“规范情形”的证明力和证明标准并不科学。

此外，对于犯罪的整个历程而言，犯罪客观行为是通过电子数据客观性的推理反映出来的。一般来说，前述论证的几个方面在案件中不存在问题，则犯罪嫌疑人客观行为的认定不存在障碍。例如，通过关联被害人或自侦线索，能明确发生了犯罪结果；锁定身份意味着行为人利用的程序工具、技术手段的功能及其实现方式能与犯罪行为联系起来。因此，犯罪实行行为轨迹的还原适应了网络犯罪碎片化的特征。实行行为内容的认定多是间接性通过其他事实要素的证明而自然拼凑出来的。

（三）罪量认定：整体确定

网络犯罪的涉案数值庞大到超出传统方法的极限，司法实践开始进行综合式认定。如最高法第 87 号指导案例[②]裁判要点指出，对非法经营数额、违法所得数额的认定，应综合被告人供述、证人证言、被害人陈述、网络销售电子数据、被告人银行账户往来记录、送货单、快递公司电脑系统记录、被告人等所作记账等证据，整体上确定被告人共销售假冒手机 2 万余部，金额 2000 余万元，非法获利 200 余万元。再如邓某侵犯公民个人信息罪案[③]中，经鉴定，在邓某的电脑手机内提取到公民个人信息 691958 条，去除重复记录后 406189 条。但上诉人称其实际只贩卖了 4 万条手机号码，有一些信息是来源于源代码网、淘宝网站测试、维护及其做微商时下载软件自动生成号码的数据，不能计入犯罪数量；辩护人称 408115 条还需排除重复计算、不真实、已停用等情况。法庭认定 40 多万条个人信息不能保证完全真实。最终以去重后的数量仍有 40 万条，上诉人曾供述出售约 20 万条个人信息，综合情节远超特别严重，认定罪名成立。

从案例中不难发现，整体分析认定有两种不同情形：一是直接认定 + 验证，“即以案件中直接查获的计量对象数量或通常能反映计量对象的事实要素

① 王彪：《犯罪主观构成要件证明问题》，法律出版社 2016 年版，第 213 页。

② 郭某升、郭某锋、孙某标假冒注册商标案，最高人民法院指导案例 87 号（2017 年）。

③ 江西省南昌市中级人民法院（2021）赣 01 刑终 116 号刑事裁定书。

的数量进行认定，只有例外排除的证据存在时才从中予以扣减”[①]。如《关于办理侵犯公民个人信息刑事案件适用法律若干问题的解释》第11条第3款、《关于办理网络赌博犯罪案件适用法律若干问题的意见》第3条第1、4款等。[②] 总结来看，当计量对象是信息数据，难以逐一验证其客观真实情况时，才采取形式认定和反驳检验的方式。但个案中确实存在数据真实性控辩双方均无法证明，且排重排假司法鉴定技术也无法判别真伪的情形。那么，这种直接认定确有降低证明标准之嫌。对此，实践中采取增强证明力度的应对办法。一方面，要求控方提出数量指控应建立在穷尽技术手段的前提下，事前通过司法鉴定机构、公安数据系统等进行信息数据对比。另一方面，“有证据证明不真实”未被理解为证明责任转移，并不因被告人一方无法证明数据为假，而认定数量为真。最后，法庭采取审慎态度，被告人只要提出合理疑问，就会当作事实疑点，确实无法验证的会结合法定刑幅度，在保证达到基准的基础上，对犯罪时间、行为方式、涉及面、等约数量等进行综合性社会危害程度的保守考量。总之，对于无法逐一验真的信息数据，认定强调技术手段运用、在案证据检验、反驳疑点能否消除，实践不应误解为辩护方承担反驳证明责任。所以，这些规定也均不具有“刑事推定+辩方反驳不能”的认定效力。

二是整体推断。不一一审查庞大的数额事实要素，而是根据在案证据一体式认定全部涉案数额。例如，在电信诈骗案中，可以根据少量被害人陈述、与资金流转有关的电子数据、书证等证据材料，在审查被告人所提辩解的基础上，对涉及全部被害人的数额作出认定。此时，以电子数据内部信息真实性为基础，电子数据的属性信息或证据本身可与在案其他证据相互连接，形成一个大致印证且完整的体系。仔细考察，就整体推断数额来说，存在少量被害人陈述、被告人供述等直接证据，可以与电子数据证据等相互印证；缺乏直接证据的，综合一系列间接证据，用符合经验常识的推理运用与对辩方反驳的消除来完成证明。例如，2016年最高检、公安部联合督办，由浙江省诸暨市司法部

---

① 张平寿：《刑事司法中的犯罪数额概括化认定研究》，载《政治与法律》2018年第9期。

② 《关于办理侵犯公民个人信息刑事案件适用法律若干问题的解释》第11条第3款规定：对批量公民个人信息的条数，根据查获的数量直接认定，但是有证据证明信息不真实或者重复的除外。《关于办理网络赌博犯罪案件适用法律若干问题的意见》第3条第1、4款规定：赌博网站的会员账号数可以认定为参赌人数，如果查实一个账号多人使用或者多个账号一人使用的，应当按照实际使用的人数计算参赌人数。对于开设赌场犯罪中用于接收、流转赌资的银行账户内的资金，犯罪嫌疑人、被告人不能说明合法来源的，可以认定为赌资。向该银行账户转入、转出资金的银行账户数量可以认定为参赌人数。如果查实一个账户多人使用或多个账户一人使用的，应当按照实际使用的人数计算参赌人数。

门查办的“4·19”特大系列钓鱼软件远程刷单诈骗案[①]中，200多名犯罪嫌疑人用钓鱼软件，刷单诱骗。该案最终通过少量被害人陈述、被告人供述、账户资金流水、软件日志与合法来源排除等确定整体金额。此外，整体推断还表现为合乎逻辑的评估，如在最高检检例第33号指导性案例李某某破坏计算机信息系统案[②]中，案件的争点为如何认定遭受破坏的计算机信息系统服务用户数，但独立IP用户数无法确定。最高检认为，认定遭受破坏的计算机信息系统服务用户数，可以根据计算机信息系统的功能和使用特点，结合网站注册用户、浏览用户等具体情况，作出客观判断。最终以一段时期内的日访问量的平均值来推断出系统被破坏期间减少的访问量。类似的综合评估并不少见，如快播案[③]、张四毛盗窃案[④]等。

（四）辅助性检验：抽样验证

所谓抽样取证，“是指办案人员依据科学的方法，从较大数量的物品中提取具有代表性的一定量的物品作为样本证据，并据此证明全体物品属性的证明方法”[⑤]。其因能够纾解海量事实要素的证明困境，而逐渐进入刑事诉讼的视野。目前，在网络犯罪中，不仅“综合认定数额”已具有抽样取证的部分内涵，而且《人民检察院办理网络犯罪案件规定》第22条明确：对于数量众多的同类证据材料，在证明是否具有同样的性质、特征或者功能时，因客观条件限制不能全部验证的，可以进行抽样验证。自此，抽样取证在事实认定中转变为“抽样验证”的证明方法。例如，在一起非法获取公民个人信息案中，争议点为被告人贩卖的个人信息是否真实。法庭判决认为，8个涉案文档经整理统计共有有效公民个人信息4578条，经对8个电子文档分别随机抽样核实，共抽样74条核实，其中62条真实有效。所以，总量认定应按照相应比例予以扣除。[⑥] 另外，实践中还存在从同类型证据中取得部分证据来与其他在案证据综合形成证据体系的做法。

从规范与实践来看，对于抽样验证的使用应持积极态度。综合认定之下，抽样验证是检验案件细节、保障数量精准的最佳选择。虽然从部分推理全部并不具有严格证据基础，但其仍可与其他证据相互印证，形成证据体系，发挥相

---

① 该案最终采取的是“抽样取得被害人供述、综合认定”的方式来完成对案件事实的认定，参见浙江省诸暨市人民法院（2017）浙0681刑初706号刑事判决书。

② 李某某破坏计算机信息系统案，最高人民检察院指导性案例第33号（2017年）。

③ 北京市海淀区人民法院（2015）海刑初字第512号刑事判决书。

④ 最高检检例第37号指导性案例（2017年）。

⑤ 万毅、纵博：《论刑事诉讼中的抽样取证》，载《江苏行政学院学报》2014年第4期。

⑥ 湖北省恩施土家族苗族自治州中级人民法院（2017）28刑终67号刑事判决书。

似事实证据规则的证明价值。[①] 当然，“其证明效果应限定为补强或检验，随着分析进展不断修正结论，经过验证的最终结论会是在现有证据情形下能够对证据提供最多理解的结论”[②]。在实务中，抽样验证更多用来对同一性质证据材料的鉴真或对被告人反驳的检验。此外，由于这一方法的可靠性支撑在于科学抽样统计原理，即样本的代表性[③]，故最高检在第 26 批指导性案例中专门强调[④]，应注意审查所抽取的样本是否具有代表性、抽样范围与其他在案证据是否相符、抽样是否具备随机性等影响抽样客观性的因素。在保证科学性的前提下，抽样验证能进一步探寻被告人权利保障与海量事实要素认定的最优解，不失为现实之举。

四、综合认定的审查标准：排除合理怀疑

在证明上，定罪与不利量刑都要达到“排除合理怀疑”的证明程度。在网络犯罪事实认定中，出现一种“内心已确信”但宁愿作出保守认定的情形。这多是因为在传统犯罪中，可用证据材料的数量、质量达到事实认定的可重复性、结论唯一性，但多要素整体式认定增大了结论或然性。需要说明的是，综合式认定并未降低证明标准，宽松印证的方法也是达到证明标准的一种过程。对网络犯罪的事实认定来说，“排除合理怀疑”应具有两个层次的内涵：

一是强调了司法能动的重要性，认可综合证明原则，引导实践积极地运用经验逻辑的推理推论。换言之，“综合”是对证明标准主观要素的强调，即网络犯罪应“从注重外在的、客观化的证明要求走向重视裁判者内心确信程度的重要转变”[⑤]。以往的证明过程中，尤以口供为代表的外部证据能够较明显地反映出事实的主线条，需要解决的疑点突出、明晰，且往往存在相应的证据材料，司法人员主观活动的负担并不重。但在网络犯罪中，系列间接证据的综合运用便对司法人员主观上建构事实、排除疑点与说理提出较高要求。故“综合”代表了网络犯罪下司法证明主观认知习惯的转变，仍需将排除合理怀疑作为规范心证活动的尺度。

二是消除“合理怀疑”是对综合定案的具体要求。网络犯罪的事实认定“着眼于解构，主要体现为一个消极和否定的标准，即在证明过程中寻求其薄

---

① 参见杨帆：《海量证据背景下刑事抽样取证的法治应对》，载《法学评论》2019 年第 5 期。
② 参见向燕：《论司法证明中的最佳解释推理》，载《法制与社会发展》2019 年第 5 期。
③ 刘品新：《网络犯罪证明简化论》，载《中国刑事法杂志》2017 年第 6 期。
④ 2021 年最高人民检察院第二十六批指导性案例之陈力等八人侵犯著作权案。
⑤ 陈瑞华：《刑事证明标准中主客观要素的关系》，载《中国法学》2014 年第 3 期。

弱环节，进行疑点发现及其消除性检验”[①]。这种间接证据为主的事实建构是在多种可能中不断排除其他存在怀疑的可能。个案中要在“确认每一个间接证据真实性、关联性、合法性的基础上，使用间接证据证明案件主要事实的片段，并将间接证据相互印证，进行逻辑推理，形成完整的证明体系”[②]。在整个过程中，排除合理怀疑既是整体事实的评判标准，也是审查单个证据或局部事实的重要依据，防止有选择地解释证据事实、拼凑案件事实。达到此证明程度尤为重视两点：（1）通过局部事实真实与节点衔接还原犯罪主要历程，保障证据事实与全案主体事实的排他性。消除对间接证据的误解，运用电子数据的载体关联性、内容关联性和真实性一般便能够反映网络犯罪的主要事实。[③]相应内容上文已提到，不再赘述。（2）不能滥用推定，要主动排除疑点。合理怀疑的排除依赖公诉方对证明责任的完成而非被告人的反驳程度。在实践中，虽控方承担证明有罪的证明责任，但举证责任可能会发生转移。因为对部分事实，被告人更具有证明的便利性，也具有证明动力，而“反驳不能”无疑会促成法官内心的确信。考虑到网络犯罪中的反驳困难，在实践中应强调被告人一方反证的权利，“理性的证明模式应是辩方自由证明模式以及‘合情确信’标准”[④]。一般只要提出证据（线索）或质疑，能够动摇法官内心的确信即可。[⑤] 司法解释等文件中的“有证据证明”并非对辩方反驳程度的要求，需要仔细辨别所谓推定的性质。当然，合理怀疑也不是凭想象、轻率地怀疑或基于同情或偏见的怀疑，而是基于推理和常识。[⑥]

值得一提的是，有研究指出网络犯罪罪量无法达到“排除合理怀疑”的程度。反映在具体案件中，确实存在无法对海量数据或事实进行真实性检验或具体证明的情况，辩方提出反驳，或使得相应数量扣除，或因为无法举证而未被采纳。司法解释是以“排除合理怀疑”作为坚持的底线，留给司法实践较大的探索空间。例如，遵循科学抽样法规则，依比例扣除的方式确定最终的数额。对此，无论是实践中积极适用，还是宁愿降格处理的审慎，都在解释允许范围之内，都应让司法人员就具象处境判断能否形成内心确信。

---

① 龙宗智：《中国法语境中的“排除合理怀疑”》，载《中外法学》2012 年第 6 期。

② 褚福民：《刑事证明的两种模式》，载《政法论坛》2015 年第 2 期。

③ 参见王祺国、王晓霞、周迪：《网络犯罪中的印证证明》，载《人民检察》2018 年第 3 期。

④ 参见姜瀛：《网络假冒注册商标犯罪中被告人“刷单”辩解的证明模式和证明标准——以第 87 号指导案例及相关案例为分析对象》，载《政治与法律》2017 年第 9 期。

⑤ 参见宋英辉、何挺：《我国刑事推定规则之构建》，载《人民检察》2009 年第 9 期。

⑥ 参见卞建林、张璐：《我国刑事证明标准的理解与适用》，载《法律适用》2014 年第 3 期。

五、结语

网络犯罪的刑事法应对成为信息时代司法的重要课题。鲜活的司法实践既揭示了问题之所在，也通过适应求变给出了应对之策。以司法解释为中心，我们可以梳理出网络犯罪事实认定或审查运用证据的一些关键内容，如综合证明原则和整体证明的方式方法。其中一些内容正在成为共识性的做法。面对时代难题，这些经验事实构成了学理研究与实践发展的基础。本文的主要内容集中在对网络犯罪中事实认定现状和实践应对方案的说明。实践是理论研究的基础，网络犯罪的证明难题终究要从问题中来，回归问题中去。除此之外，本文还引申出了司法实践对以往证明模式和认知习惯的反思与转变。这些潜在的深层因素更将进一步推动网络犯罪刑事证明难题的化解。

帮助信息网络犯罪活动罪中“明知”要件的类型化认定

唐　淦[*]　景　倩[**]

随着信息技术的发展，信息网络犯罪活动频发，其特有的链条性、高渗透性、跨地域性以及技术性等特点使得网络犯罪活动造成了广泛且严重的社会危害。且近年来，网络犯罪活动的服务工具提供者等已经开始通过商业化方式提供有关的工具、技术服务等，此种发展趋势导致网络犯罪具有了强大的技术、服务支撑，犯罪门槛降低，危害范围扩大。在此背景下，帮助信息网络犯罪活动罪（以下简称帮信罪）的增设试图对各种帮助网络犯罪的行为进行更加准确有效的处置。在全国范围内开展的“断卡行动”使得大量涉“两卡”（银行卡、手机卡）违法犯罪嫌疑人因为涉嫌帮信罪等被抓获，帮信罪的具体适用特别是“明知”的认定也引起了理论界和实务界的广泛关注。“明知”作为犯罪主观方面的内容，对其的证明与认定是犯罪构成主客观相统一的基本前提。“明知”这一主观事实，无论是从证据还是证明的角度来看都面临司法困境。直接证据与间接证据的缺乏导致难以获得行为人是否“明知”的科学论断；证明过程中合理怀疑难以排除的现状导致最终的认定结论总是难以被充分确信。若在此现状下过于限缩“明知”的认定标准，则会导致“明知”认定愈加难以实现。

基于此，厘清“明知”的多重内涵十分必要，不仅能够从理论层面丰富关于帮信罪中“明知”的体系内容，也能够从实践层面完善对于帮信犯罪嫌疑人是否“明知”的认定操作方式。就帮信罪中“明知”的认定亟待解决以下层面的问题：从正面来看，帮信犯罪嫌疑人明知与否的结论如何才能达到排除合理怀疑的标准？从反面来看，如何才能排除帮信犯罪嫌疑人不明知？明知

---

* 四川省成都市双流区人民检察院检察官助理。

** 西南财经大学法学院硕士研究生。

推论规则的构建能够为明知的认定提供一种新思路，实际上认定明知的内在机理即寻求有关明知或者不明知的“最佳解释”。

一、帮信罪中“明知”司法认定的困难及成因

（一）直接证据匮乏

实践中绝大多数案件缺乏能够清楚认定案件事实的直接证据。更多情况下需要裁判者联结各种零散的证据形成一条完整的证据链，进而对案件事实进行判断。而帮信罪案件亦是如此，并且由于法律环境下对于“明知”的认知存在差异性、多样性，能够发现直接证明案件事实的证据变得更加困难。从行为人自身的角度来看，其年龄大小、知识水平以及精神状况等方面的不同会导致其本身对于“明知”的理解差异。除此之外，在行为人实施行为的过程中，受到各种介入因素的影响，亦会对“明知”的客观状态产生影响。① 进而，有关行为人主观状态的证据在形成上、取证上都面临挑战。

有关“明知”的直接证据的缺乏很大程度上决定着目前实务中出现的关于“明知”认定的推断方式。从证据角度而言，案件最终得出的结论一般都依托于收集到的证据，且直接证据对于定案总是发挥着关键作用。但在帮信罪案件领域，这部分证据缺少是一种必然趋势，原因在于主观事实难以被忽略的变化性、多样性。在该背景下，应转换解决思路，从证明层面着手，为“明知”的认定提供更多科学的操作路径。

（二）间接证据不充分

间接证据虽然无法达到直接证据的证明力，但却是实践中更加普遍且对案件查明具有基点作用的存在。裁判者通过间接证据，结合逻辑推理，能够在一定程度上构建出案件的主要事实。“圣德·阿美·强走私毒品案”② 中，裁判者只能根据一些间接证据对该案在“零口供”的情况下进行事实认定。在面对诸多此类缺失主体“明知”直接证据的帮信罪案件中，间接证据的重要作用得以显现。然而，实践中很多帮信罪案件的间接证据也不充分，具体而言关于“明知他人利用信息网络实施犯罪”这部分内容的证据便十分缺乏，系因目前大部分此类案件犯罪嫌疑人的陈述仅能表明其认为该行为可能“有点问题”，而并不明确知道行为的性质，除此外并无能够证明主观方面的其他证

---

① 参见闻志强：《明知、特别认知与刑法归责》，载《中国刑事法杂志》2016 年第 4 期。

② 参见最高人民法院第一、二、三、四、五庭主办：《刑事审判参考》，法律出版社 2018 年版，第 1—6 页。

据，因此该罪在最终认定上总是面临实践难题。[①]

帮信罪案件间接证据的不充分使得印证证明模式难以发挥出最佳效用。印证模式作为我国当前基础意义上的证明模式，对于“明知”的认定也产生着影响。印证模式包含的主要内容即证据的“信息内容同一”以及“信息指向同一”，但这两种类型无法完全涵盖所有的证据证明情况，且在间接证据不充足的情况下，以印证方式来进行最终的判断，难以保证支撑依据确实、充分。实际上，印证模式从实然角度来看被定义为一种客观推断模式，但在实践上其又表现为一种准客观推断表象化、情理推断后台化的形态。有学者在此基础上便提出印证模式应当进行一种转型，即从应然角度来看，后续可以逐步实现情理推断的一般正当化、公开化及其规范化。[②] 可以说，基于帮信罪中间接证据不充分的实践现状，这样一种证明模式的转型，对于“明知”的推论认定提供了新思路。

（三）合理怀疑难排除

认定犯罪构成的基本标准即“案件事实清楚，证据确实、充分”，对于“明知”的证明与认定从规范角度来说亦是如此。然而该标准在帮信罪中却几乎难以实现，除非存在有关主观方面心态的直接证据。一般而言，如果仅仅通过其他客观证据来推断行为人的主观心理状态，是基本无法达到充分的程度的。其原因在于“明知”作为典型的主观事实，始终处于一种随时可以变动的状态中。行为人自身的认知、心理、目的等内部因素加上复杂的外部环境的变化，都会对是否“明知”产生影响。

裁判者的主观认知亦存在差异性。自由裁量权的实现，离不开自由心证的科学、合理、有效运作。裁判者的主观认知、经验的多样性等决定了其对“明知”判断认定的差异。当前实践中并不存在已经以规范确定的关于帮信罪的“明知”认定标准，规范中出现的“明知”二字本身就为学界以及实务界带来了更多争议的空间。裁判者基于主客观各方面的内容，或许能够形成一些基本的共识，为判断帮信罪中的“明知”提供指导方向，但是从更加具体明确的角度而言，目前实践中仍然难以实现统一化的帮信罪“明知”认定标准。

基于此现状，目前对帮信罪中的“明知”多采用推定的方式来予以分析。就推定而言，一方面其当然能够更大范围地帮助判断行为人的主观状态进而认定犯罪成立与否，但另一方面，推定本身也就意味着一种不确定性，尽管依照

---

① 参见花岳亮：《帮助信息网络犯罪活动罪中“明知”的理解适用》，载《预防青少年犯罪研究》2016 年第 2 期。

② 参见周洪波：《中国刑事印证理论的再批判与超越》，载《中外法学》2019 年第 5 期。

现有的客观事实或证据能够进行符合逻辑、经验法则的推演，但是最终得出的结论总是无法确保百分之百的正确性，即这仅仅是从查明法律事实的角度来进行判断，至于客观事实的情况仍然难以进行确定。①

二、"明知"的三种实践表现

上述帮信罪中"明知"事实的司法认定困境表明，目前有关案件在证据领域和证明领域都面临挑战，直接证据的匮乏是"明知"主观性质所决定的必然趋势，而间接证据的不充足更加大了"明知"的认定难度，导致印证难以在"明知"领域发挥效用。为了缓解帮信罪中"明知"司法认定的紧张现状，需要以"明知"本身的内涵为基点，厘清其各种理解思路，避免以狭隘的视角认识"明知"导致认定标准过于严苛。以下三种理解，以"明知"的内容和程度为基准，对其进行了认知层面上的划分，为"明知"认定类型化的建构奠定了基础。

（一）明确知道

将"明知"理解为明确知道，对需要考虑到的因素提出了较为严格的要求。明确知道是一种实然的、理想化的状态，即现有的证据与已经明确的案件事实能够表明行为人对有关内容属明晰知晓，显示出行为人"知而犯法"的主观态度。在此需要关注的是"明知"的具体内容究竟包括哪些层面。关于该部分内容也呈现出不同的学说观点。

案件事实一般而言系主观内容与客观内容的统一，既需要对主体及其心理等情况予以明确，亦需要对行为人的具体行为、危害结果等内容进行查明。关于"明知"的"认识三要件说"强调犯罪主体的意识性、目的性和自觉性，该观点认为行为人需要对客观方面、客体、主体这三方面的内容有一般的认识。"认识二要件说"则指出，明知主要是对犯罪客观方面、犯罪客体两方面的明知，具体的内容应涵盖行为人所实施的危害行为事实层面的情况以及犯罪客体和说明犯罪客体的事实情况。而"认识一要件说"的内涵即明知的内容仅限于对犯罪客观方面的认识。②

此外，评价性认识是否属于"明知"的内容也存在争议。一方面，从法律角度而言，违法性认识的存在与否关系着行为人是否成立犯罪以及罪重罪轻的问题。另一方面，从社会角度而言，社会危害性认识的存在与否关系着行为

---

① 参见陈兴良：《刑法分则规定的明知：以表现犯为解释进路》，载《法学家》2013年第3期。

② 参见梅传强：《犯罪故意中"明知"的涵义与内容——根据罪过实质的考察》，载《四川师范大学学报（社会科学版）》2005年第1期。

人主观恶意的问题。二者均是基于行为人本身的行为而衍生出的评价性内容，也均是“明知”需要关注到的现实性内容。明知的违法性认识以责任主义刑法为出发点，强调判断行为人是否成立故意不仅要对事实有认识，也需要对行为是否违反规范有认识，否则难以确定行为人是否存在对法秩序故意违背的态度。而明知的社会危害性认识以刑法规定以及犯罪的实质定义为出发点，要求行为人明知的不仅包括结果事实，亦包括对该结果性质的评价，也即要求行为人具有“社会危害意识”。且从犯罪论体系来看，对社会危害性的强调亦具有逻辑性。①

（二）知道

“明知”在实践中总是很难达到理想化的状态，作为一种主观方面的因素，其证明与认定存在很大的现实难题。目前实务中对于“明知”更多采用的是推定的方式，即结合有关证据及案件事实情况，如果已经有确实充分的理由能够表明行为人对于行为的基本情况以及整个案件事实有知道或者知道可能性的，那么就可以推定行为人符合“明知”的基本要求。如在毒品类犯罪中，对于行为人否认自己明知出现在自己口袋中的物品系毒品的情形，首先需要注意的一个基本理据即“一般人一般都知道自己口袋中物品的基本情况”，结合行为人知道自己口袋中有类似于毒品的物品这种基本证据，即其具有知道或知道可能性的主观状态，在此便可以推定行为人明知该物品为毒品。

在此需要注意明确知道与知道或知道可能性的区别，前者的要求更加严格，而后者则包含着一种高度盖然性，系一种概括性认识，即寻求最佳的解释来剖析行为人的主观方面，进而得出合理却又并非能保证完全正确的结论。

将“明知”的认识扩张到一种知道或知道可能性的程度，其理论基础在于“明知”程度的基本界定。关于该内容有不同的观点，“确定性认识说”认为“明知”在法律含义上只能表现为行为人的确定性认识。该种学说很显然将对“明知”的认识集中在文义解释之上，提出了极高的标准要求。然而需要注意的是，以“确定性认识”作为“明知”的标准，难以满足打击各类犯罪的需求，特别是对于信息网络犯罪、毒品犯罪、涉黑涉恐等犯罪来说，若对行为人主观因素提出很高的证明与认定要求，那么可能会导致无法有效实现惩治犯罪的基本目的。“可能性认识说”主张对于行为主体不要求其确切知道对象的属性，只要有这种认识的可能性就足以认定为“明知”。因此该学说强调的是一种推定的状态，只要根据行为人及现有的基本事实能够推定行为人具有对相关情况的“可能性认识”，那么其就属于“明知”。但该学说所主张的是

① 参见闻志强：《明知、社会危害性认识与违法性认识》，载《北方法学》2019 年第 2 期。

对法律事实的推定，而非客观事实的查明，在一定程度上可能会造成结论的不合理性。“确定性和可能性认识结合”的观点认为“明知”的内涵有主体确切知道和可能知道两层含义，该观点不仅可以避免“可能说”影响下所容易出现的对行为人定性取决于偶然巧合的不合理现象，也能够弥补“确定说”造成的难以实现的认定的极高标准的问题。正是在上述学说的影响下，“明知”衍生出了“知道或知道可能性”的内涵。①

（三）应当知道

对于“明知”是否包含应当知道这一内涵，存在不同的观点。有的观点认为“明知”涵盖了应当知道的意思，认为明知是一种应然状态，从行为人的主体、身份特征以及阻断原因等角度对其进行是否应当知道的判断。就“应当知道”这一内涵而言，有学者认为应当将这种主观内容进行客观化，具体而言可从两种思路来予以理解。第一种是从过去式的角度来判断行为人是否符合“应当是知道的”这一状态。这一观点主要强调从证据本身出发，结合相关案件事实，综合判断行为主体是否属于“应当知道”的情况。第二种则是从行为义务的角度来判断行为人是否符合“应当去知道”的标准，这是一种推定的明知。毒品罪的成立一般都是以“明知”为前提。《办理毒品犯罪案件适用法律若干问题的意见》第 2 条规定当执法人员在有关的检查站检查时，要求行为人申报为他人携带的物品和其他疑似毒品物，并告知其法律责任，而行为人未如实申报的，若其不能作出合理的解释，可以认定其“应当知道”。根据该规定可以明确，在给予行为主体充分解释空间的前提下，如果其不能够排除其不明知的合理怀疑，那么就可以推定其明知。②

有的观点则认为，应当知道表明行为人事实上并不知道，这是它的逻辑前提，其不应成为“明知”所涵盖的含义。③ 如有学者指出：“应当知道”表明行为人事实上并不知道，而“明知”表明行为人事实上已经知道，故“应当知道”不属于“明知”。如学者所言：“不能将应当知道解释为明知的表现形式，应当知道就是不知，不知岂能是明知。”④ 基于此对于应当知道这一内涵，便需要结合具体的案件情况以及相关条文进行分析理解，避免过于扩张或限缩了“明知”的内涵。

① 参见钟朝阳：《刑法中的“可能明知”》，载《四川大学学报（哲学社会科学版）》2016 年第 4 期。

② 参见周光权：《明知与刑事推定》，载《现代法学》2009 年第 2 期。

③ 参见王新：《我国刑法中“明知”的含义和认定——基于刑事立法和司法解释的分析》，载《法制与社会发展》2013 年第 1 期。

④ 参见陈兴良：《“应当知道”的刑法界说》，载《法学》2005 年第 7 期。

三、帮信罪中不同类型“明知”的司法认定

从理论上讲，明知的认定是一种事实推论的方法。所谓事实推论，是指以案件的各间接证据为基础，通过推理而获得最终事实结论的过程。其所强调的是基于事实问题而形成的自由心证的推理过程。具体到帮信罪的“明知”领域中即推论者在缺乏直接证据的情况下，以所获得的充分的且被接受的间接证据所证明的基础性事实为依据，在以一种经验、逻辑为联结的前提条件下，所引申推理出的具有相当可信度但也可能被反驳的一个最佳的确定主体是否“明知他人利用信息网络实施犯罪”的事实结论。[①] 再具体而言，推论涉及的根本方法，即一种寻求最佳解释的推理。这是指在进行事实推论的过程中，基于间接证据所印证的基础事实进行推论事实的确定时，需要在各种潜在解释中获得一个最合理的解释以能够排除其他的解释，从而使最终结论包含了相当程度的信息量并达到了最佳状态下的合理性和可接受性。[②] 最佳解释推理在法律事实认定中的正当性已有学者论述。[③] 概言之，法律领域中的最佳解释是基于证据印证基础之上的事实推论。或者说，认定“明知”就是基于证据寻找关于犯罪嫌疑人、被告人是否“明知”的“最佳解释”。基于“明知”不同类型的理解，其在帮信罪领域的司法认定操作方式也得以类型化。

（一）偶发行为与明确知道构成明知

偶发行为是指偶然发生的行为，与惯常行为、习惯等经常从事的行为相对应。当帮信犯罪嫌疑人只是偶尔实施了一次或者几次涉嫌犯罪的行为时，若要推断“明知”，则需要以其明确知道行为性质或者内容为要件。

偶发行为的基本特征在于：其一，零散性。偶发行为在时间轨迹上呈现零散的状态，该状态下一方面难以产生足够引人怀疑的异常表象，另一方面也难以总结出行为是否涉及违法犯罪的一般特征。其二，特殊性。偶发行为的“偶”系指“偶然”，而之所以“偶然”的原因就在于其区别于行为人的一般习惯，行为产生的原因、行为本身以及行为所欲达到的目的均具有特殊性。其三，个别性。偶发行为总是以单个行为呈现，该特征表明对偶发行为的评价区别于对多次行为的评价，后者通常会将多次发生的行为作为整体进行综合评价，而对偶发行为的评价通常都集中于该个别行为事实本身。

---

① 参见龙宗智：《推定的界限及适用》，载《法学研究》2008 年第 1 期。

② 参见罗维鹏：《印证与最佳解释推理——刑事证明模式的多元发展》，载《法学家》2017 年第 5 期。

③ 参加罗维鹏：《印证、最佳解释推理与争议事实证明方法——兼与周洪波教授商榷》，载《法学家》2021 年第 2 期。

上述最佳解释推理成立的前提，即一般难以根据行为人的偶发行为就确定其具有犯罪故意。偶发行为的上述特征导致其难以达到多次行为所引起的怀疑程度。基于此引入的关于行为人明确知道行为性质的相关证据有着极为重要的奠定推理的作用，该部分作为三段论中的小前提补足了“偶发行为”导致的未达到的合理怀疑的程度，使行为人“明知”的结论达到了最佳的合理、可接受程度。具体在帮信罪中，即犯罪嫌疑人偶尔提供网络技术支持、广告推广或支付结算、提供两卡的行为并不能达到相当程度的“明知”标准，但若在此基础上引入犯罪嫌疑人明确知道其行为性质的证据，那么二者相结合得出犯罪嫌疑人“明知”的结论便具有科学合理性。

在何某某、吴某某帮信案①中，何某某于2020年12月至2021年5月在出租房内，明知他人利用信息网络实施犯罪活动，使用本人7张银行卡按照对方指令进行资金的支付结算并从中获利共计人民币3万余元；吴某某则使用本人6张银行卡按照对方指令进行资金的支付结算并从中获利共计人民币1万余元。公诉机关提交了接处警登记表、受案登记表、立案决定书、归案情况说明、银行卡交易明细等书证，手机、笔记本、银行卡、联想牌电脑笔记本等物证；被告人何某某、吴某某的供述与辩解及自述材料，电子数据检查笔录，房屋搜查视频、车辆搜查视频、指认视频、讯问视频等证据。法院认为被告人何某某、吴某某明知他人利用信息网络实施犯罪，仍为其犯罪提供支付结算等帮助，情节严重，其行为构成帮助信息网络犯罪活动罪，公诉机关指控成立；考虑其到案后能够如实供述自己的犯罪事实，认罪认罚，具有坦白情节，依法可以对其从轻处罚。从该案可以看出，尽管被告人的帮信行为未持续较长时间，属于与被告人惯常行为、习惯相对的偶发类行为，但由于被告人明确知道自己所实施行为的性质，法院最终认定其“明知”，并结合证据定罪量刑。

（二）难以说明确实不知道构成知道

当难以说明行为人确实不知道，可以推断其“知道”。该最佳解释推理建立在相关证据基础上，当相关证据显示出行为人不能够排除自己不知道的合理怀疑时，最佳的假说即保留对行为人的合理怀疑，系因此时行为人不可能不知道的可能性很小，所以据此可以推断其知道自己所实施的行为性质。该推理实际上给予了行为人一定程度辩解的空间，行为人可以提出自己对行为性质“不知道”的辩解，但如果其不能提供确实、充分的依据来支撑自己的辩解，那么其就会承担于己不利的责任。

实际上“知道”相较于“明知”而言，更趋向于一种缓和的主观状态，

---

① 参见新疆维吾尔自治区霍尔果斯市人民法院（2022）新4004刑初14号刑事判决书。

其更强调一种高度盖然性。因此，该最佳解释推理的结论即“推断知道”，能在很大程度增加裁判者认定主观状态的可能。在帮信罪中，犯罪嫌疑人的供述对于案件事实的认定有重要影响，若其难以说明自己确实不知道实施的行为是帮信行为，实际上是一种自愿陷入风险的消极防御行为，在此场景下推断其“知道”实施的行为具有帮信性质系最佳解释。

在张某某、陈某某等帮助信息网络犯活动案[①]中，法院认为：上诉人张某某在侦查、审查起诉及原审法院审理期间对明知他人利用信息网络实施犯罪仍接受其母亲的安排提供银行账户转移赃款并收取固定的好处费的犯罪事实均有过明确供述，现否认其主观明知，又缺乏其他证据印证，不予采信。在该案中，上诉人无法说明其确实不知道实施的行为是帮信性质，其否认明知的主张也缺乏证据支撑，结合全案的证据，法院综合判断对其否认明知的主张不予采信系一种最佳解释。

（三）多次行为与大概知道构成应当知道

当行为人实施了多次行为，如果其大概知道行为的性质或者知道行为的大概内容，即可以推断其“应当知道”。关于该最佳解释推理中所提“多次行为”，可以有以下特征：第一，高频性。多次行为在时间轨迹上具有明显的高频发生率，此种频繁的迹象通常会显示出引人怀疑的表象。第二，习惯性。习惯性表明行为人对于该行为的基本内容已经相对熟悉，其知晓行为性质的可能性也较大。同时由于习惯性趋势，多次行为通常会具有较为明显的相同性或类似性。第三，整体性。同类别的行为多次发生，在进行认定时多将其作为整体予以综合考量，系因此种现象具有足以引起怀疑的基本表象，并且将其作为整体予以评价能够充分考虑到行为本身和主观状态方面的内容，更符合经验常理。

基于上述性质可以明确一基本理据，即行为人实施了多次行为的现象显示出其对行为有基本认知的可能性较大。在此基础上，若存在能够证明行为人大概知道其行为性质的证据，可以认为从过去式的角度来看，行为人对其行为性质的认知属于“应该是知道的”这样一种状态。“应当知道”相较于“明知”与“知道”而言，要求具有明确主观认知的程度相对降低，该推论涵盖真实情况的可能性也达到最佳状态。帮信罪中若从过去式的角度确定犯罪嫌疑人在整个过程中实施了多次行为，且其对于自己的行为性质存在“大概知道”的主观心理状态，那么就其整体行为和心理而言，已然构成“应当知道”。

---

① 参见上海市第二中级人民法院（2020）沪02刑终1125号刑事判决书。

常某某帮助信息网络犯罪活动案中[①]，被告人常某某所卖出去的银行卡被犯罪分子转账金额总计20583024元。法院认为，被告人常某某频繁出卖自己是银行卡的行为属交易异常，可视为明知。该案中，被告人的行为频繁发生，属于多次行为的范畴，作为一名成年人其对于高额的转账金额和异常的交易行为应当有基本的认知，基于此可以认定其"应当知道"自己实施了帮信行为。

上述三种在帮信罪领域中关于"明知"的最佳解释结论均系根据有关证据结合推理所形成的关于证据事实的认定，而证据事实与客观事实难以等同，该结论可能会因为概率、证伪等方面的因素而被推翻。不论是哪一种反驳，如果其存在确实充分的支撑依据，导致最佳解释结论无法达到排除合理怀疑的标准，那么该结论可以被推翻或重新推断。

四、结语

帮信罪中的"明知"系犯罪主观要件的基本内容，系认定犯罪事实的重要方面，但其认定呈现出现实困境。从证据的角度来看，关于帮信罪案件的直接证据和间接证据均十分匮乏，建立在证据基础上的印证模式也难以发挥出最佳效益。从证明角度来看，帮信罪案件难以达到能够排除合理怀疑的证明标准。在此现状下，不能将"明知"的范围界定得过于狭隘，需要考虑拓宽关于"明知"的理解思路，即从"明确知道""知道"以及"应当知道"这几个层面来与帮信罪中"明知"的实践问题予以结合考虑，进而思考帮信罪中"明知"不同类型的认定方法。要使"明知"这种主观事实的认定能够更高效高质，需要在当前印证基础模式上探寻"明知"的最佳解释推理。本文以三段论式的推断模式为基础，结合涉及帮信罪中"明知"认定类事实中行为人实施行为的具体情况及证据，探寻了不同类型"明知"的最佳解释结论。未来仍需要对帮信罪中"明知"的认定方式进行更深层次的探究，以寻得合适的发展完善路径。

---

① 参见河南省郸城县人民法院（2020）豫1625刑初651号刑事判决书。

大数据时代网络犯罪定量证明机制之反思与进路

黄淘涛[*] 郎 蕊[**] 王端端[***]

近年来，随着互联网技术飞速发展，网络犯罪日益增长，并跟随技术迭代、网络发展而升级变异，呈高发态势，尤其是电信网络诈骗、侵犯公民个人信息和帮助信息网络犯罪活动案件最为典型。

相较于传统犯罪，网络犯罪在开放的虚拟空间中实施犯罪技术行为，成本低廉，实施便捷，受害者人数众多并且分散，呈现出技术性、跨地域性、隐蔽性等特点，证明难度更大。① 与网络犯罪相关的司法解释和实践中，不断出现以人数、次数、点击数、浏览数等数量证据作为网络犯罪定罪或者量刑的依据，如互联网上发布诈骗信息的页面累计浏览量、DDOS 攻击的靶目标数、网络谣言转发的实际数量等。这些数量的认定关系到罪与非罪、轻罪与重罪的区分，尤为重要。因此，在大数据时代，对于网络犯罪定量证明机制的研究，成为当下司法实践的一项重要任务。

一、网络犯罪定量证明的困境

我国目前对于网络犯罪的认定，依然采用的是将罪量作为犯罪构成要件的立法方式，这与传统犯罪采取的“定性 + 定量”模式没有实质性区别。罪量，是指在具备犯罪构成本体要件的前提下，表明行为的法益侵犯程度的数量要件。② 传统犯罪的罪量主要规范的是犯罪数额，在以数额较大作为罪量要素的情况下，没有达到数额较大的标准就不构成犯罪，具体包括违法所得数额、违

---

* 北京同盾科技有限公司同盾法律研究院高级研究员（曾任北京市大兴区人民法院刑庭副庭长）。

** 天津市红桥区人民法院综合审判庭审判员。

*** 上海市浦东新区人民检察院检察官。

① 参见刘品新：《网络犯罪证明简化论》，载《中国刑事法杂志》2017 年第 6 期。

② 陈兴良：《规范刑法学》（教学版），中国人民大学出版社 2018 年版，第 91 页。

法经营数额以及特定数额等。大数据时代下，网络犯罪的罪量较之传统犯罪，从数额形态逐步扩大到以网络为载体的海量的数据形态。根据相关司法解释，常见的罪量包括“点击数”“页面浏览数”“转发数”“注册会员数”“身份认证信息组数”“公民个人信息条数”等。[①] 但在网络犯罪中，由于互联网虚拟空间的无边界性、网络技术手段的便捷性、犯罪对象的海量性，侦查机关难以逐一收集与案件相关的证据。按照传统的刑事证明机制，证据之间在客观上难以实现一一印证，海量证据的证明成为司法实践中的难题，导致网络犯罪中关于定量事实的证明陷入困境。司法实践中，数据量的计算结果往往对于案件的定罪与否、量刑轻重具有关键意义，但是常常因为这些罪量的犯罪事实的真实性，遭到被告人及辩护人的质疑。例如，在电信网络诈骗案中，公诉机关指控的犯罪数额经常会受到被告方质疑；又如在侵犯公民个人信息案中，公诉机关指控的被侵犯的公民个人信息数量及真实性也会遭到被告方质疑；还如帮助信息网络犯罪活动罪（以下简称帮信罪）中实际被点击数中的真实性和重复性也会遭到质疑。犯罪数量的证明难题直接影响了网络犯罪的惩处率。[②] 在大数据时代，如何有效证明网络犯罪达到了法定的罪量要素？也就是说，网络犯罪定量证明是否有行之有效的司法标准？这个问题值得深入研究和探索。

理论界对于网络犯罪定量证明问题展开了探讨，主要围绕简化证明展开，提出了底线证明、等约计量等方法。[③] 虽然这些理论探讨为该问题研究奠定了基础，但也有质疑其违背刑事证明基本法理之嫌。同样，相关司法解释与规范近年来陆续出台，要求对犯罪数额等进行综合认定。但是，由于规定模糊，对于说明合法来源、有证据证明等属于何种责任，需要证明到何种程度，在司法实践中又引发了新的证明难题。

本文通过对司法实践的观察，深入探讨网络犯罪定量证明机制，并对司法解释中的规范进行厘清，期冀构建适用于大数据时代下的网络犯罪刑事证明机制。

二、实践聚焦：网络犯罪中罪量要素证据的证明方式梳理

根据我国现行的法律法规及司法解释等规定，我国在设置网络犯罪的入罪

---

① 参见王燃：《大数据时代海量数据的多元化证明机制研究》，载《中国刑事法杂志》2022 年第 3 期。

② 参见高艳东：《网络犯罪定量证明标准的优化路径：从印证论到综合认定论》，载《中国刑事法杂志》2019 年第 1 期。

③ 罗猛、邓超：《从精确计量到等约计量：犯罪对象海量化下数额认定的困境及因应》，载《预防青少年犯罪研究》2016 年第 2 期。

条件时，既有传统犯罪中的违法所得或者犯罪所得、造成损失大小、非法经营数额等情节，更多的是大数据时代下网络环境中独有的实际点击数、不法文档数、注册会员数、跟帖数量等指标。这些证据有两个特点：一方面，这些数据证据因其依托的网络环境而形成，其载体形式为电子数据；另一方面，由于网络本身就有不同于传统犯罪的强大的聚合效应，加之虚拟空间的无边界性、网络技术手段的便捷性等原因，网络犯罪的对象量级动辄上千万，即网络犯罪对象的海量化造就了网络证据呈现海量化特征。虽然我国的网络犯罪司法解释规定的标准，通常将门槛限定在500、5000、1万等，但在司法实践中查处的数据往往成千上万。如2017年最高人民检察院发布的六起侵犯公民个人信息典型案例中，作为证据的个人信息分别达到了“30余万条”“18余万条”“10万条”等。[①]

关于海量的电子数据的证明问题，这些年来成为司法理论和实务界不断探索的热点及难点。因为传统诉讼中主流证明模式是印证证明，是指两个以上的证据在所包含的事实信息方面发生了完全重合或部分交叉，使得一个证据的真实性得到了其他证据的验证。[②] 若网络犯罪的证明模式沿用传统的印证证明模式，那么在办理此类案件时，所涉案的每一条个人信息都与受害者核实、每一个赌博账号及资金流水都要向参赌人员核实、每一个淫秽视频点击数都应该找到线下观看、下载人员核实。然而，网络犯罪对象的海量性与证明资源的有限性互相矛盾，让网络犯罪中的海量的罪量证据无法通过传统的印证方法逐一核实，以确保由此认定的犯罪事实的真实性。随着网络犯罪案件数量与日俱增，关于网络犯罪罪量证据的证明模式探索一直存在。

（一）针对海量数据真实性的抽样取证方法

抽样原本是统计学的一种方法。抽样调查，是指从研究对象的整体中选出一部分代表加以调查研究，然后用所得结果推论和说明总体的特征。[③] 当网络犯罪案件刚涌现之际，因犯罪对象数量的激增难以证明之时，作为应激反应，司法办案人员采取抽样取证的方式对海量的罪量证据的真实性加以证明。所谓抽样取证，是指办案人员依据科学的办法，从较大数量的物品中提取具有代表性的一定量的物品作为样本证据，并据此证明全体物品属性的证明方法。[④] 与传统取证方法不同的是，传统方法强调对有证明价值的全部材料进行提取，而

---

① 参见《侵犯公民个人信息犯罪典型案例》，载最高人民检察院网，http：//www.spp.gov.cn/zdgz/t20170517_190812.shtml，2023年3月28日访问。

② 陈瑞华：《刑事证据法》，北京大学出版社2018年版，第156页。

③ 袁方主编：《社会研究方法教程》，北京大学出版社1997年版，第148页。

④ 万毅、纵博：《论刑事诉讼中的抽样取证》，载《江苏行政学院学报》2014年第4期。

抽样取证时依据统计学规律只对部分具有代表性的材料进行提取。在证明方法上，传统方法以其提取的物品作为证据直接证明待证事实，而抽样取证则是以抽取的部分样本作为代表性例证进行确认，从而推导出待证事实。抽样取证方法得出的结论，是建立在科学的抽样统计学原理之上的。

司法实务中，采用上述的随机抽样方式确定案件待证的海量证据的案件不少。如笔者曾经审理过的侵犯公民个人信息的多起案件中，被告人获取他人信息的条数都在百万条以上，被告人或辩护人针对涉案的个人信息是否全部真实提出了辩解，公诉人解释称随机抽样部分信息并进行了核验，确实真实有效，因此指控的犯罪数量真实有效，法庭最后也对指控的犯罪事实进行了确认。

司法实践中采用的抽样取证方式，虽在一定程度上缓解海量证据的证明难题，但抽样方法的适用存在一定乱象，突出体现为样本选择的随意性，尤其是侦查人员大都不具备专业的统计学知识，随机抽样很容易演化为随意抽样。统计学意义上的抽样取证，看似具有随机性，但一般来说应满足以下要求：一是抽样取证应有特定抽样比例，抽样数量应达到技术规程要求；二是抽样对象应具有同质性，因为同质性是确定统计总体的基本标准。网络犯罪中，要想对海量数据实现科学的抽样取证，必须解决上述两个问题，这不仅需要法学理论的发展，也需要技术规范的支撑。但就目前而言，电子数据因其前述的固有特征，很难保证抽样对象的同质性。同时，由于电子数据本身就具有信息分散性的特征，在收集的过程中难免会出现是否完整的认定问题，毕竟证据的收集要做到全面无遗漏，而不是选择性地收集或是部分收集，这就使得抽样取证的范围难以划定。① 因此，抽样取证方法适用范围较为有限，在解决个人信息、会员账号等数据方面具有一定作用，但不能推而广之，对于动态变化的数据如浏览数、点击数等罪量要素就难以适用，否则很难消除民众对该种证明方式的质疑。

（二）针对犯罪事实认定的等约计量与底线证明方式

随着网络犯罪日益增多，面对海量的犯罪对象时犯罪数额难以认定、难以计量，无法像传统犯罪中采用人工方法直接计算，因此有观点建议，采用等约计量模式替代精确计量模式，进而实现对法益侵害的适当评价。

等约计量，字面上讲就是大约等于的意思，实践中就是按照大约等于的方式，对网络犯罪中的数额加以计量。② 这种方式源于对事物认识的模糊性和客

① 樊崇义、李思远：《论我国刑事诉讼电子证据规则》，载《证据科学》2015 年第 5 期。

② 王志刚、刘思卓：《论网络犯罪证明中的数额认定方法》，载《重庆邮电大学学报（社会科学版）》2020 年第 2 期。

观事物的不确定性。虽然模糊事物没有绝对的界限，但是具有相对的标准和界限，并形成一定的分布和规律，从而具有一定的客观性。① 司法实践中已有按照等约计量的方式对海量化罪量证据进行估堆式计量，如在扰乱无线电管理秩序的案件中，伪基站发送的短信数量，往往难以具体测算，其在鉴定中所得出的大约数量就是“等约方式”运用的结果。② 这种等约计量证明方式，按照大约等于的方式对于犯罪数额进行计量，明显违背了证据法的原则要求。我国证据法的基本原则之一是实事求是，即无论是发现提取证据还是评断使用证据，基本宗旨都是要从案件的客观实际出发，对案件中的争议事实作出正确充分的认定③，因此，等约计量模式有违法之嫌疑，实践中也不能推广适用。

我国现行关于网络犯罪的立法普遍采取以数量/数额指标作为入罪或者加重处罚的标准，办案人员必须在证明作为底线的数额或者数量指标方面达到“事实清楚，证据确实、充分”的要求，至于其在大程度上超过了作为底线的数额或者数量指标，则只需要进行概要性的证明或展示。④ 通俗地讲，对于网络犯罪罪量的证明分成两步走：在行为人的行为只够入罪标准的前提下，查明入罪的数额或者数量即可；在行为人达到加重处罚的条件时，超过的部分能够用现有技术统计就精确统计，不能则只需要概括证明。该证明方式虽简便易行，但仍无法实质性解决海量数据证明难题，对网络犯罪案件的数据规模有一定要求，并非所有案件均能适用。尤其是有学者指出，我国网络犯罪具有小额多笔的特征，该方案无法解决这类特有的问题。⑤

（三）司法解释规定的“推定证明”和“综合认定”

近年来，我国司法解释对于网络犯罪的罪量要素证明方式也进行了不断探索。因为犯罪对象的海量化导致罪量证据的海量化，公诉机关的指控难以达到传统刑事证明机制要求的标准，网络犯罪中罪量证据的证明已经成为传统刑事证明机制“不能承受之重”，逐渐使得相关规定在司法适用过程中朝着有利于司法实务的方向发展和解释，主要表现为推定证明和综合认定两种证明模式。

1. 推定证明

推定证明是一种非证据证明方式，是证明困境下的替代性证明方法。其逻

---

① 李群：《不确定性数学方法研究及其在经济管理中的应用》，大连理工大学2002年博士论文，第12页。

② 参见张平寿：《网络犯罪计量对象海量化的刑事规制》，载《政治与法律》2020年第1期。

③ 何家弘、刘品新：《证据法学》，法律出版社2011年第4版，第82页。

④ 参见刘品新：《网络犯罪证明简化论》，载《中国刑事法杂志》2017年第6期。

⑤ 参见高艳东：《网络犯罪定量证明标准的优化路径：从印证论到中和认定》，载《中国刑事法杂志》2019年第1期。

辑是根据“基础事实A”直接认定“基础事实B”，而省去了从A到B的中间推理环节。例如，最高人民法院、最高人民检察院《关于办理侵犯公民个人信息刑事案件适用法律若干问题的解释》第11条规定，对批量公民个人信息的条数，根据查获的数量直接认定，但有证据证明信息不真实或者重复的除外。又如，《关于办理电信网络诈骗等刑事案件适用法律若干问题的意见》第七部分规定，在检察机关提出证据证明账户内的资金属于诈骗所得以后，被告方对账户的资金来源合法负有说明的义务，如果不能说明，法院将根据检察机关的指控认定诈骗金额，予以追缴。上述规定均是一种推定证明方式，基础事实是直接查获的公民个人信息条数或者被查获的账户中的资金，推定事实是信息条数为真或者查获账户中的资金均为诈骗金额。需要注意的是，推定的事实是可以被推翻的，只要有证据证明信息不真实或重复，或者被告方说明资金来源合法，若无上述反证，推定事实则成立。司法解释将举证责任分配给辩方，数据/数量方面的反证任务由辩方承担。该种方式大为减轻了控方证明责任，将反证的证明义务转嫁给辩方，但在司法实践中，辩方几乎不具备相应的专业技术能力来证明数据的不实，即使有成功的案例，也是凤毛麟角①，或者加大了辩方对于资金来源合法的说明义务，这就无形中增加了辩方的证明责任。

2. 综合认定

为解决海量证据证明难的困境，司法机关简化了刑事案件的证明方法，采用综合认定证明方式。2014年最高人民法院、最高人民检察院、公安部联合出台《关于办理非法集资刑事案件适用法律若干问题的意见》，首次确立了综合认定的证明方法，针对不确定性多数集资参与人无法逐一收集证据的问题，通过综合认定的方式，确定非法集资对象人数和吸收资金数额等犯罪事实。自此之后，综合认定便在解决定量难的问题上逐步成为主角。2016年最高人民法院、最高人民检察院、公安部《关于办理电信网络诈骗等刑事案件适用法律若干问题的意见》、2021年《人民检察院办理网络犯罪案件规定》等都将

① 参见王某琼等人侵犯公民个人信息案，辽宁省沈阳市经济开发区人民法院（2018）辽0191刑初418号刑事判决书。此案中，公诉机关指控被告人非法获取公民个人信息21万余条；辩方提出了质疑，通过随机抽样的方式进行实验，证实公诉机关存在重复计算的情况；法院认可辩方的实验，对重复和无效信息进行了扣除。

“综合认定”写入规范。①

综合认定本质上仍然是一种印证的证明方式，即根据言词证据、电子数据及书证等证据进行概括印证，而非罪量要素的逐一印证。根据“两高”发布的指导性案例，综合认定的运用多为理想的状态，然而在司法实践中，因案情复杂，证据收集情况各不相同，综合认定的运用缺乏统一性，甚至降格适用，或者笼统印证。例如，有的判决理解为“基本事实清楚和基本证据确凿”，有的判决理解为“根据核实的部分案件事实推论出全部案件事实”，这些做法无形中通过降低证明标准，减轻公诉机关的指控负担，进而降低了刑事证明标准。②

由上可知，当前网络犯罪中关于罪量要素的证明机制，主要是将部分证明责任转移给被告方，降低公诉机关的证明标准，整体呈现宽松化的证明趋势，这主要是为了满足司法实践有力打击网络犯罪的目标，具有浓厚的实用主义特征。也可以说，当前我国网络犯罪的罪量要素证明机制，是针对严厉打击网络犯罪的需求从而进行的被动回应。从短期来看，这种宽松化的证明机制确实给司法实务带来了便利，成本也较小，但是长期来看，可能会侵蚀刑事证明的基本法理，使得刑事证明机制异化为网络犯罪的打击工具。

三、路径探索：网络犯罪定量证明的体系化应对模式

网络犯罪遭遇司法证明难题，这是新时代新问题和旧体制旧观念的冲突所致，如何解决这个证明难题？本文从理念和司法实践两个层面着手，探索目前国际上的通用做法，并在大数据时代下提出中国特色的网络犯罪罪量要素证明机制的解决方案。

（一）解决网络犯罪证明难题，需要观念与机制的转变

一方面需要转变观念，在大新时代推动大变革的背景下，重点要打破以传

---

① 参见2016年最高人民法院、最高人民检察院、公安部《关于办理电信网络诈骗等刑事案件适用法律若干问题的意见》规定，在电信网络诈骗案件中，可根据经查证属实的日拨打人次数、日发送信息条数，结合犯罪嫌疑人、被告人实施犯罪的时间及犯罪嫌疑人、被告人的供述等相关证据，综合认定拨打电话次数、发送信息条数；可以结合已收集的被害人陈述，以及经查证属实的银行账户交易记录、第三方支付结算账户交易记录、通话记录、电子数据等证据，综合认定被害人人数及诈骗资金数额等犯罪事实。又参见2021年《人民检察院办理网络犯罪案件规定》第21条规定，人民检察院办理网络犯罪案件，确因客观条件限制无法逐一收集相关言词证据的，可以根据记录被害人人数、被侵害的计算机信息系统数量、涉案资金数额等犯罪事实的电子数据、书证等证据材料，在审查被告人及其辩护人所提辩解、辩护意见的基础上，综合全案证据材料，对相关犯罪事实作出认定。

② 参见亢晶晶：《网络犯罪中犯罪数额证明机制的反思及其优化》，载《华东政法大学学报》2023年第1期。

统办案方式打击网络犯罪的思维定式，实现三个转变：一是由传统的精确思维向互联网思维、大数据思维的转变；二是由孤立思维向系统思维的转变：三是由经验思维向科学思维的转变。① 另一方面需要转变机制，创立一套适应于网络犯罪的证明体系。这落脚于网络犯罪法律制度建设中，构建出一系列有针对性的简化证明规则。未来，我国网络犯罪治理的法治大厦，在证明机制部分应当从零散式的对策设计跨越为体系化的制度建设。

（二）国际通行的网络犯罪证明规则及模式分析

证据历来是稀缺的司法资源，因此在诉讼活动中，为降低证明难度，各国通常允许有条件地采取一系列替代性方案来完成证明任务。在网络时代，虽然很多行为都会在网上留痕，但是用以证明网络犯罪的电子数据因其自身特性或采集难度，同样处于短缺状态。国际上通行的做法是消减证明负担和容许非证据证明两类。

1. 消减证明负担原则

消减证明负担，指的是在一定情形下，将控方的证明责任通过某些方式进行消减。一般来说，包括法律扩张解释、证明责任转移、证明标准降低等方法。

一是扩张解释。在日益发展的网络时代，刑事法律面临着跟不上时代的僵化危险，证明困难也会日益凸显。在合理范围内，对刑事法律条款作出必要的扩张解释，可以减轻控方的举证诉累。通常采用的方式为，将对甲要件的证明变更为较为易证的乙要件或者准甲要件的证明，在证据上视为等值。二是证明责任转移。刑事诉讼中，指控被告人有罪的责任通常是在控方，证明责任的转移，是将应由控方承担的部分证明责任通过立法规制或司法裁量的方式转移给被告人或辩方。三是证明标准降低。通常情况下，刑事诉讼的证明标准最高，为排除合理性怀疑的标准，民事和行政诉讼的证明标准较低，为高度盖然性的标准。②

2. 容许非证据证明原则

非证据证明，也就是说在刑事诉讼中，无须根据证据便直接认定的事实。这就需要一整套推定的机制和规则，用以基础事实推出法律事实。在传统犯罪中，推定一般有四种方式：政策、获得证据能力的权衡、程序性便利和盖然性的权衡。③ 通过推定的方式认定事实，不再需要对特定难以证明的犯罪构成要

① 参见吴大兵：《当前阔大我国农民有序政治参与研究》，西南大学2006年硕士论文。

② 王晓阳：《论证明责任的分配》，山东大学2006年硕士论文。

③ 劳东燕：《认真对该刑事推定》，载《法学研究》2007年第2期。

件进行证明，而是通过证明相对容易的其他基础事实，借助法律规定、逻辑法则、经验法则等认定推定事实成立。[①] 大多数情况下，案件的基础事实为客观行为或状态，司法机关能够获取到相对多的证据，这便有利于犯罪事实的证明。

传统的推定也可以被拓展到网络犯罪证明中来，在网络犯罪证明体系中设立推定规则是符合逻辑的，具有必要性，这既是网络犯罪证明的特殊要求，也是保障补强证据规则落地的重要环节。

（三）建立我国特色的网络犯罪证明规则

本质上探究，网络犯罪中的罪量要素证明难题，是跟网络技术的发展密不可分的。为有效化解证明难题，在大数据时代下，有必要融入大数据元素的刑事证明机制，从而应对技术的运用对传统刑事证明机制带来的挑战。[②] 一方面，应该充分发挥大数据证据的实质作用；另一方面，对传统刑事证明机制中的相应内容进行调整，尤其是针对证明责任分配和证明标准的理解作出新的阐释，赋予综合认定证明机制新的内涵与要求。

1. 发挥大数据证据的实质作用

大数据证据，是指侦查机关运用大数据技术获取的以海量电子数据凝练的规律性认识发挥证明作用的证据材料。[③] 网络犯罪活动中产生的大数据证据，难以凭借人类经验进行分析和处理，因而这类证据呈现以海量证据为基础、以智能算法为核心、以自主判断为表征的特点。[④] 它目前并不是法定证据种类之一，学者们对于大数据证据的定位也尚未达成共识。从当前的司法实践来看，将大数据证据转化为传统证据形式是司法实践中较为普遍的做法，如转化为电子数据、勘验检查笔录、鉴定意见等形式使用。上述做法也只是对大数据证据在当下刑事审判活动中使用的权宜之计。随着人工智能不断发展，大数据时代背景下，大数据证据的产生与运用必将推动科学法则在网络犯罪事实证明中发挥积极作用。

（1）大数据证据的类型区分。从服务刑事审判证明机制的角度，以数据的描述对象及生成机制作为区分标准，可以将大数据证据分成静态证据和动态证据。静态数据是以描述某种静态客体为主的数据，每条数据对应物理空间的某个客体，包括个人信息数据、身份认证信息数据、注册会员数等身份类数

---

① 孙远：《论事实推定》，载《证据科学期刊》2013 年第 6 期。

② 参见［美］米尔吉安·R. 达马斯卡：《漂移的证据法》，李学军等译，中国政法大学出版社 2003 年版，第 200 页。

③ 参见刘品新：《论大数据证据》，载《环球法律评论》2019 年第 1 期。

④ 卫晨曙：《论刑事审判中大数据证据的审查》，载《安徽大学学报（哲学社会科学版）》2022 年第 2 期。

据，以及音视频数据、广告条数等作品类数据；生成机制上，该类数据一般由相关人员填写或上传产生，证明事项上涉及对信息的条数、作品的数量进行计数。动态数据则是以描述动态行为为主的数据，每条数据对应物理空间某个行为，如浏览数、点击数等，生成机制上涉及对行为次数的累积计算。

（2）大数据证据的审查认定。大数据证据建立在大数据技术运用的基础之上，其目的是服务于犯罪事实的认定，本质上仍然属于法庭认定案件事实的根据，那么在使用大数据证据的时候，也需要对其进行审查。如何对大数据证据进行审查？

第一，大数据证据的鉴真。鉴真是指证据提出者必须用证据充分证明所提出的特定证据确实是其所主张的证据。[①] 鉴真不仅是对实物证据真实性进行鉴别，同时也能保证实物证据的相关性。[②] 作为电子数据的鉴真，一方面需要审查其物理存储介质，如计算机、手机、硬盘等智能终端，另一方面还需要审查能够使电子数据以证据事实的形式为人感知的载体，如声音、图像、代码等主要媒介，因此，有学者将其称为电子数据的双重鉴真模式。[③]

第二，大数据证据的可靠性评估。大数据证据由源代码生成，因此，源代码是主导大数据证据生成的核心因素，直接决定了证据的可靠性。充分理解计算机程序唯一途径就是阅读程序的源代码，因此，对大数据进行可靠性评估的前提是对源代码进行审查。

第三，大数据证据的质证。最高人民法院《关于适用〈中华人民共和国刑事诉讼法〉的解释》第 71 条规定："证据未经当庭出示、辨认、质证等法庭调查程序查证属实，不得作为定案的根据。"在庭上对大数据证据进行质证时，除了对证据自身鉴真之外，针对电子数据所证明的内容，也需要质证。

静态证据的质证主要审查是否如实反映了客体的真实情况，身份类数据侧重于审查数据是否重复及有效，而作品类数据侧重于对混杂性信息的排除。动态证据的质证主要审查数据背后是否对应物理空间真实的、具备刑法评价意义的实质行为，排除机器或者人为重复或造假行为所产生的虚假行为数据。有些动态证据包含算法在内，呈现在法庭之上的并非原始数据，而是经过算法分析之后产生的结论证据，那么对其质证还需引入源代码质证、适用专家辅助人制度，从而确认数据证据的来源以及数据的具体分析方法等事实。

---

① 参见刘品新：《论大数据证据》，载《环球法律评论》2019 年第 1 期。

② 参见陈瑞华：《实物证据的鉴真问题》，载《法学研究》2011 年第 5 期。

③ 参见刘译矾：《论电子数据的双重鉴真》，载《当代法学》2018 年第 3 期。

2. 确定被告方协同查清犯罪事实的义务，而非让其承担公诉机关的证明责任

按照传统的刑事诉讼证明机制，公诉机关提交大数据证据作为犯罪数额的依据，当被告方提出异议时，公诉机关的指控仍然无法顺利进行，因为检察机关无法对海量证据逐一核实。由于被告方对于网络犯罪的过程更加了解，因此针对此类犯罪，无论是司法解释的规定还是司法实践的探索，都在增加被告人的举证负担，或者让其作较为详细的说明。但是，其正当性是什么？这与由被告人承担证明责任的区别在何处？如何在具体办案过程中把握两者的界限？

在民事诉讼中存在一种义务叫“事案解明义务”，是指应负举证责任的一方当事人无法具体陈述其主张或证据主题及证据方法时，不负举证责任的一方当事人负有陈述事实、提出相关证据资料或者忍受勘验的义务。[①] 其基本理念是在不改变客观证明责任分配的前提下，要求不负证明责任一方当事人在特定条件下负担更重的事实陈述和证据提出义务，即不负证明责任当事人的证据协力义务。[②] 这是一种只在例外情形下适用的义务，为的是解决民事诉讼案件中特殊案件的证明难问题。无论是民事诉讼还是刑事诉讼，共同的目标都是查清案件事实真相，因此，可以尝试将民事诉讼中的事案解明义务引入刑事诉讼中，但只是基于查清案件事实的考量而赋予被告方的举证负担，没有动摇刑事证明的基本法理，也并未违反无罪推定。[③] 具体到网络犯罪案件的证明问题上来，如何适用该义务呢？笔者认为，首先是不改变公诉机关所承担证明责任的前提下，针对网络犯罪对象的海量性特征，适度精简其指控的细节，允许指控抽象化。对于公诉机关无法举证的细节部分，需要赋予被告方事案解明的义务来协助查清事实。例如，在网络电信诈骗案件中，公诉机关首先提出账户资金属于诈骗所得，被告方若提出异议，则负有说明资金合法来源的义务，并提供相关线索，以供法庭进一步核实。若法庭对公诉机关的指控产生了怀疑，公诉机关此时还需要进一步举证，让法院对指控事实再次形成确信，否则公诉机关将承担不利后果。在侵犯公民个人信息罪、帮信罪等案件中，公诉机关首先提出证据证明涉案的信息条数等罪量要素，被告方若对指控的数量存在异议，必须进行具体化阐释，即需要提出具体的证据支持其异议，也就是反证意义上的证明责任，但是被告方并不承担客观证明责任，无须达到否定公诉机关指控的程度，只要让法庭对指控的事实产生合理怀疑即可。在此情况下，公诉机关需

① 参见姜世明：《举证责任与真实义务》，厦门大学出版社 2017 年版，第 74—75 页。

② 参见吴泽勇：《不负证明责任当事人的事案解明义务》，载《中外法学》2018 年第 5 期。

③ 参见周洪波：《证明责任分类的体制重构》，载《法制与社会发展》2020 年第 3 期。

要完成排除合理怀疑的责任，否则将承担不利后果。

3. 综合认定的明确化：经验法则适用的程序规制

大数据证据本质上属于科学证据，带有客观属性，但其中隐含的只是一种相关性，无法直接进行全案事实的认定，需要法官在认定过程中结合其他证据、运用经验法则从而认定因果关系。也就是说，通过经验法则实现对大数据证据所体现的科学法则的验证功能。① 前文中提及的有关网络犯罪的相关司法解释规定，“因客观条件限制无法逐一收集相关言词证据的，可以根据记录被害人人数、被侵害的计算机信息系统数量、涉案资金数额等犯罪事实的电子数据、书证等证据材料，在审查被告人及其辩护人所提辩解、辩护意见的基础上，综合全案证据材料，对相关犯罪事实作出认定”。这是对在案证据的综合认定的典型体现。由于未对综合认定作出具体规定和指引，司法实践中的综合认定往往表现出法官运用经验法则、综合多种证据之后的自由认定。加之法官在综合认定时较为缺乏必要的说理论证，往往以自由心证笼统概述，以至于判决结果让人质疑。② 尤其是当法官全盘认定了公诉机关指控的犯罪事实之后，有降低证明标准的质疑。为了防止法官自由心证的滥用，需要对综合认定的具体适用进行必要的引导和规制。具体可以从两方面着手。

第一，综合认定存在控辩审多方的交互过程。综合认定虽说需要通过法官的自由心证实现，但是这个过程并非一蹴而就，而要让控辩双方参与到综合认定的过程中来，促使达成程序性共识③，甚至为了查明案件事实，法官也要参与到控辩双方的认定过程中来，实现多方共同交互，让法官审案时运用的自由心证由隐藏在后台的运作转变为显露于外的司法证明活动。也可以说，这是基于交互理性，多方在沟通和协商中实现综合认定。法官在这个过程中应该占据主动地位，积极履行释明权，对控辩双方进行释明和引导，督促其都参与到事实认定过程中，积极履行举证义务，协助法官查清案件事实。

第二，综合认定需要法官在裁判文书中阐释说理。通过对现行裁判文书样本的考察可知，法官基本都是在简单列举相关证据的基础上对犯罪事实进行综合认定，形式上虽然都标榜形成了完整的证据链条，但并未详细阐释如何形成两者之间的关系。由此可见，目前刑事裁判文书的公开说理，并非真正意义上的自由心证过程的公开。裁判文书说理中最核心的部分应该是详细阐释各个证据之间的关系以及如何串联、衔接和组合完成事实的证明，详细表达证据链

---

① 参见龙宗智：《刑事证明中经验法则运用的若干问题》，载《中国刑事法杂志》2021 年第 5 期。

② 参见桂梦美：《经验法则的刑事适用模式：表述、样态与程序指引》，载《政法论坛》2021 年第 5 期。

③ 参见杨波：《刑事诉讼事实形成机理探究》，载《中国法学》2022 年第 2 期。

条，从而明确事实认定的内在结构与逻辑轨迹。[1] 由此可见，为了实现综合认定的公开阐释，法官需要公开运用经验法则推论案件事实的具体过程，包括所依据的证据清单，阐释各个证据与认定的案件事实之间的相互关系，如何排列组合证明案件的事实，以及如何根据在案具体证据认定最终的犯罪数额等。司法实践中，并非法官在审案过程中未作上述工作，而是上述内容多详见于案件审理报告或者内部法官会议的讨论之中，未被公开阐释于裁判文书的说理部分。因此，建议配套推动裁判文书的写作改革，让综合认定不再是空话，而是真正落到实处，让人信服。

四、结语

近年来，网络犯罪的定量证明困境是我国司法领域面临的巨大难题之一。该问题表面看产生于日益扩张的网络犯罪态势及立法特色，深层次探究：一方面在于物理空间与虚拟空间的区别及其评价模式的差异。物理空间评价实体行为，而虚拟空间评价的是机器行为及留下的数字痕迹，但是海量的电子数据难以与实体行为逐一对应。另一方面，传统犯罪定罪量刑的精确性思维与大数据混杂性特征的冲突加剧了这一困境，理论界与司法解释以及司法实务中所提出的证明方式，主要还是消减证明负担的权宜之计。若要真正解决该问题，既要回归对大数据证据本身的探究，根据不同类型的大数据证据及证明规律，发挥大数据证据的实质作用，构建分类证明机制；又要在证明模式上进行变革与创新，尝试引入民事诉讼中的事案解明义务，赋予被告方协同查清案件事实的义务，并且确定经验法则的程序性规则，以真正落实网络案件中对于罪量要素的综合认定。本文看似谈论网络犯罪中罪量要素证明（数量/数额）的小问题，实际上是大数据时代刑事证明机制革新的大问题，既要坚守传统刑事证明机制的根本，又要为其注入新的元素，从而推动刑事证明理论在大数据时代与时俱进，不断发展与完善。

① 参见栗峥：《证据链与结构主义》，载《中国法学》2017年第2期。

网络犯罪证据问题综合研究

电信网络诈骗案件被害人陈述短缺问题研究

范智凯*

一、问题的提出

在诈骗类犯罪的司法证明中，被害人陈述往往发挥着重要作用，其不仅可以用于认定“被害人基于错误认识处分财产”这一不成文的犯罪构成要件，更是验证犯罪数额的主要证据之一。然而，在电信网络诈骗案件中，犯罪人通常利用信息网络技术向广泛分散的不特定多数人行骗，导致取证难度较大，经常无法取得全部被害人的陈述。① 与传统上的“逐一查证”办案方式相比，与实际的受害人数相比，电信网络诈骗案件的被害人陈述数量其实并非过多，而是短缺。这给诈骗犯罪事实的证明，特别是诈骗数额的证明造成了一定的困难。

为了解决“不特定多数被害人”造成的被害人陈述短缺问题，2011年《关于办理诈骗刑事案件具体应用法律若干问题的解释》规定，利用电信技术向不特定多数人实施诈骗，诈骗数额难以查证，但发送诈骗信息5000条以上、拨打诈骗电话500人次以上或者诈骗手段恶劣、危害严重的，按诈骗未遂论处。2016年《关于办理电信网络诈骗等刑事案件适用法律若干问题的意见》（以下简称《意见》）指出，确因被害人人数众多等客观条件的限制，无法逐

---

* 中国政法大学证据科学研究院2021级证据法学博士研究生。

① 参见喻海松：《网络犯罪二十讲》，法律出版社2018年版，第276页。

一收集被害人陈述的，可以结合已收集的被害人陈述，以及经查证属实的其他书证、电子数据，综合认定被害人人数及诈骗资金数额等犯罪事实。由于径行认定犯罪未遂，将导致打击犯罪的力度减弱，在司法实践中，通常只有在穷尽手段仍无法查明诈骗数额的情况下，才能依法径行认定未遂。① 而 2016 年《意见》规定的“综合认定法”，在司法实践中得到了相对广泛的适用。②

所谓“综合认定”，是与“精确认定”相对应的概念，是指不再通过逐一查实每笔非法所得的数额，然后计算总和，而是以包容涵摄的方式，从整体上运用有限的证据推论全部犯罪数额。但“综合认定法”毕竟区别于印证证明法，在一定程度上背离了传统的办案思维和办案方式。目前亟须回应的问题是，在电信网络诈骗犯罪的证明中，被害人陈述是不是必要证据？如何合理应对被害人陈述短缺造成的证明困难？本文拟结合 2015 年德国联邦最高法院判例的立场，对照我国刑事司法实践，对上述问题作出分析。

二、“心证”模式下的德国方案：以 2015 年联邦最高法院判例为中心

事实上，不只是我国存在不特定多数被害人造成的查证难问题，德国的刑事司法实践中也存在类似问题。当然，德国的情况与我国略有不同。简言之，我国侧重犯罪数额的认定，德国侧重查明被害人是否基于错误的认识而处分财产。③ 而且，在德国刑法中，犯罪数额仅是量刑情节而非定罪情节，而对量刑事实仅需自由证明即可。尽管如此，研究德国的判例法仍有必要：其一，被害人陈述毕竟是支撑证据链条的直接证据，对于证明犯罪数额和被害人认识状态而言，都有重要意义。一旦短缺，如何应对，是两国面临的共同难题。其二，中德两国的刑法规范和刑事诉讼模式都有一定的相似性，一直以来，德国法都是我国刑事法比较研究的主要对象之一。因此，尽管中德在诈骗类犯罪的证明重点上存在差异，但德国法对不特定多数被害人困境的解决方案及其论证理由，仍然需要重视。

（一）裁判结论及要旨

2015 年德国联邦最高法院作出判决，事实审法院不依靠一名或多名被害人的证词，而是从间接证据中得出被害人存在错误认识的结论，这一做法不存

---

① 参见吴成杰、陈雯：《电信网络诈骗案件中的疑难问题探讨》，载《法律适用》2017 年第 21 期。

② 参见高艳东：《网络犯罪定量证明标准的优化路径：从印证论到综合认定》，载《中国刑事法杂志》2019 年第 1 期。

③ 德国刑法和我国刑法均认为，诈骗罪是指被告人以非法占有为目的，通过虚构事实，隐瞒真相，导致被害人基于错误认识处分财产的犯罪。只不过，我国还规定了“数额较大”的入罪情节。

在法律上的错误。其要旨是，如果交易是以同一形态、对多数人或常规方式进行，其交易认识是不言自明的，事实认定者可以以“事物思考的共同意识”为依据，从间接证据中推断基于欺骗的错误表象，但是，事实认定者必须在裁判理由中表明这一点。该院还特别提出，如果被告人的口供具有可信性，也可以将其作为间接证据推论的基础，对此做法，法律上并未予以禁止。①

（二）具体案情与诉讼过程②

经地方法院查明，被告人 A 以“消费者保护”名义，通过呼叫中心，多次以“波浪式呼叫”（Anrufwellen）的方式，使用虚假信息，诱导了相当一部分接听者，从而以到付形式获得了价值 75 至 97 欧元的“取消文件”（Widerrufsschreiben）。被告人声称该文件可用于取消支付欺诈性游戏注册服务，通过该文件还能获得已支付款项的退款。此外，被告人 A 通过上述通话，诱导被害人在电话中缔结合同，以虚构的合同关系所产生的未完成费用为由（第二次支付和最终支付），向被害人邮递了另外一封书面文件，要求缔结合同的被害人支付 59.95 至 91.80 欧元的款项。许多人在接到文件后以汇款方式支付了费用。这些款项全额汇入了被告人 A 可以直接使用或者可以通过中间人间接使用的账户中。被告人 M 不仅参与了其中两个诈骗项目，还越过被告人 A 独自进行电话诈骗。维尔茨堡地方法院认定，被告人 A 犯有 6 起诈骗罪和 3 起诈骗罪未遂；M 犯有一起诈骗未遂，两起诈骗罪的帮助犯和教唆犯。宣判后，被告人 A 提出上诉，认为地方法院未经询问被害人就径行认定被害人存在错误认识的事实裁判违法，上诉审法院驳回了他的诉求，认为地方法院的做法不存在违法之处，被告人 A 遂向联邦最高法院提出上诉。

（三）裁判理由③

首先，德国联邦最高法院指出，诈骗罪的定罪前提，是被害人基于错误认识处分财产。如果交易模式具有同一性、多次性或常规性，则法院可以以“事物思考的共同意识”（Sachgedankliches Mitbewusstsein）为基础，根据现有证据推论被害人的认识状态。但这种推论必须在判决书中进行说理。

其次，德国联邦最高法院认为，本案的事实审法院正是按照上述要求做的。具体而言，事实审法院根据已有的间接证据（电子邮件、书面文件）进行推论，认为有人是误以为自己有付款义务而处分了财产，因为根据生活经验，如果明知自己其实没有支付义务，原则上没有人会向催款人支付一笔超过

① Vgl. BGH NStZ 2015, 98.

② BGH NStZ 2015, 98.

③ BGH NStZ 2015, 98.

25 欧元的款项。[①] 换言之，这些付款的人中“至少有人”是基于错误认识而处分财产。之所以强调“至少有人”，是因为在逻辑上，确实存在出于“避免被人找麻烦”的心态而支付款项的可能性。但是，事实审法院认为，由于书面合同和付款单不是“波浪式”“大面积”派送的，所以也不能认为所有被害人都为了避免麻烦而付款。德国联邦最高法院指出，原审提出的并不是所有受害者都为了“避免麻烦”而付款的说法，符合日常现实，具有充分的理解意义。事实审法院的这一系列推理没有任何法律错误，即使推理依据的是外部情况和经验法则，而不是被害人的证言，这也不构成法律错误。

再次，德国联邦最高法院回顾了此前的一系列判例，认为当被害人表现属于“规范的构成要件要素”时，根据间接证据推论被害人存在错误认识，符合该院的一贯立场。在诈骗罪中证明被害人的错误认识，就像证明被告人的主观故意一样，通常可以从外部情况推断内心态度，这在一些案件中甚至是必要的。而且，无论是被告人还是被害人，对其主观方面的认定，法律上都没有设置任何证明规则。也即无论构成要件如何，法院依据刑事诉讼法规定的自由心证原则认定事实都具有合理性。

最后，德国联邦最高法院补充道，过往的判例可能给人留下一种印象，似乎多数人诈骗案件的审理，至少要收集其中几名被害人的证词，并在主审程序中接受询问，才能定罪。[②] 但对于本案的司法机关而言却是很难做到的。处分者的认识错误往往只能靠充分的间接证据予以证明。此外，如果被告人的口供具有可信性，其供述的外部情况也可以作为上述间接证据推论的基础。在法律上，不存在禁止根据被告人口供认定诈骗案件被害人错误认识的命题。因此，在涉众型诈骗的审理中，法院可以通过以下方式获得多数被害人存在错误认识的心证，即收集这些被害人中部分人的陈述，根据与错误认识事实相关的被告人口供，以此为间接证据推断其他被害人的错误认识。[③]

（四）评析

在这起“保护消费者”诈骗案中，德国联邦最高法院认为，即使无法收集全部被害人的证词，法院依然可以通过间接证明形成心证。换言之，在德国法中，被害人陈述并非证明涉众型诈骗事实的必备证据，即使证明对象是被害

---

① 德国司法实践中认为，超过 25 欧元就不属于小额财产。Vgl. Fischer, 61. Aufl., § 243 Rn. 25.

② BGH, Beschl. v. 17. 6. 2014 = 2 StR 658/13, NStZ 2014, 644, 645; BGH, Urt. v. 22. 5. 2014 = 4 StR 430/13, NStZ 2014, 459 f.

③ 需要说明的是，在该案中，地方法院只是在“被害人错误认识”这一构成要件事实的证明中没有依靠直接证据，而是运用间接证据进行推论的。事实上，原审的证据调查程序中，也调查了被告人的口供和其他证人（如呼叫中心的工作人员）。

人的主观意识，根据间接证据和经验法则进行的综合推论也完全正当、合法。那么，被害人陈述为什么可以是不必要的证据？根据间接证据综合推断被害人的认识状态何以正当？本文认为，至少有以下几个原因：

第一，经验法则的合理运用。间接事实必须借由经验法则的运用，才能达到推论主要事实（构成要件特征）存在与否的效果。① 但法院必须慎重且合理地使用经验法则，并在裁判书中作出说明。在本案中，地方法院所采用的，也是被联邦最高法院所认可的"准演绎推理"② 链条是：（1）大前提——原则上没有人会在明知被骗的情况下还将财产处分给行骗人，换言之，通常人们是在错误认识的指引下将财产转移给行骗人；（2）小前提——在本案中有不少人支付了款项；（3）结论——至少有一部分人因为存在错误认识所以处分财产。但这样的结论在逻辑上是不谨慎的，还需要进一步论证：在极个别情况下，也可能有人明知被骗，但为了避免麻烦而选择付款。然而根据生活经验，这种想法非常少见。在这一实践推理的限制下，可以得出的结论是，至少不是所有被害人都为了"避免麻烦"而付款，这恰恰支持了前一结论，即许多人付款是因为错误认识，而非避免麻烦。可以说，正是通过上述经验推论，司法者才在已知的付款事实与未知的付款人认识之间建立了联系，对那些没有直接证据支持的事实进行了大胆假设和小心论证，从而形成并展示了内心确信。毫不夸张地说，经验法则在这起案件的事实认定中起到了不可替代的作用，也是破解不特定多数被害人难题的关键所在。当然，经验法则的合理运用也需要其他因素的配合和支撑。

第二，刑法教义学和刑法规范的支撑。在诈骗罪的教义学理论中，用"事物思考的共同意识"来判断被害人的认识状况，得到了主流学说的认可。③ 这意味着，作为一个规范的构成要件要素，被害人是否有错误认识，可以根据"一般人标准"予以认定，并不必然以个人的实际想法为准。这就大大降低了被害人个人陈述的必要性，并且提振了经验法则运用的重要性。因为，经验法则通常是以一般人想法为内容的，其基本的命题结构就是"如果是一般人的话，一定这样想的"。因此，正是在"事物思考的共同意识"这一刑法教义的支撑下，最高司法者认为，通过客观证据推论被害人存在错误认识的做法是可

---

① 姜世明：《间接证明之研究》，载《政大法学评论》2013 年第 135 期。

② 关于证据推理的准演绎推理形式，具体论述参见张保生等：《证据科学论纲》，经济科学出版社 2019 年版，第 160 页。

③ Hefendehl, in: MuüKo, 2. Aufl. 2014, § 263 Rn. 231 ff.; Dölling/Duttge/Rössner, Gesamtes Strafrecht, 3. Aufl., § 263 Rn. 23; Kindhäuser (Fn. 7) Rn. 174; Perron (Fn. 7) Rn. 16e; Fischer, 62. Aufl. 2017, § 263 Rn. 57 f., Rn. 62.

以接受的。

当然，德国刑事立法的“只定性，不定量”模式也起到了关键作用。因为，定性问题本质上是一个“有”或“无”的问题，只要法院能认定有一名付款人是基于错误认识处分财产的，就可以说明被告人的既遂事实，而不需要逐一累加，有利于间接证据推论起到“见微知著”的作用。而一旦通过定罪阶段，进入量刑阶段，无论被害人是否是基于错误认识处分财产，仅凭被告人联系先后联系了近万人进行诈骗，并导致有数千人实际支付了款项，这些事实已经构成了对被告人量刑的不利评价，无须过于严格的证明过程。

第三，主观要件间接化证明的传统。根据德国联邦最高法院的一贯立场，被告人口供不是证明其犯罪主观要件的必备证据，更不能作为唯一证据。① 仅在证明机理上，证明被害人的主观认识和证明被告人的主观认识，几乎没有任何区别。而且，被害人无法出庭作证，就像被告人保持沉默一样，是完全可能发生且合理的现象。因此，德国联邦最高法院将被害人证言缺位的问题，与常见的口供缺位相比，将被害人的错误认识问题与被告人的犯罪故意问题相比，从而论证了依靠间接证据证明被害人错误认识的正当性。

第四，诉讼经济性的考量。在本案中，被告人 A 和被告人 M 利用“波浪式呼叫”向数万人拨打电话并发送文件，在客观上根本无法向所有被诈骗人一一查证，更不可能将他们都传唤至法庭进行询问，即使可以做到，所耗费的时间和资源，反而有可能远远超过惩治该犯罪的效益。何况，由于被告人的作案频次太高，到底有多少被害人，事实上也难以查清。根据《德国刑事诉讼法》第 244 条规定，当证据方法不适合或无法取得时，法院有权驳回证据调查申请。因此，法院决定不通知被害人作证，直接使用间接证据的做法，虽然也遭到一定的质疑，但并不违法。

总而言之，表面上看被害人陈述对于诈骗罪的证明不具有当然的必要性，但实际上，被害人陈述的不必要性的背后，是一整套健全的心证约束机制、稳固的“由证到供”证明模式、发达的刑法教义以及多元的价值体系的支撑。仅就本案裁判而言，上述因素几乎缺一不可。可以说，在解决不特定多数被害人陈述查证难造成的被害人陈述短缺问题上，德国法基于厚实的自由心证底蕴和发达的刑法教义研究，形成了一种以“一般人标准”代替“个别人标准”，从而用经验法则替代被害人陈述组成推论链条的“经验推断法”。

---

① BGH, Urt. v. 22. 3. 2012 - 4 StR558/11, BGHSt 57, 183, 186.

三、"印证"情结下的中国方案：基于文本与案例的考察

我国刑事司法证明高度依赖言词证据，强调证明过程的外部性而非内省性。[①] 而且，相比于德国，我国侦查机关收集言词证据的能力也十分强大。这就导致，间接证明在我国刑事司法中并不发达，至少没有到达与直接证明同等的常态化程度。因此，我国面临的不仅是如何慎重运用间接证明的问题，首先是能否选择间接证明的问题。

（一）司法解释性意见的基本立场

司法解释性意见对于"综合认定法"的态度，实际上是非常谨慎的。根据2016年《意见》的规定，办案人员使用"综合认定法"的前提是"确因被害人人数众多等客观条件的限制，无法逐一收集被害人陈述"，而且，即便如此，办案人员也要"结合已收集的被害人陈述"，对人数和骗资进行综合认定。不难发现，该规定实际上明确了两条原则。

一是"综合认定法"的次阶性原则，也即该方法只是在"确实"无法收集全部被害人陈述的前提下的"备选方案"。此处规范制定者暗含的倾向是，如果有能力、有条件、有可能，办案机关应当充分发挥自身优势，逐一收集被害人陈述，确保证据量和证据内容的充分性。

二是被害人陈述的必要性原则，也即即使无法逐一收集被害人陈述，办案人员也要在现有条件下收集已知被害人或报案人的陈述，作为进行综合认定的推论基础，而不是像德国司法实践那样，完全根据间接证据进行推论。

概言之，尽管司法解释性意见承认了"综合认定法"的正当性，但并未放弃收集被害人陈述的必要性，并未公开承认心证和经验法则的作用，依然强调直接证据与间接证据、言词证据与实物证据的齐备性和外部性。与德国实践相比，我国最高司法者的立场并未相对持重，这里面固然有思维惯性和立法技术等层面的考量，但也从侧面反映出印证证明方法的影响深远，以至于"综合认定法"也需要符合印证证明的信息一致性与指向一致性的作用机理[②]，"其既未站在印证的对立面，也不是从证据径直到事实，反而成了印证证明的又一体现"[③]。

---

① 参见龙宗智：《印证与自由心证——我国刑事诉讼证明模式》，载《法学研究》2004年第2期。

② 参见龙宗智：《刑事印证证明新探》，载《法学研究》2017年第2期。

③ 王彪、易志鑫：《刑事司法中"综合认定法"的解读与反思》，载《司法改革论评》第2辑，厦门大学出版社2020年版，第308页。

（二）司法实践中的三种态度

在我国司法实践中，如何解决被害人陈述查证难问题，办案人员的看法并不一致。总体上看，共有三种态度：

第一种态度是坚持印证证明，没有被害人陈述的印证，不能认定相应数额。例如，在某公安机关办理的一起网络诈骗案件中，该案犯罪团伙预谋诈骗11664次，成功诈骗金额高达251万元，但报案的被害人被骗仅490元，相差甚远。对此，有意见提出，被害人与犯罪嫌疑人要一一对应、涉案金额要逐一查证。① 笔者在调研中也了解到，一些办案民警坦言，尽管有些案件被害人数量巨大，但只要有线索的，就会组织人力，利用各种方式（如远程取证）争取与每一名已知的被害人取得联系，查验被骗金额，因为这样做更容易将案件诉出去。但问题是，如果被追诉人是利用虚假的网络赌博、网络色情信息等方式进行诈骗，许多被害人使用的都是虚拟身份、代理域名，根本无法找到本人核实，或者本人由于各种顾虑不愿承认被骗的②，就只能先记录在案，有可能导致相应数额无法认定。而许多犯罪人恰恰是利用了印证证明背后的制度漏洞，通过虚设赌博、色情网站，引入中间支付渠道，快速转移非法所得，切断证据与证据之间的联系，削弱被害人陈述的可信性和证明力，从而达到躲避追诉的目的。可以说，印证证明在证据量和证据间关系上的硬性要求，已经不能适应电信网络诈骗犯罪的新事态。即使耗费大量司法资源，一一查证被害人陈述，也未必能取得理想的办案效果，反而有可能因为坚持传统标准而影响打击犯罪的力度。

第二种态度是尽可能收集被害人陈述，如果确有条件，对于一些具有典型性、代表性的被害人陈述，一般应当取证。③ 一些地方司法机关也认可了“抽样取证法”的地位，设置了抽样取证的启用标准，但同时也指出，司法机关经审查认为抽样情况不具有科学性、代表性或全面性的，可以要求公安机关进行补充取证，涉及案件定罪量刑的，公安机关应当补充取证。当然，需要说明的是，“抽样取证法”得到认可的前提，是“综合认定法”的正当性得以确认，否则，进行抽样就是违背证明要求的。因此，在一定意义上，“抽样取证法”仅是作为“综合认定法”的辅助方法使用的。

第三种态度是直接根据间接证据进行认定，甚至认为可以进行“推定”，

---

① 参见喻海松：《网络犯罪二十讲》，法律出版社2018年版，第186页。

② 参见姚万勤、王东海：《网络侵财犯罪数额的认定》，载《中国检察官》2021年第14期。

③ 参见李睿懿、王珂：《惩治电信网络诈骗犯罪的主要法律适用疑难问题》，载《法律适用》2017年第9期。

但需要允许被告人提出反证。例如，在四川省崇州市的一起电信网络诈骗案件中，法院就根据手机卡、银行卡、司法会计鉴定间接证据认定了犯罪数额。[①]这种观点认为，与传统的侵财类犯罪不同，包括被害人陈述在内的被害方证据不是认定诈骗数额的必要证据，其他证据同样可以起到证明犯罪数额的作用，对于转账记录等客观证据证明的金额，只要被告人不能作出相反的解释和举证，均可以认定为犯罪数额。[②] 理由是，第一，从本案情况来看，由于被害人的不特定性和广散性，很难建立被害人与被告人之间的关联性，反而是从被告人处起获的银行卡转账记录、查获的赃款等证据均可以证明诈骗的数额；第二，从证据的支撑力上看，“虽然被害人关于遭受损失的陈述等确实属于证据锁链中的重要一环，但从法理上讲，其作用和地位与其他能够证明相关事实的证据并无二致”[③]；第三，由于诈骗犯罪方式已经发生变化，相应地，查明犯罪手段也需要调整；第四，根据司法解释严厉打击电信诈骗罪的精神，结合社会常识和基本法理，可以认为犯罪数额的认定不应以逐一查实被害人为必要条件。此外，该观点还认为，根据客观证据认定犯罪数额，也并不违反“证据确实、充分”的证明标准和“无罪推定”的诉讼法理。[④]

（三）进步意义与不足之处

尽管尚未突破以印证为中心的固有模式，2016 年《意见》的立场仍然具有进步意义。第一，最高司法者承认“综合认定法”就意味着降低了对证据量，特别是对直接证据的数量的过分追求，更加重视间接证据推论对于刑事证明的贡献。第二，承认“综合认定法”，事实上也是认同了经验法则的重要性。因为，依靠部分被害人陈述，推论全部被害人的相关事实，就必然用到类似于“事物思考的共同意识”等不言自明的经验法则，凭借经验法则和电子数据、书证等间接证据的结合，认定行为相对人是否受骗，并进一步根据电子数据、银行记录等认定具体的骗资。第三，承认“综合认定法”，也意味着我国刑事证据立法开始注意在一元的证明标准下构建多元的证明方法体系，以应对层出不穷的新型犯罪，平衡惩罚犯罪与保障人权的诉讼目标。第四，承认“综合认定法”，事实上也表明，我国最高司法者正在努力调节严厉的刑事政

① 一审：（2015）崇州刑初字第 354 号；二审：（2016）川 01 刑终 86 号。

② 参见郝廷婷、杨中良、魏军：《被害方证据不是认定电信诈骗犯罪数额的必要证据》，载《人民司法（案例）》2017 年第 14 期。

③ 参见郝廷婷、杨中良、魏军：《被害方证据不是认定电信诈骗犯罪数额的必要证据》，载《人民司法（案例）》2017 年第 14 期。

④ 参见郝廷婷、杨中良、魏军：《被害方证据不是认定电信诈骗犯罪数额的必要证据》，载《人民司法（案例）》2017 年第 14 期。

策与严格的证明标准之间的张力，不再是为了适应政策需要而明文下调证明标准。

在司法实践中，传统的印证证明方法难以实行，逐一查证被害人几无可能的情况下，已经有司法裁判承认了逐一查证被害人的不必要性，甚至认为可以依据间接证据“推定”犯罪数额；也有地方司法机关为了运用“综合认定法”，发展了新的取证方法。这种对被害人陈述的务实态度，显然是符合办案规律和证据法理的。然而，无论是坚持使用“印证法”，还是采取“抽样取证法”或是“刑事推定”，司法实践中重视的仍然是证明过程的外部性，不强调经验法则运用的合理性，能够找到被害人就依靠被害人陈述定案，找不到全部被害人也要部分人的陈述定案，如果确实无法收集的，就大胆“推定”。虽然“推定”也要运用经验法则，但与间接证明相比，这种所谓的“推定”的特点恰恰是省略中间的经验推论环节，直接从已经事实得出推定事实，具有“法定证据”的制度特征。[①] 可以说，在司法解释性意见和司法实践方案中，均看不到对经验推论和完整的证据推理的使用，更没有要求展示心证过程。因此，对于被害人陈述短缺问题，我国虽然追求全案证据的综合质量，但由于不强调经验法则和情理推断的重要性和规范性，在本质上仍然是与印证证明一脉相连的证据运用客观化、法定化、外部化的司法模式。毋庸讳言，这种缺乏经验推断，也缺乏对经验推断的合理约束的证明模式，既有可能导致新的证明僵化问题，也有可能导致办案人员以“推定”为名不当降低证明标准。

四、比较与启示：合理应对被害人陈述短缺问题

尽管中国和德国在诈骗类犯罪的证明重点上存在一定的差异，但都在不同程度上认可了间接证明的重要性，不再强求逐一查证被害人陈述。通过与德国的“经验推断法”对比，结合我国司法实践中的经验与不足，可以发现一些优化我国的“综合认定法”的路径，有助于更合理地应对被害人陈述短缺问题。本文主要从四个方面展开。

（一）正视经验推断的地位

合理运用“综合认定法”，必须正视经验推断，并加强对推断过程的控制。原因在于：首先，事实认定是一个运用证据的经验推论来认知过去事实发生可能性的过程。[②] 而严格要求特定的案件事实必须有特定的证据加以证明或

① 参见龙宗智：《推定的界限及适用》，载《法学研究》2008 年第 1 期。

② 参见张保生：《事实，证据，事实认定》，载《中国社会科学》2017 年第 8 期。

证据短缺问题必须依靠增加证据来化解，实际上有些偏离认识规律。[①] 这就意味着，证据与经验推论是缺一不可的，尤其是在增加证据量已不再可能的情况下，通过加强经验推论来保证事实认定能够达到法定的证明标准，几乎是事实认定规律的应有之义。司法解释性意见规定的“综合认定法”，就是放弃了增加特定证据以证明特定案件事实的方式，因此也必须加强经验推论的分量，注重经验推论的合理性。其次，运用间接证据证明案件事实，也必须依靠经验法则连接各个间接事实以推论主要事实的存在。[②] 因而，经验法则选取的合理性，经验法则运用过程的合逻辑性，才是证据法真正需要控制的对象。最后，“综合认定法”的核心要义是包容涵摄式地从整体上 认定犯罪数额，[③] 而包容涵摄的做法是否正当，就要通过裁判者展示裁判过程才能得到检验。正如德国联邦最高法院所指出的，通过间接证据和经验法则进行推论本身并不违法，但必须在裁判中说明推论的过程。

由于强调证明过程的客观性和证明结果的唯一性，我国刑事证据法不重视证明过程的经验性和经验推论结果的合理性。最高人民法院《关于适用〈中华人民共和国刑事诉讼法〉的解释》也仅规定，运用间接证据进行的推理需符合逻辑和经验。从合理运用“综合认定法”的角度看，有必要借鉴民事证据法的立法经验，承认经验推断（自由心证）的正当性并加以合理规制。具体而言，一是要加强间接证据与待证事实的相关性论证；二是要加强间接证据与主要事实的相关度的论证。在这两个环节中，都需要运用经验法则。对于经验法则的合理运用，一方面要通过指导性案例等方式，明确在个案裁判中可以使用的经验法则的命题和类型；另一方面要完善裁判说理制度和二审的法律审功能，加强法院对命题和论证的说理能力。

（二）慎重采取推定或者降低证明标准

“综合认定法”中的“认定”二字，究竟是指间接证明，还是指推定，抑或规范评价，理论上对此存在争议。但目前来看，无论是在理论上还是在实践中，都有一种倾向，即认为犯罪数额可以“推定”，只要被告人提不出反证，就可以对相关数额全部予以认定。这实际上可能是借鉴了职务犯罪中的“巨额财产来源不明罪”的打击方式，认为如果有证据证明被告人账户（银行卡）专门用于从事电信网络诈骗活动，而被告人无法说明该账户（银行卡）中财

① 参见李昌盛：《证据确实充分等于排除合理怀疑吗?》，载《国家检察官学院学报》2020 年第 2 期。

② 参见姜世明：《间接证明之研究》，载《政大法学评论》2013 年第 135 期。

③ 参见王彪、易志鑫：《刑事司法中“综合认定法”的解读与反思》，载《司法改革论评》第 2 辑，厦门大学出版社 2020 年版，第 308 页。

产的合法来源，就可以认定为诈骗犯罪所得。这种主张具有一定的合理性和经济性。但是，将我国目前采取的“综合认定法”视为或者改造为刑事推定的观点，并不具有合理性。

首先，“综合认定法”的核心逻辑，仍然是依靠间接证据与间接事实的相关性、间接事实与主要事实的相关性，通过经验法则的合理运用，以整体主义的证据评价方法认定案件事实。只不过，与传统的证明方法相比，证据量、证据构成以及证据与待证事实的对应关系发生了一定的变化，需要以部分事实见之全部事实。但与推定仍有本质区别。推定是证明过程的中断，基础事实与推定事实之间只有或然联系，需要以推测的方式在基础事实和假定事实之间创设一种以政策性为基础的法律关系。① 无论是从“综合认定法”的运行机理，还是从现行司法解释规定中，都看不到“推定”的这层意思。因此，“综合认定法”仍然属于证明方法的一种，而不是作为证据裁判原则之例外的非证明方法。

其次，基于罪刑法定、无罪推定的基本法治原则，在现行刑法和刑事诉讼法尚未修改之前，不宜直接推定犯罪数额，否则将不当扩大刑罚处罚范围，也不宜放松“综合认定法”的证明程度要求，更不宜通过推定的方式将证明责任转移给辩方。“综合认定法”的运用是为了适应新的犯罪形势和定量证明的需要，虽然在方法上应当区别于定性证明，但不能为了打击犯罪而降低证明要求。事实上，从德国联邦最高法院判例来看，虽然判例法上许可了间接证明的运用，貌似放松了对证据方法和证据资料的严格性要求，但同时对经验推断和说理过程提出了更多要求，其目的仍然是维持刑事诉讼的高证明标准，坚持由法院承担证明责任。

因此，对于我国而言，“综合认定法”不意味着改变入罪标准，不是降低证明标准，更不是证明责任的转移，而是区分了定性证明与定量证明的不同机理，从而采取了一种更为务实、灵活的证明方法，但办案人员仍然要按照现行的定罪标准认定案件事实。

（三）发挥刑法教义学的引导作用

不难发现，在前述的德国“保护消费者诈骗案”中，刑法教义学上的“事物思考的共同意识”理论，发挥了至关重要的作用。这充分体现了刑法对刑事证明的深刻影响。一方面，证据法本就是刑法与刑事诉讼法交错适用的典型领域②；另一方面，根据法律推理的基本结构，作为“大前提”的刑法规

---

① 参见张保生：《推定是证明过程的中断》，载《法学研究》2009 年第 5 期。

② 参见林钰雄：《刑事诉讼法》（上册），新学林出版股份有限公司 2019 年版，第 5 页。

范，在一定意义上框定了诉讼中需要查明的具体案件事实，即小前提的范围。[①] 正因如此，用于评价被害人错误认识的“事物思考的共同意识”理论，才能发挥指引刑事证明的功能。而“事物思考的共同意识”内在的规范合理性，也在一定程度上化解了多数被害人带来的证明困难，保证了法院通过经验推断认定案件事实的合法性。

在我国，由于“定性＋定量”的刑法模式，使得诈骗罪数额认定在不特定多数被害人案件中成为一项难题。不少论者提出，应当废止刑法规范中的“定量”部分，将犯罪数额作为量刑情节即可。但在我国，定罪事实和不利于被告人的量刑事实的证明标准是一致的，即使废除了刑法中的“定量”部分，如果不调整量刑证明标准，仍然无济于事。但这种为了打击犯罪而动辄修改定罪标准和证明标准的做法是否合理，仍然值得商榷。

事实上，即使暂不调整刑法和刑事诉讼法规定，理论上也应当从刑法教义学的角度，寻求解决电信网络诈骗犯罪证明困难的路径。我国的刑法教义学在解释刑法规范时，偏重探讨规范评价标准的体系性和合理性，不太重视解释结论是否具有诉讼证明上的可行性。这不利于理论指导实践。正如前述，证据法是刑法与刑事诉讼法交错适用的领域，刑法问题与刑事诉讼问题偏则具废，兼则两全。在解释犯罪数额的认定标准上，刑法学上有至少有“主观目的说”“实际所得说”“实际侵害说”“实际交付说”等不同观点，目前采用的主要是“实际交付说”，即诈骗罪的诈骗数额是被害人由于受骗而实际交付的财物的数额。由于强调被害人的实际交付数额，这就将作为整体的证明对象拆解个别化的实际具体数额，显然对被害人陈述的数量和印证关系提出了相对较高的要求。对于电信网络诈骗犯罪而言，有必要在坚持“实际交付说”的同时，引入“实际所得说”，即允许从被告人的角度认定犯罪数额，评价犯罪行为的社会危害性，从而减轻对被害人陈述的高需求，化解不特定多数人带来的证明困难，保障“综合认定法”具有实体法层面的正当性支撑。

（四）充分保障辩护权利

无论是间接证据推论，还是刑事推定，都必须允许被告人提出反证，允许被告人的辩解和反证阻断指控的推论链条，并保障被告人有能力提出反证。一是因为间接证据推论的结果往往具有盖然性，需要接受不同意见的质疑，确保结论的唯一性；二是因为法律论证，特别是证据推理具有可废止性。因此，在运用“综合认定法”的过程中，需要充分保障被告人及其辩护人的辩护权利。

---

① 参见董坤：《构成要件与诉讼证明关系论纲》，载《法律科学（西北政法大学学报）》2020年第1期。

一是保障辩方能够对据以认定犯罪数额的间接证据和被害人陈述进行充分地质证，保障裁判者的心证建立在可靠的证据基础之上。二是允许辩方提出不同的推论结论，允许辩方质疑经验法则和推论过程的合理性。三是不宜强加给辩方过重的提出证据责任，减轻被告人及其辩护人行使辩护权的负担。四是对于在审前认罪认罚、对犯罪数额认定没有异议的被追诉人，应当保障其律师帮助权和反悔权。

信息网络犯罪案件证据缺陷与完善路径

——基于L市检察机关近3年办案情况的分析

顾宝娟[*]　卓姗姗[**]　周笑辰[***]

近年来，利用信息网络实施的犯罪案件数量不断增多。最高人民检察院工作报告中指出，2021年全国检察机关起诉利用网络实施诈骗、赌博、传播淫秽物品等犯罪28.2万人，同比上升98.5%，起诉非法买卖电话卡和银行卡、帮助提款转账等犯罪12.9万人，是2020年的9.5倍，起诉网络诽谤、侮辱、侵犯公民个人信息等严重危害社会秩序、侵犯公民权利犯罪3436人，同比上升51.3%。从案件类型看，信息网络犯罪案件在刑事案件中的占比也不断增大。2021年全国检察机关起诉刑事犯罪1748962人，数量位居前三的分别是危险驾驶罪、盗窃罪、帮助信息网络犯罪活动罪，其中帮助信息网络犯罪活动罪起诉人数达到了129297人，占比7.4%。从笔者所在的江苏省来看，也面临着相同的形势。中国裁判文书网年度检索显示，2019年江苏省基层人民法院作出帮助信息网络犯罪活动罪案件判决仅有17件，2020年有52件，2021年上升至303件，每年均成倍增长。

通过上述一组数字不难看出，信息网络犯罪案件已经成为检察机关办理刑事案件的主要类型之一。对于此类案件的证据研究也极具必要性。而从笔者的调研来看，司法机关在快速增长的信息网络犯罪案件面前，仍存在不同程度的证据调取、审查和运用问题。笔者以L市近3年检察机关办理的信息网络犯罪案件为样本，分析当下此类案件证据方面存在的问题，并提出解决对策，力求为司法机关更好地打击信息网络犯罪案件提供参考。

* 江苏省连云港市人民检察院第三检察部副主任。

** 江苏省连云港市人民检察院第三检察部员额检察官。

*** 江苏省连云港市人民检察院第三检察部检察官助理。

一、信息网络犯罪案件的含义界定

在互联网普及程度不高的时代，人与人之间的沟通联系、货币支付通常借助物理方式实现，人们的社会生活主要是在现实的生活空间中。随着“互联网+”的不断普及，人们的社交、货币转移支付等发生了很大的变化，线下和线上生活已经完全融为一体。中国互联网络信息中心（CNNIC）第49次《中国互联网络发展状况统计报告》显示，截至2021年12月，我国网民规模达10.32亿，互联网普及率达73.0%。其中，网络支付用户规模达9.04亿，较2020年12月增长4929万，占网民整体人数的87.6%。[①] 犯罪活动也是一种社会化活动，只不过是被刑法所禁止的社会化活动，其发生也与社会经济发展相伴相生。信息网络犯罪的发生和快速发展与当前的互联网普适性具有密切关联。

从近年来办理的信息网络犯罪案件来看，犯罪分子从以往面对面沟通联络转为线上联络，甚至为了躲避侦查，不使用微信等社交软件，而是在网络游戏直播间使用行业“黑话”进行沟通联络，在游戏结束之后没有任何痕迹。在支付方面，犯罪分子通常不见面，使用网络支付甚至虚拟货币、游戏币等进行支付，犯罪手段已经和互联网高度融合。在此情况下，利用互联网实施的犯罪活动不断增多。在可预期的未来一段时间，随着互联网的进一步发展和人们生活方式的不断变化，依托互联网实施的犯罪活动数量仍将在高位运行。

正是基于互联网的发展与犯罪手段的高度融合，很难完整地概括出信息网络犯罪案件的具体范围。或者从某种意义上讲，刑法的大部分罪名都可以通过信息网络进行。有的行为人利用信息网络实施犯罪预备行为，如在直播间共同进行犯意联络制订犯罪计划；有的行为人利用信息网络实施实行行为，如在互联网上诽谤他人等。笔者认为，对于信息网络犯罪的定义界定可以类比套路贷犯罪的概念，二者均是对某类犯罪案件的统称。即信息网络犯罪是指以利用互联网技术，借助网络实施侵害公民人身权利、财产权利以及扰乱社会秩序、经济秩序等犯罪行为的总称，包括但不限于电信诈骗犯罪、帮助信息网络犯罪活动犯罪、掩饰、隐瞒犯罪所得犯罪等。判断信息网络犯罪的核心要素是通过信息网络导致行为手段和后果迅速弥漫与繁殖效应。信息网络犯罪不是一个罪名，行为是否构成犯罪以及构成何种犯罪应当根据刑法的规定进行具体认定。

---

① 参见中国互联网络信息中心（CNNIC）第49次《中国互联网络发展状况统计报告》，载国务院新闻办公室网站，http://www.scio.gov.cn/zhzc/8/5/Document/1432684/1432684.htm，2022年2月1日访问。

二、L市检察机关近3年办理的信息网络犯罪案件基本情况

从审查逮捕情况看，2020年至2022年，L市检察机关共办理审查逮捕信息网络犯罪案件320件949人，其中批准逮捕228件673人，不批准逮捕92件276人。在不批准逮捕案件中，因证据不足不逮捕127人，占比46.01%，因无社会危险性不逮捕146人，占比52.90%，因其他情形不逮捕3人。

从审查起诉情况看，2020年至2022年，L市检察机关共办理审查起诉信息网络犯罪案件474件1950人，提起公诉441件1757人，不起诉20件172人。在不起诉案件中，因犯罪情节轻微不起诉112人，占比65.12%，因证据不足不起诉60人，占比34.88%。

从案件判决情况看，2020年至2022年，L市检察机关共收到信息网络犯罪案件判决326件860人，其中，被判处10年以上有期徒刑8人，占比0.93%；被判处7年以上10年以下有期徒刑9人，占比1.05%；被判处5年以上7年以下有期徒刑28人，占比3.25%；被判处3年以上5年以下有期徒刑233人，占比27.09%；被判处1年以上3年以下有期徒刑345人，占比40.12%；被判处1年以下有期徒刑168人，占比19.53%；被判处拘役66人，占比7.67%；被单处罚金3人，占比0.35%。（见图1）

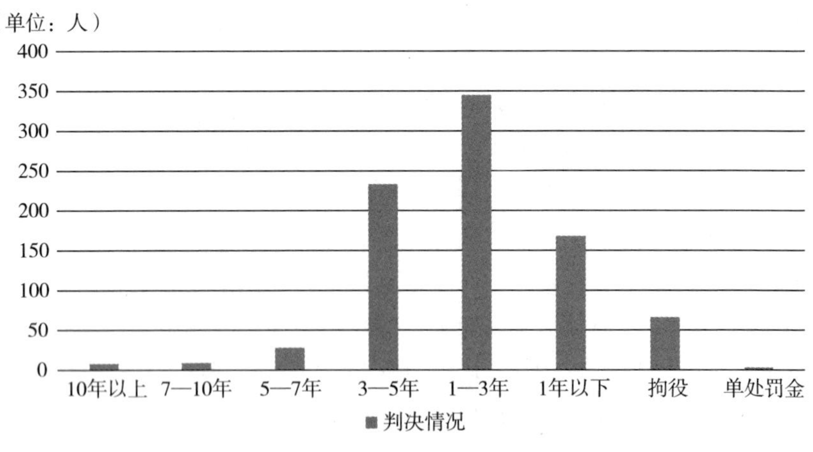

图1　判决情况

从适用缓刑情况看，2020年至2022年，L市法院共对信息网络犯罪的451人宣告适用缓刑，其中因被判处3年有期徒刑被适用缓刑112人，因被判处有期徒刑2年至3年被适用缓刑49人，因被判处有期徒刑1年至2年被适用缓刑122人，因被判处有期徒刑1年以下被适用缓刑126人，因被判处拘役

被适用缓刑 42 人。（见图 2）

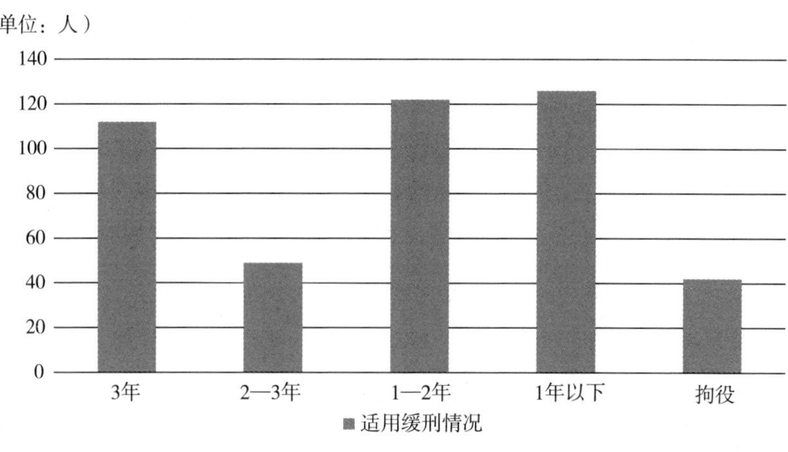

图 2　适用缓刑情况

从犯罪嫌疑人作案时的身份看，工人 140 人，农民 406 人，学生 14 人，国家工作人员 15 人，国有公司企事业单位人员 87 人，个体劳动者 176 人，无业人员 879 人，其他人员 40 人。（见图 3）

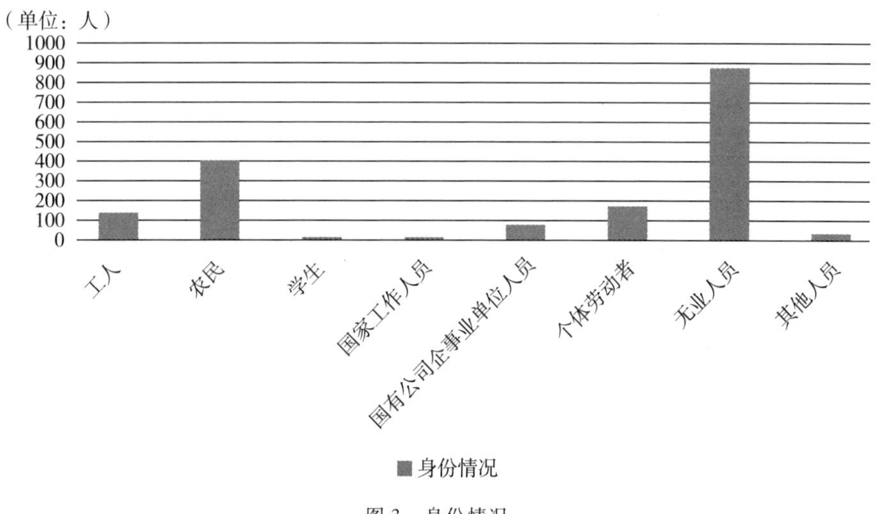

图 3　身份情况

从犯罪嫌疑人犯罪时的年龄看，犯罪时不满 18 周岁 22 人，18 周岁至 25 周岁 589 人，25 周岁至 35 周岁 906 人，35 周岁至 45 周岁 200 人，45 周岁至

55 周岁 26 人，55 周岁至 65 周岁 13 人，65 周岁至 75 周岁 1 人。（见图 4）

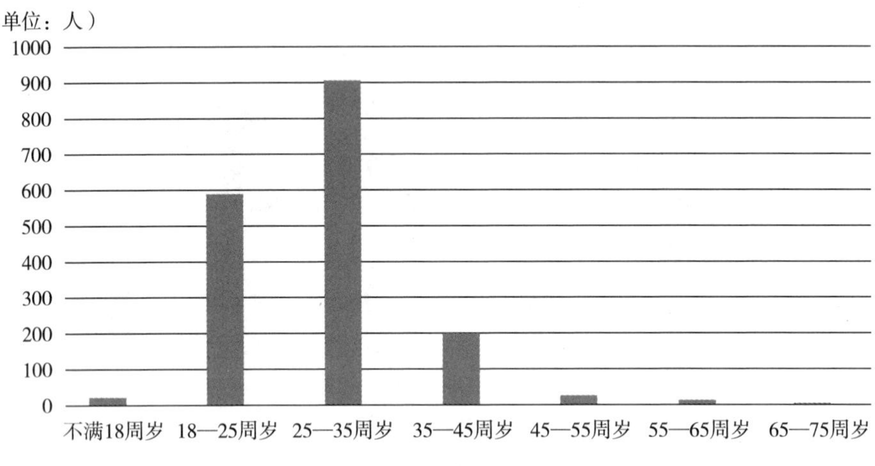

图 4　犯罪年龄情况

从犯罪嫌疑人受教育程度看，文盲或者半文盲 4 人，小学文化程度 179 人，初中文化程度 789 人，职高或者高中文化程度 210 人，技校或者中专文化程度 186 人，专科或者本科文化程度 385 人，硕士研究生 4 人。

从上述数据可以看出，近年来信息网络犯罪案件数量不断上升，同时还呈现以下几个特点。

（一）证据问题是导致信息网络犯罪案件不逮捕、不起诉的主要原因之一

在 L 市检察机关办理的审查逮捕案件中，因证据不足不逮捕 127 人，占比 46.01%，审查起诉案件中因证据不足不起诉 60 人，占比 34.88%，表明在信息网络犯罪案件多发的形势下，侦查机关取证能力和取证水平还有进一步提升的空间。规范提取证据是打击信息网络犯罪案件的第一步，侦查阶段取证不规范、不到位，不仅会导致案件在整个刑事诉讼阶段无法顺利进行，也将导致犯罪分子无法受到应有的惩罚，犯罪预防的效应无法显现，人民群众的财产安全无法得到保障。

（二）特定人群成为信息网络犯罪案件的高发人群

从统计数据看，无业人员以及农民是此类犯罪案件较为高发的人群，另外还有少数国家工作人员参与犯罪，部分在校大学生也参与犯罪。从犯罪时的年龄来看，25 周岁到 35 周岁期间参与犯罪的人较多。因利用信息网络实施犯罪

需要一定的技术能力，年龄太小或年龄过大的人一般不具备掌握信息网络技术的能力，因此青壮年阶段成为信息网络犯罪人群的高发时段。从受教育程度来看，犯罪分子的文化程度普遍不高。

（三）司法机关对信息网络犯罪案件坚持宽严相济的刑事政策

从统计数据看，信息网络犯罪案件的犯罪分子被判处 1 年以上 5 年以下有期徒刑占比 67.21%。这说明大部分犯罪分子的犯罪程度较为严重，犯罪行为给人民群众的财产安全造成的破坏较大，司法机关对其量刑较重。从缓刑适用情况看，L 市法院共对 451 人宣告适用缓刑，其中被判处有期徒刑一年至两年期间适用缓刑的人数最多，体现出司法机关对于信息网络犯罪案件犯罪分子坚持分层次打击原则，严厉打击在犯罪中起主要作用的人员，尤其是犯罪集团的首要分子和共同犯罪中的主犯，而对于参加犯罪时间不长、次数不多、获利不多的人，以及在共同犯罪中起次要或辅助作用的，可以适用缓刑，体现了罪责刑相适应。

三、信息网络犯罪案件办理中存在的证据问题

目前我国存在四套关于证据属性的主流话语体系：一是传统的三个基本属性：关联性、真实性和合法性；二是大陆法系的证据能力和证明力；三是英美法系的可采性和证明力；四是我国立法和司法实践中逐渐形成的证据资格、定案根据资格和证明力。[①] 最高人民法院、最高人民检察院、公安部《关于办理刑事案件收集提取和审查判断电子数据若干问题的规定》中明确，侦查机关应当遵守法定程序，遵循有关技术标准，全面、客观、及时地收集、提取电子数据；人民检察院、人民法院应当围绕关联性、真实性、合法性审查判断电子数据。因此，笔者对信息网络犯罪案件的证据分析，也从证据关联性、真实性和合法性角度，分别分析实践中信息网络犯罪案件存在的上述三个方面的证据缺陷，以及因上述缺陷对案件事实认定造成的影响。

（一）信息网络犯罪案件证据缺乏关联性的实证分析

关于证据关联性的表述很多且繁简不一。最为经典的是英国学者史蒂芬在其《证据法精要》中的表述："关联性被用于说明任何两项彼此存在如下联系的事实，即按照事情的一般过程，一项事实本其自身或者与其他事实的联系，为另一事实过去、现在或未来的存在或不存在提供证明或提供可能性。"[②] 关

① 郑飞：《证据属性层次论——基于证据规则结构体系的理论反思》，载《法学研究》2021 年第 2 期。

② 陈岚、杜厚扬：《刑事证据关联性之司法审查》，载《政治与法学研究》2020 年第 5 期。

联性被认为是刑事诉讼中证据审查的首要门槛，甚至在英美法系中被冠以“黄金规则”之名，可见证据的关联性对于审查证据资格具有非常重要的意义。但是在实践中，部分信息网络犯罪案件存在证据关联性缺失以及具有关联性证据收集不到位的问题。

1. 部分信息网络犯罪案件中存在大量无关联的电子证据

信息网络犯罪智能化程度高、专业性强。在一些信息网络犯罪案件中，犯罪分子主要是一些掌握计算机技术的专业研究人员或对计算机有特殊兴趣并掌握网络技术的人员，大多既熟悉计算机及网络的功能与特性，又洞悉计算机及网络的缺陷与漏洞。而司法人员往往缺乏计算机网络方面的专业知识，进而导致获取案件证据时缺乏针对性。实践中，侦查人员往往调取了大量的电子数据，但缺乏系统梳理，其中夹杂着大量与本案无关联的证据，以致检察官难以发现对办案有用的证据。如常某某等人诈骗一案中，公安机关对常某某等人的手机提取了取证报告，作为证明该团伙为他人诈骗犯罪提供手机卡的证据移送检察机关。检察机关发现其中有大量与证明犯罪事实无关的证据，如涉及犯罪嫌疑人日常生活的社交信息等。部分侦查机关对证据关联性不敏感，没有对可能与电子证据有关联的事实进行进一步侦查。在常某某等人诈骗案件中，侦查机关移送审查起诉时只认定了其中一个手机卡帮助他人实施诈骗犯罪的事实，检察官根据常某某供述，进一步梳理手机内留存手机卡的详细记录，通过手机报告中插卡痕迹记录梳理出300多个曾使用过的手机号码，最终通过反诈平台关联诈骗数额350余万元。

2. 部分与信息网络犯罪有关联的证据获取难度较大

电子证据是信息网络犯罪案件极为重要的证据形式，如服务器后台数据、作案设备数据、通信聊天数据、网银转账记录、电子文档等均为重要电子证据，但这些证据的时效性比较强、容易灭失或被篡改，诈骗分子通过境外服务器、可双向删除、阅后即焚的小众聊天软件等躲避侦查，为公安机关提取和保存证据带来极大难度。如孙某某、陈某某等人诈骗案中，二人均使用的是A聊天软件，该软件具有很强的加密功能，聊天记录销毁删除后，现有的取证技术、侦查手段很难对其进行恢复，因此公安机关只能提取到手机中部分尚未删除的聊天记录，无法一一查实陈某某通过A软件出售无线网关设备的去向，且使用的虚拟货币交易，资金转账情况也难以核证。

（二）信息网络犯罪案件证据缺乏真实性的实证分析

关于证据的真实性，又可称为可靠性或可信性，它有两个层面的含义：一是从证据载体的角度来说，证据本身必须是真实存在的，而不能是伪造、变造的，如物证必须是真实存在过的物品或痕迹，其真实来源得到笔录证据的印证；证人证言笔录也必须是真实存在过的，而不能是侦查人员伪造的笔录；等等。二是从证据事实的角度来说，证据所记录或反映的证据信息必须是可靠和可信的，而不能是虚假的，如书证所记录的内容和思想应反映案件的真实事实，被告人供述所证明的证据事实与整个案件事实不相冲突等。[①] 信息网络犯罪案件中证据缺乏真实性的表现，主要有以下几种：

1. 抽样取证不充分影响对待证事实的认定

浙江省高级人民法院、省人民检察院、省公安厅出台的电信网络诈骗犯罪案件办理意见规定，如果被害人人数在 100 人以上，可对被害人陈述采取抽样取证的方法。公安机关应该重点选取被骗资金量大、空间距离相对较近、被害对象特殊、涉案方法有代表性的被害人作为证据样本，并对抽样情况进行详细论证和说明。江苏省司法机关目前没有抽样取证的规定，实践中也参照浙江省规定的方法操作。因为规定没有说明取样的数量等要求，实践中，公安机关往往基于便利原则，选择就近取证，较为随意，缺乏科学性、代表性。如蒲某某电信诈骗案，检察官在审查起诉环节发现公安机关没有就每个业务功能组向被害人做抽样核实，后要求公安机关补充抽样取证。

2. 鉴定意见、审计报告出现反复导致证明内容真实性受到质疑

司法机关对犯罪嫌疑人涉案金额的认定，往往依赖于电子数据以及对应的司法审计报告、鉴定意见等材料。对于这类证据，犯罪嫌疑人往往提出审计和鉴定的金额过高、与事实不符的辩解。2016 年最高人民法院、最高人民检察院、公安部《关于办理电信网络诈骗等刑事案件适用法律若干问题的意见》规定，办理电信网络诈骗案件，确因被害人人数众多等客观条件的限制，无法逐一收集被害人陈述的，可以结合已收集的被害人陈述，以及查证属实的银行账户交易记录、第三方支付结算账户交易记录、通话记录、电子数据等证据，综合认定被害人人数及诈骗资金数额。由于电信网络诈骗案件取证规范性要求高、取证程序复杂，审计报告的采信需要抽样核实部分被害人（特别是出金数额大的情况，以及不同地区、不同平台时期）的出入金情况，是否与诈骗平台后台数据完全一致，是否与 CRM 系统的人员数据相互印证，以及是否扣除了虚拟账户数据。这种严格的审计过程，往往能够否定一部分在案证据，指控的犯罪金额也能随之下降，甚至犯罪嫌疑人的量刑也会因此而产生很大幅度的变化，因此在电信诈骗案件证据中显得尤为重要，也是庭审辩论的焦点。如蒲某某案在审查起诉阶段，公安机关提供了两份司法审计报告，但审计数额不一致，辩护人对审计报告证明事实的真实性提出异议。经核实，第一份审计报

---

① 陈瑞华：《关于证据法基本概念的一些思考》，载《中国刑事法杂志》2013 第 3 期。

告中一名小组长的审计金额出现了错行计算，经审计部门更正后被作为证据使用。

3. 被害方证据获取不到位影响准确全面认定犯罪事实

例如，在电信诈骗犯罪案件中，由于犯罪嫌疑人反侦查意识强，通常采取非接触式作案方式，公安机关难以查证所有被骗人员身份信息，或者被害人人数太多，遍布全国各地，逐一取证存在困难或诉讼成本过高，还有的涉及如裸聊诈骗、招嫖诈骗，被害人惧怕名誉受损拒不配合作证，导致网络诈骗案件往往难以获得所有被害人方证据。部分案件中，公安机关发送协查函请当地办案机关协助调取被害人所有报案材料，也存在反馈不及时、不全面的问题。公安机关通过反诈平台调取各地上传在平台中的被害人报警材料，会出现如缺少办案机关签章、被害人报警笔录与转账记录不对应等瑕疵或矛盾证据，对事实认定造成影响。

（三）信息网络犯罪案件证据缺乏合法性的实证分析

证据的合法性主要包括取证主体合法、证据形式合法、证据的提供主体合法、取证程序合法、取证方法合法等。我国刑事诉讼法以及对电子数据的取证规定等，均对审查判断证据的合法性作出了明确的要求。从司法实践来看，证据的合法性是犯罪嫌疑人和辩护人通常提出的抗辩理由。检察机关在办理信息网络犯罪案件过程中，发现此类犯罪案件证据上通常存在以下合法性问题：

1. 侦查人员讯问不规范，或缺少同步录音录像，导致犯罪嫌疑人供述合法性存疑

信息网络犯罪案件往往集团化，涉案人员众多，如周某某等人诈骗案一案涉及 52 人、莫某某诈骗案一案涉及 91 人，在集中审查时由于侦查人员短缺、讯问水平参差不齐等一系列主客观因素制约，出现讯问录像内容与供述记录内容有较大差异、公安机关无法提供录音录像的情况，使该供述受到辩护人的质疑，上升到非法证据排除问题。如张某某电信诈骗案中，辩护人提出张某某两次讯问与录音录像不完全一致，公安机关的笔录存在瑕疵，提出非法证据排除。莫某某诈骗案中，辩护人提出莫某某虽有 6 次讯问，但只有看守所期间的 2 次讯问有录音录像，前期供述均无录音录像，无法排除莫某某前期被殴打作违心供述的可能，申请非法证据排除。

2. 扣押物证程序不规范导致出现瑕疵证据或非法证据

在电信诈骗犯罪案件中，犯罪嫌疑人往往借助网络 IP 技术通过“外呼系统”拨打诈骗电话，公安机关往往采取电子证据远程勘验，调取 IP 地址、通话记录等作为案件的核心证据，IP 地址与现实地址、网络电话的通话记录之间均需要建立对应关系，从而找到相应的被害人，将被害人被骗的事实与犯罪

窝点关联印证。但是由于异地、跨国等客观条件限制，勘验、检查、扣押工作具有“一过性”，扣押物品有收集不全、扣押笔录记录简单、缺少见证人等情形。取证程序上的证据瑕疵问题可以补正，但是如若因为异地扣押证据收集不全、记录简单，导致重要证据（如“外呼设备”“猫池设备”）未被扣押或记录型号与实际型号不符且无法补正，则将导致该物证无法作为证据使用。

3. 电子证据取证程序不规范影响证据合法性

信息网络犯罪案件的承办机关一般是派出所或者刑警大队，提取电子数据的过程依赖于网安部门或技侦部门的相互配合。实务中，常缺乏网安或技侦部门的证据来源说明以及规范完整的收集程序和方法说明。如徐某某电信诈骗一案中，公安机关称扣押的电子设备交由技侦部门，技侦部门交由移动公司根据串号调取插卡记录，但卷宗内没有提取记录、委托手续、勘验笔录等能够证明该证据来源的具体证据；如在张某某等人利用架设多卡宝设备为诈骗分子提供通信服务一案中，公安机关依法扣押了作案工具多卡宝设备，由于涉案手机卡用完即弃，取证关键之一在于如何通过多卡宝设备的串号获取曾经在该设备使用过的手机号码。对于通过作案工具串号获取手机号码的来源过程，技侦部门没有出具相关的法律文书，只由办案机关根据技侦部门反馈出具了获取的手机号码清单说明；如在周某某等人电信诈骗一案中，网安部门出具的电子数据检验报告适用了已作废的技术标准规范。

（四）信息网络犯罪案件证据综合运用难点的实证分析

1. 如何建立犯罪嫌疑人与犯罪事实之间的联系存在困难

在电信诈骗案件中，电信诈骗的行为人一般不会与被害人直接面对面，通常是异地诈骗、异地取款。部分犯罪嫌疑人在团伙作案的基础上有交叉作案、单独作案、多团伙作案、团伙成员不固定，参与者可能不完全相同，如何运用证据确定每一起犯罪的实行者是审查的重点和难点。在陈某某等 15 人诈骗案中，朱某某作为该诈骗犯罪团伙的头目，向陈某某传授冒充网贷诈骗的犯罪方法，并向陈某某提供贷款人员名单、诈骗使用的手机卡、银行卡等，由陈某某组织人员负责具体实施。后因陈某某认为朱某某拿提成太多，2021 年 6 月之后不再分赃给朱某某，但其使用的手机、客户名单、购买名单的途径仍是朱某某所提供，因此检察官认为朱某某应对所有数额承担责任。法院则认为现有证据不足认定朱某某与 2021 年 6 月之后的犯罪事实有关联，以事实不清、证据不足未予认定。

2. 在犯罪嫌疑人不供述的情况下，认定犯罪嫌疑人主观明知的标准不统一

网络犯罪各环节相对独立，且各行为人所处空间跨度大，囿于侦查力量、

跨境抓捕等原因，实践中很少存在上下游全链条行为人同步到案的案件。上游或主犯供述缺失，下游或帮助行为人零口供的，对其主观明知认定存在障碍。例如，在周某某等人电信诈骗一案中，周某某等人在国内预谋，随后安排多人跟随其前往境外实施诈骗犯罪，国内有江某某等人为其诈骗犯罪提供公民个人信息，对于国内人员主观明知证据欠缺，难以认定共同犯罪；在蒲某某等人电信诈骗一案中，大部分的业务员均是通过招募而来，员工均辩解自以为开展的是正常的业务，对于公司的违法性不知情。

另外，诈骗团伙之外为诈骗顺利实施提供技术、“两卡”、资金转账等帮助人员的主观故意认定也同样存在困难。关于是否“明知他人实施电信网络诈骗犯罪的”的证据除了依赖于犯罪嫌疑人的供述，还需要通过客观行为来审查，如司法解释规定的“应当结合被告人的认知能力，既往经历，行为次数和手段，与他人关系，获利情况，是否曾因电信网络诈骗受过处罚，是否故意规避调查等主客观因素进行综合分析认定”。既然是推定主观故意，推定依赖于已经查证属实的基本事实，关于该部分的证据所要达到的证据标准很难达成统一认识。

3. 对信息网络犯罪案件的犯罪数额认定问题，公、检、法存在不同认识

犯罪数额认定是部分信息网络犯罪案件重要的构成要件，直接影响罪责认定，因信息网络犯罪事实难以一一核对，犯罪数额的认定一直是个难点。例如，电信诈骗犯罪案件中，侦查机关有根据犯罪嫌疑人供述直接认定和以查获的资金流水直接认定两种倾向。如周某某等人诈骗、侵犯公民个人信息一案中，侦查机关对潘某某出售公民个人信息获利直接以其供述的40万予以认定，后检察官通过核实其对外出售信息的聊天记录结合资金流水核实，改变数额为200万元。如李某某等人诈骗案中，诈骗团伙为逃避侦查，将一名被害人被骗钱款分不同银行卡走账，犯罪嫌疑人作为诈骗犯罪团伙专门的提供银行卡走账人员，提供的银行卡只是诈骗犯罪团伙卡池的一部分，但是侦查机关对于本案犯罪嫌疑人的诈骗数额指控直接以被害人报警被骗数额为准，忽略只有被害人一部分被骗数额到账至本案犯罪嫌疑人控制的账户之内。另外，还有网络诈骗团伙中不同层级人员，如首要分子、主犯、组长、业务员、被认定从犯的行政人员等不同层级的人员犯罪数额认定问题。司法解释中关于犯罪数额的审查判断部分采用了推定的方式来证明诈骗金额，实务中对于主观明知诈骗故意不具体、行为联系松散不紧密的提供银行卡帮助转移资金的人员常适用掩饰、隐瞒犯罪所得罪罪名，而该罪要求的掩饰、隐瞒的客观对象是“犯罪所得”，按上述司法解释的标准，是否同样可以推定？由于部分法院严格把握，部分检察院通常只以已经查证属实的被害人被骗金额予以认定。

除了诈骗数额认定问题，违法所得认定同样是证据收集和审查难点之一，特别是目前到案的多是帮助犯，一般与正犯之间通过层层中间商资金结算，还会使用虚拟货币结算，甚至混同上游犯罪过账资金，难以取证到位，侦查机关通常以犯罪嫌疑人的供述就低认定。

4. 信息网络共同犯罪案件中主犯和从犯的认定标准不一致

在电信诈骗犯罪案件中，由于诈骗分子各有分工，单线联系，互相分立，犯罪分子到案之后往往很难互相指证。犯罪嫌疑人往往辩称自己不是主犯，而是从犯，借以逃避打击。在办案中，检察官综合证人证言、犯罪嫌疑人供述、书证、电子数据等证据进行分析，梳理犯罪团伙日常运作、涉案人员工作情况、沟通联络、分工协作、分提成、日常开支、诈骗所得、薪酬发放、账目等情况，从而确定犯罪分子在团伙中发挥的作用，区分主从犯。在陈某某等15人电信诈骗案中，检察官经审查认为，张某某仅是打电话、发信息，其作用较李某某领导下的其他人较小，且其仅拿10%的提成，在其与朱某某的共同犯罪中，处于次要、辅助作用，起诉时认定其为从犯。一审法院认定张某某为主犯。李某某为任某某提供11张银行卡，由任某某提供给陈某某，陈某某整个团队的诈骗数额为56万余元，其中41万余元均是从李某某所提供的银行卡中进账，且李某某领导和指挥取款组，在整个诈骗团伙中发挥着重要作用，检察机关认定李某某为主犯，一审法院认定李某某为从犯。

四、完善信息网络犯罪案件证据体系的路径探索

因信息网络犯罪案件所包含的案件种类较多，无法对此类案件明确统一的证据内容和证据标准。笔者认为，可以通过建立机制、运用印证规则、加强检法沟通等方式，最大限度地确保证据具备关联性、真实性和合法性，在统一司法认识的基础上，较为全面准确地认定犯罪事实。

（一）建立证据筛查过滤机制和证据关联性异议机制，以关联性为中心调节司法权力和个人权利的冲突

1. 建立证据筛查过滤机制

证据收集从某种意义上讲是基于惩罚犯罪、保障整体利益的需要，由个人权利让渡的司法权力。① 在司法实践中我们发现，侦查机关移送的卷宗材料中，有很多是与本案无关联的证据，其中不乏涉及公民个人隐私的证据，主要存在于手机电子取证报告和邮件中。上述做法一方面导致许多证据缺乏关联性而不被采信，同时因该部分证据已经进入刑事诉讼阶段，会被检察官和辩护人

① 徐杨：《刑事网络证据研究》，华东政法学院2002年硕士论文。

查看，尤其在辩护人和犯罪嫌疑人人数较多的情况下，该犯罪嫌疑人的隐私权会受到一定程度的侵犯。虽然这是基于公共利益的考虑，在打击犯罪过程中犯罪嫌疑人应当容忍，但笔者认为，应当以关联性为中心确保证据资格，同时实现打击犯罪和保障公民个人隐私之间的平衡。笔者建议建立证据筛查过滤机制。由公安机关建立专门的证据审核部门，对全案证据进行筛查，尤其要加强对电子证据的筛查过滤，充分选取与案件事实有关联的证据移送审查起诉，避免关联证据被淹没在海量证据中。对于其中与犯罪事实无关联的证据，要及时予以剔除。在证据剔除的过程中，会涉及证据形式的转化问题。如果筛查过滤的人员是取证人员，可以直接对证据进行形式转化；如果筛查主体和取证主体不一致，建议由筛查部门将筛查的证据意见转交至取证部门，由取证部门重新出具证据，避免出现取证主体不合法的情况。

2. 建立证据关联性异议机制，充分保障犯罪嫌疑人的诉讼权利

笔者认为，对于证据是否具备认定犯罪事实的资格，相关的诉讼权利人均有权利提出自己的意见。而在实践中，部分犯罪嫌疑人和辩护人会提出意见，认为公诉人没有当庭出示有利于犯罪嫌疑人的证据。笔者认为，在以审判为中心的诉讼制度体制下，有必要在审查起诉阶段设置证据关联性异议机制，检察机关充分听取犯罪嫌疑人和辩护人对于证据关联性的意见，如果对于是否当庭出示双方意见不一致的，公诉人应在举证质证时出示，由法庭来判断证据的关联性。

3. 对于认定案件事实有重要作用的证据获取不充分的问题，笔者认为应当提高侦查技术和侦查水平

首先在技术装备上，侦查机关应当更新侦查科技装备。网络犯罪具有一定的知识水平要求，犯罪分子犯罪手段较为隐蔽，甚至会结合当下的虚拟货币来进行犯罪活动，犯罪手段不断翻新，给侦查技术提出了更高的要求。因此应当加强对信息网络犯罪侦查装备的研发，以适应侦查需要。同时我们发现，有些信息网络犯罪案件由基层的派出所承办，基层派出所人员流动性大、专业水平程度有限，所获取的证据往往难以达到起诉标准。建议建立专门的信息网络犯罪办案团队，尤其增加精通通信信息网络技术的专门性人才，不断提高侦办新型网络犯罪案件的水平。可以在高校设置专门的信息网络犯罪侦查专业，为侦查机关输送专业人才。

（二）坚持印证规则，夯实行为人和犯罪事实之间关联的证据基础

“以印证为最基本要求的证明模式中，证明的关键在于获得相互支持的其他证据。”① 目前我国的刑事诉讼中，已经普遍采用印证规则来认定案件事实。

① 龙宗智：《印证与自由心证——我国刑事诉讼证明模式》，载《法学研究》2004年第2期。

在解决如何证明犯罪嫌疑人实施了犯罪事实这一问题上，印证规则也可以发挥较大作用。以电子数据为例，电子数据的关联性有两个层次：一是内容关联性，指电子证据的数据信息同案件事实之间的关联性；二是载体关联性，指电子证据的信息载体同当事人或其他诉讼参与人之间的关联性。[①] 实践中较为困难的是第二种载体关联性的印证。笔者认为，应当加强物理空间和虚拟空间的印证，物理空间的证据主要包括犯罪嫌疑人的供述、物证、书证等，虚拟空间的证据主要指电子证据。如犯罪嫌疑人供述，其使用某社交平台的账号和密码，在网络上联系他人，进行犯意联络或者实施犯罪，又通过银行账户接收被害人资金。如果犯罪嫌疑人对于其在网络上实施犯罪的流程能够完整供述，侦查机关可以根据犯罪嫌疑人的供述去获取相应的证据，如果获取的相关 IP 地址、网络活动记录、上网终端归属等能够与犯罪嫌疑人的供述相印证，就可以达到印证证明犯罪事实的效果。如果犯罪嫌疑人不供述，可以根据电子证据中证明的犯罪嫌疑人网络行为的习惯，结合同案犯的供述、其他证人证言等证据来进行综合认定。

（三）完善抽样取证具体规范，使法律真实最大限度接近客观真实

笔者认为应当建立一套完整的信息网络犯罪案件抽样取证规范，该规范中应当明确抽样取证的主体、抽样取证案件条件、抽样取证对象范围、抽样取证程序、抽样取证异议等。关于抽样取证的主体，实践中都是侦查人员作为抽样取证的主体，缺乏第三方的有效监督。笔者认为，为了规范抽样取证的流程，有必要引入第三方参与和监督机制，可以由会计、审计等有专门知识的人参加，全程参与抽样取证程序，弥补侦查人员专业上的缺陷。同时应当邀请与本案无关联的人作为见证人，对抽样取证程序规范予以监督。对于抽样取证案件的条件，目前浙江省作出了明确的规定，但缺乏全国统一的标准，信息网络犯罪案件涉及地域范围广，建议由最高人民法院、最高人民检察院和公安部共同对此作出规定。关于抽样取证的对象范围，笔者认为应当坚持案件种类全覆盖、犯罪手段全覆、特殊被害人群体全覆盖，并且应当对抽样取证的每种对象数量也作出要求。对于抽样取证的结果，犯罪嫌疑人和辩护人如果有异议可以提出，由侦查人员、有专门知识的人以及公诉人共同作出回应，法庭经审理认为抽样取证结果缺乏真实性的，可以通过更换取样人员等方式进行重新抽样取证。

（四）建立电子数据取证资格制度，确保电子数据的合法性

最高人民法院、最高人民检察院和公安部已经对收集提取和审查判断电子

---

① 刘品新：《电子证据的关联性》，载《法学研究》2006 年第 6 期。

数据作出了专门的规定，但实践中仍然有因提取、保管、流转不规范导致电子数据不可用的情况。如电子数据被扣押之后仍然有访问操作日志，或校验值发生变化，上述情形均严重影响了电子证据的合法性和真实性。笔者建议建立电子数据取证资格制度，对电子数据取证资格设置一定的门槛，由获得资质的侦查人员调取电子数据。可以类比现有的鉴定人制度，由省级以上公安部门进行资质审核，并颁发资质证书。侦查机关提取的电子数据后需附有电子数据取证资格证书。可以预计的是，信息网络犯罪案件在未来相当长的一段时间内仍会持增长态势，电子数据的调取和审查必将成为此类案件的重中之重。只有从制度上对电子数据的调取和审查作出完善的规定，才能确保其合法性，更大限度地发挥其在办理信息网络犯罪案件中的重要作用。

另外，还可以建立与高校的电子数据侦查协作机制。实践中反诈专职民警都仅掌握基础的资金流查询以及网络数据分析，其他工作都由网安、技侦民警完成，但网安、技侦部门的警力也严重不足，加上本身权限小、资源少、技术能力缺乏，又与反诈民警不能及时对接，影响了电子数据取证质效。犯罪分子使用的技术手段越来越高，对侦查提出的挑战越来越大。面对上述困境，可以通过与高校科研机构协作等方式，借助外脑提高电子证据取证水平。

（五）建立检法强制案例检索制度，统一信息网络犯罪案件办理标准

目前检法对于信息网络犯罪案件的事实认定主要在犯罪嫌疑人的实行行为、主观明知、犯罪数额以及主犯的认定等方面存在分歧，实行行为、主观明知和犯罪数额影响罪与非罪，主从犯认定影响量刑。虽然司法解释对于解决上述问题作出了部分规定，如最高人民法院、最高人民检察院、公安部《关于办理电信网络诈骗等刑事案件适用法律若干问题的意见》规定，多人共同实施电信网络诈骗，犯罪嫌疑人、被告人应对其参与期间该诈骗团伙实施的全部诈骗行为承担责任。在其所参与的犯罪环节中起主要作用的，可以认定为主犯；起次要作用的，可以认定为从犯。但在实践操作中仍然存在认识上的分歧，导致一些案件起诉和判决认定的事实不相同，甚至不同地区认定的标准也不相同。目前，部分法院建立了类案强制检索报告制度，最高人民检察院也要求检察官办案时应当检索指导性案例作为参考。但是，因检索案例库内容不同，仍然导致检法在部分问题上的处理意见不一致。笔者建议，建立法院和检察院强制案例检索制度。由法院和检察机关共同确定被检索案例的范围，例如，可以是最高人民法院和最高人民检察院的指导性案例，要求检察官和法官在办理案件时，必须进行类案强制检索，尤其是对于容易产生分歧的证据采信、事实认定、自首认定等问题，必须找到认定的依据或相关判例。由检察机关和法院共同建立类案强制检索，可以避免检察机关和法院之间的认识分歧，

统一证据和事实认定标准。

依法办理信息网络犯罪案件，积极推进网络依法治理是检察机关的职责，也是守护民生、完善社会治理体系的应有之义。只有不断加强对信息网络犯罪案件证据研究，汇集理论和实践合力，才能不断提高信息网络犯罪案件办理水平，真正践行好为大局服务、为人民司法的重大使命。

区块链存证技术的刑事证据适用范式研究*

刘沛宏**

引　言

互联网及相关科技的发展引领了人类社会的第三次革命，人们也从传统的物理生态走向了智能生态。科技赋能创造了人类生活的新空间，拓展了国家治理的新领域，同时也给我国经济、政治、文化生活带来了很多的新挑战。在数字时代大背景下，谁掌握了科学技术，谁就把握住了时代主动权，否则就会被时代所抛弃。2021 年 3 月十三届全国人大四次会议通过的“十四五”规划中明确要求以数字化转型整体驱动生产方式、生活方式和治理方式变革，进而打造数字经济新优势、加快数字社会建设步伐、提高数字政府建设水平、营造良好数字生态。在此发展变革条件下，数字法治建设如雨后春笋，在各个部门法领域迅速成长，成为社会治理智能化、科技化的重要组成部分。2019 年 10 月 24 日下午，习近平总书记在中共中央政治局第十八次集体学习中强调，区块链技术的集成应用在新的技术革新和产业变革中起着重要作用，应加快推动区块链技术和产业创新发展。由此，“区块链 +”在未来生活的各方面会扮演着越来越重要的角色。现阶段，区块链存证技术大量应用于金融、教育、医疗等领域，与司法领域的结合尚在探索之中，尤其是刑事司法领域。区块链存证技术具有不易篡改、去中心化等天然优势，然而在实践中还未形成有效的制度吸纳。作为一项新技术，其与生俱来的特点让法律人有理由相信未来刑事司法实

---

* 本文为中央高校基本科研业务费专项资金项目“情理在刑事裁判中的作用机制研究”(21lzujbkydx024）和甘肃省高级人民法院司法研究课题“情理在刑事裁判中的功能机制研究”［GS-GYKT（2021）C01］的阶段性成果。原文发表于《湖南社会科学》2023 年第 1 期。

** 中国社会科学院大学法学院博士研究生。

践中，区块链存证技术会成为存证、示证等不可或缺的重要手段。与此同时，我国各地开始积极探究区块链在司法实践中的应用，例如，成都市郫都区人民法院互联网审判庭针对电子证据认证率低、存证及取证困难等问题，在当地创新运用区块链技术来解决相关问题。从杭州互联网法院的区块链司法存证平台，到北京互联网法院的“天平链”电子证据平台，再到广州互联网法院“网通法链”智慧信用生态系统的运用，区块链存证技术在司法领域内初露端倪。2021 年 6 月，最高人民法院发布了《人民法院在线诉讼规则》（以下简称《规则》），其中对区块链存证的效力及审查规则作出了立法上的回应。这些积极的尝试，都说明科技的发展正不断冲击着传统诉讼的规则，也在不断打破着固有的诉讼思维模式，为日后区块链存证技术广泛应用于刑事司法领域打下坚实的基础。

一、问题的源起：区块链存证技术的兴起与发展

何家弘教授曾说：“就司法证明方式的历史而言，人类曾从‘神证’时代走入‘人证’时代，又从‘人证’时代走入‘物证’时代。也许，我们即将步入另一个新的司法证明时代，即电子证据时代。”[①] 电子证据时代对传统证据认定规则提出了极大的挑战，司法实务人员不应受到传统规则之掣肘，要将区块链存证技术在司法实践中率先适用；再探索利用区块链技术建立起刑事证据数据库解决证据存储、质证、认证及开示等问题。

（一）区块链存证技术运行原理

区块链技术最早运用在“比特币”虚拟货币当中，比特币发明者曾对区块链技术作出了简单的陈述：为了详细记录比特币交易的账本。区块链本质上是一种去中心化、公开透明、难以篡改的文档型数据库，是一种促进人类大规模协作的技术手段，解决了多点之间相互信任以及利益分配的问题。[②] 区块链可以分为“区块”和“链”。“区块”就是存放数据的地方，一条区块链中，可能会由多个“区块”组成，每一个“区块”包括了区块头和区块体。区块体存放了所有的数据信息；区块头记录了时间戳、当前区块 Hash 值、上一区块的 Hash 值等。每个区块都有自己独立的 Hash 值，且都会包含上一区块的 Hash 值，二者串联，形成“链”。系统将这些区块中的数据有序地组织联系在一起，通过逐层哈希计算方式，形成本“区块”的数据。数据本身任何一处的改动都会形成不同的 Hash 值，所以只要 Hash 值不同，数据就不同，最大限

① 何家弘：《电子证据法研究》，法律出版社 2002 年版，第 142 页。

② 袁勇：《区块链技术发展现状与展望》，载《自动化学报》2016 年第 4 期。

度地保障数据的安全性。目前，我国诉讼法上尚无“区块链证据”这一类型，所以《规则》未采用这一表述，而是从技术特征角度将之描述为“区块链技术存储的电子数据”，其在性质上属于电子数据。需要指出的是，区块链基于自身技术特点，一般情况下并不存储电子数据内容本身，所存储的是经过加密运算所得的哈希值，并经由对哈希值的核验，判断电子数据本身是否被篡改（见图 1）。

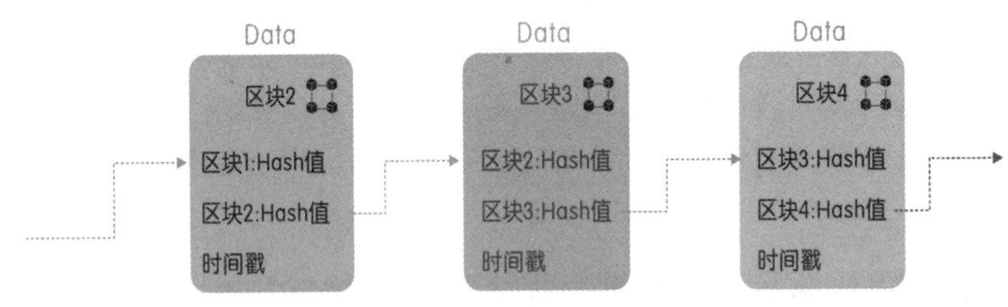

图 1　区块链存证原理

时间戳的形成基础是 Hash 值的唯一性，它是将第一次所计算的哈希值与要储存的时间作为新的数据进行哈希计算，所得出的新的哈希值就是时间戳。加盖时间戳的数据，可以为所有节点追溯历史数据提供相应的便利（见图 2）。

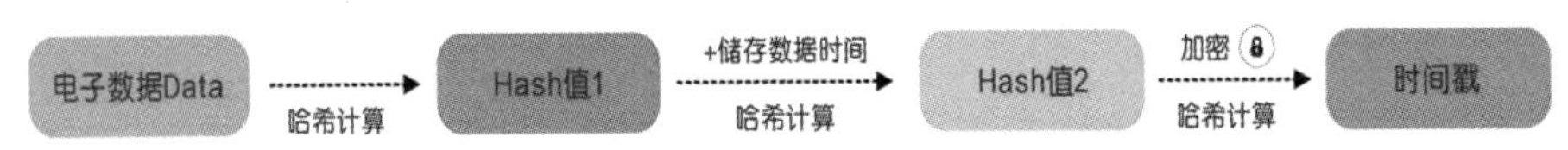

图 2　时间戳生成示意

（二）区块链存证技术的特征

区块链存证技术早期运用于金融领域，但伴随其技术的不断发展与成熟，数字社会各行业都已经开始探索利用其技术特征来推进治理方式的升级并向纵深化发展。其具备以下优势和核心技术：第一，不可篡改性。这也是区块链存证技术最大的优势之一。因每一个区块之间都是紧密相连，且都是依据共识机制环环相扣，通过所有记账节点之间达成共识，来认定一个记录的有效性，这既是记账的手段，也是防止篡改的方式。区块链提出了多种不同的共识机制，适用于不同的场景，因此，在区块链存证过程中，一旦有节点主体试图篡改其中的数据，就要对最长链上所有区块的数据进行篡改，但这样工程量是巨大的，且需要 51% 以上节点主体的同意，否则就无法篡改数据，或者篡改数据归为无效。从篡改成本和技术的角度有效保障了存储数据的安全性。第二，分布式账本即去中心化。现在大部分电子数据的储存基本是在中心电脑上，但是区块链存证并非只在中心电脑，而是由多个节点共同完成，且所有参与的节点都可以记录完整的账目。利用这样的特征，所有节点都可以参与监督交易的合法性，因此证据的存储及展示都会受到各节点的直接关注，同时也不会因为实物证据的毁损而降低其证明力。第三，不对称加密及授权技术。在区块链上的交易是公开的，但是账户身份信息是高度加密的，只有在数据拥有者授权的情况下才可以访问。这就提高了数据的安全性，同时保护了个人的隐私，有利于律师阅卷权的行使。第四，数据上传即时性。区块链存证技术可以将每个节点的数据直接同步至其他所有的节点。所有的节点也都可以是数据的发布者，同时只要有相应的权限，也都可以是所有数据的读取者，这样的特点可以保障信息的及时更新和传送，提高程序运行的效率，有利于各机关协同办案平台的搭建。

区块链存证技术具备的优势及核心技术，与刑事证据要求的安全性、保密性、隐私性及客观性天然契合，但同时也面临着与传统证据认定规则及司法制度的挑战。因此，以区块链存证技术为基础，建立刑事证据数据库，科技赋能可促进刑事诉讼程序高效运转，也可有效解决数字社会刑事证据认定规则的困境，消除“捆绑质证”的现象，降低并杜绝实践中律师毁灭、篡改证据的风险及行为，推动证据开示制度之数字模式的构建，达到控辩平等原则的要求。刑事证据数据库绝不仅是简单地将传统证据电子化存入云端的初代模式，而是在充分利用区块链存储证据之基本功能的前提下，参与从侦查至审判刑事诉讼的全部流程，为刑事诉讼更系统化地运行提供强有力的技术支撑。

二、挑战与机遇：区块链存证面临的冲击及必要性分析

区块链存证作为一项新兴技术，同刑事司法的结合尚不深入。但其所具有的不可篡改性、去中心化、安全性、即时性的特征是其同刑事证据制度相结合先天优势。虽然将区块链技术嵌入刑事诉讼具有极大必要性，但在此过程中需填补传统与现代的技术鸿沟，打破传统认定证据规则的藩篱。在与刑事证据制度产生良好的化学反应之后，将有望借助其优势对刑事审判改革进程上的难题和挑战提供更好的应对措施。

（一）区块链存证与传统证据能力的对弈

证据能力是指事实材料在法律上作为证据的资格。对于证据资格的认定，我国理论界的通识是要考察证据的真实性、关联性以及合法性。运用科技手段可以辅助法官认证，但并不能替代法官自由心证的过程。因此，在运用区块链存证技术的同时，仍不能忽视对证据能力的现实考察，要将二者紧密结合，充分发挥各自优势，提高法官对证据审查认定的效率。

首先，真实性问题。针对传统的电子证据，有学者将其归纳为三个层面：电子证据载体的真实性、电子数据的真实性、电子证据内容的真实性。[①] 根据严格证明责任理论，就载体真实和数据真实而言，不仅要考察数据收集的主体及方法，还要考察数据的同一性及整体性；就内容真实性而言，需要法官依据案件本身的事实来进行判断和鉴别，同传统证据内容真实一样，区块链存证内容的真实性并不能随着技术的改革得到自动证实，易言之，技术本身即便具有可靠性，但并不能由此推定证据的内容具有可靠性。载体和数据的真实是保障内容真实的前提和基础，因此，实践中一方面要加强电子数据真实性"技术自证"理念的培养[②]，另一方面更应该对数据内容真实性加以实质性审查。

其次，关联性问题。同物证时代证据相比，电子证据时代不仅要考虑证据信息内容的关联性，还要考虑载体与形式的关联性，也即信息载体同当事人或其他诉讼参与人之间的关联性。[③] 区块链存证技术虽在简化证据真实性的认定上作出了重大突破，却并未突破电子数据对载体关联性的要求。在信息录入后数据库利用哈希计算方式生成的哈希值有力地保证了证据在其他节点不被篡改，较传统电子数据具有补强现有证据的能力，但缺少了第三方平台与各个节点之间身份的关联性，法院在认定证据时需对证据材料是否具备载体和形式的关联性作出细致审查。[④]

最后，合法性问题。证据的合法性包括了取证主体合法性、证据形式的合法性、取证程序的合法性以及证据保全与运用方式合法性四个方面。[⑤] 以电子数据的取证为例，有别于传统取证方式，电子数据的取证是一个技术发现的过程，取证的过程需要鉴定人及律师的共同参与，方能保证取证行为的合法性。在利用区块链存证时，对取证主体及运用证据的方式提出了新的挑战和更高的要求。

（二）区块链存证与传统刑事司法制度的隔阂

首先，应用领域受限。区块链存证技术在当下主要应用于民事诉讼领域，刑事诉讼领域的实际应用尚未全面展开。截至 2019 年 10 月 31 日，全国已完

---

① 参见褚福民：《电子证据真实性的三个层面——以刑事诉讼为例的分析》，载《法学研究》2018 年第 4 期。

② 参见张玉洁：《区块链技术的司法适用、体系难题与证据法革新》，载《东方法学》2019 年第 3 期。

③ 参见刘品新：《电子证据的关联性》，载《法学研究》2016 年第 6 期。

④ 参见罗恬漩：《民事证据证明视野下的区块链存证》，载《法律科学（西北政法大学学报）》2020 年第 6 期。

⑤ 刘方权：《双重视野下的证据合法性证明问题》，载《中国刑事法杂志》2015 年第 4 期。

成北京、上海、天津、吉林、山东、陕西、河南、浙江、广东、湖北等省（市）的22家法院及国家授时中心、多元纠纷调解平台、公证处、司法鉴定中心的27个节点建设，共完成超过1.94亿条数据上链存证固证，支持链上取证核验。[①] 但上述这些平台、资源的建设和投入，缺乏在刑事领域的具体应用。因此，区块链存证技术应用领域受限成为其与司法实践结合出现隔阂的重要原因之一。

其次，存证平台准入门槛缺失。从我国杭州、广州、北京区块链试点来看，其构建的具体形式虽有不同，但都是以第三方区块链服务提供者为前提构建的。[②] 第三方区块链存证服务提供者作为市场经济主体，参与到刑事案件的证据收集、存储、流转活动中，是否会因自身的管理优势篡改数据，是否会破坏司法的公正性值得探讨。各地区各自建链的模式虽然在处理本地案件时能大大提升证据流转和应用效率，但是当案件被追诉人跨地区时，就会面临不同地区机构间对接的困难。因此，有必要在试点完成后，着手构建从地方到国家法院主导的区块链存证服务平台。

最后，传统证据电子化进程滞后。运用区块链技术存证的前提是所有证据的电子化或是证据同步上链。不同于把纸质证据扫描成电子版，传统证据的电子化是从证据提取之初就全面利用区块链技术生成电子数据，做到生成即入链。电子数据及视听资料与电子化具有天然契合性，但仍需要确保生成与入链之间不被篡改；物证、书证及言词证据等其他证据形式，应当如何电子化，也是亟须解决的问题。只有实现证据全面的电子化及同步上链，才具备建立数据库的基础。

（三）区块链存证的必要性分析

首先，提升诉讼效率。区块链存证技术能有效缓解我国因案件数量不断增长而带来的诉讼压力。在实践中逐渐探索出了繁简分流的诉讼运行模式，对大量存在的轻刑化案件采取速裁、简易程序处理。随着技术的进步，法院可以在简化程序外更多地通过新技术的应用提升案件办理效率。利用区块链存证技术建成全国统一的刑事证据数据库，一方面可以大大提升证据在侦、控、审机关之间的流转效率，另一方面也可以便利一审、二审及再审等不同层级之间的证据流转。

其次，节约司法资源。区块链存证技术打破了传统证据形式对载体的依

---

① 《中国法院的互联网司法白皮书（2019）》，人民法院出版社2019年版，第18页。

② 杭州司法区块链以蚂蚁金服区块链技术为基础，北京“天平链”与国内先进区块链产业协作，广州“网通法链”则由三大电信运营商各自建链后对接法院平台。

赖，能够大幅降低物证时代证据存储、流转所耗费的司法和社会资源。同时，相较于传统取证方式表现出的成本高、效率低、真实性难以保证等不足之处，区块链存证拥有的时间戳、电子身份认证、共识机制、不对称加密等核心技术，可以有效降低取证成本、提升效率、增强证据真实性，证据数据库还可以优化示证环节，使控辩审三方聚焦证据本身，实现辅助审判人员对证据高效地认定的目标。

再次，便于监督审查。通过区块链存证方式，证据的上传、流转均在刑事诉讼的各个阶段全程留痕，可以更加清晰地辨识证据的责任主体，便于链上各节点互相监督取证、存证、示证及质证过程中各种行为是否符合法律规范，对诉讼监督的有效实现具有推动作用，也可督促侦、控两机关及时、彻底上传证据材料。进一步而言，由于数据库存证能保证证据永久储存、不易被篡改、案件诉讼过程全程留痕，因此即便多年后倒查或再审的案件，也能通过此项技术发掘在诉讼过程中的疑点及漏洞，同时能有效避免证据灭失带来的不利影响。

最后，助推刑事改革。区块链存证技术的发展，对刑事诉讼的深层次革命有着助推器的作用。尤其是在2020年新冠疫情之后，互联网科技的发展几乎在社会的各个角落都留有足迹。疫情期间大力推行线上诉讼，是对传统刑事诉讼的一次革命。虽然区块链存证相较传统存证方式具有更强大的安全性，更多元的开放性及更稳定的持久性，但不仅要在存证方面发挥其特长，还要在辅助刑事侦查、起诉及审判方面为传统刑事诉讼改革提供新思路、新方案。

三、探索与创新：刑事证据数据库的建立

证据的认定对刑事案件的审理具有决定性作用，“打官司就是打证据”的传统观念在司法实践中受到普遍认可，因此要牢记“证据为王”的理念。以区块链存证技术为基础建立的刑事证据数据库，能够改变传统的存证及质证模式，在犯罪协同治理中发挥更为重要的作用。

（一）传统刑事诉讼模式下的证据流转

传统刑事诉讼运行程序首先由公安机关立案侦查并收集原始的材料，随后将收集的材料移送检察机关审查；检察机关审查后如发现有漏洞和瑕疵，可要求侦查机关补充侦查；待证据审查完毕符合起诉条件后，检察机关起诉并将全部证据移送至法院；法院根据在案证据进行审理并判决。在此过程中，证据材料随案在公、检、法之间流转。

在案卷两次移送及保管过程中，存在丢失、破损、被篡改等风险。在重大疑难复杂案件中，传统纸质证据材料动辄上百本的卷宗数量，会给公检法律带来巨大的文字阅读、存储安全、示证质证等压力。以黑社会犯罪案件为例，自

2018年开展扫黑除恶专项斗争以来，不难发现，黑社会或恶势力案件存在着办案周期长、案卷材料多、案情疑难复杂等特点，各地公检法在办理该类案件的过程中都会耗时耗力，仅针对几十甚至过百本的案卷材料，在公检法之间的流转都会产生巨大的风险；同时在庭审举证质证的过程中，往往会出现大量证据合并出示及捆绑质证，拖延了诉讼时间、降低了庭审效率、减损了辩护效果，尤其是瑕疵证据、非法证据等都是辩护人成功辩护的重中之重，如果没有详细的阅看及精准的质询，就容易出现无效辩护，损害被告人的权益。同样在简单案件尤其是认罪认罚案件中，速裁程序审理的案件甚至可以在一天之内做到立案、开庭、宣判、送达，但后续仍有上传卷宗等具体事务性的工作会占用大量的时间。仅法院就需要平均10天的时间来处理一件简单的案件，如果要将侦查、审查起诉的时间全部算在内，会发现案件周期仍然处于较长的状态。原因在于仍未脱离传统办案流程带来的效率较低之弊端。不能否认，传统的方式在一定程度上确实起到了简案快审的效果，但是要达到将司法资源合理分配、简者更简、繁者更繁的目标，仍需利用科技发展作为着力点，撬动整体诉讼的改革和优化。

（二）刑事证据数据库的运行模式

证据认定是刑事审判的核心工作，同时也是庭审实质化的重要环节。区块链存证技术的发展为刑事诉讼程序改革及优化提供抓手，因此利用区块链存证技术建立刑事证据数据库成为对证据存储、展示、阅看的重要方式。刑事证据数据库的建立不仅可以降低证据流转过程中的各项风险，实现对所有案件证据易保存、原生态、难篡改、留痕迹、去中心、无纸化的目的，还有利于审前律师阅卷工作的顺利进行及庭审过程中举证质证的高效开展，为刑事证据的认定提供技术支持，为律师将辩护范围扩大至审前提供现实助推，为优化刑事司法资源配置提供科技保障。在未来刑事诉讼中，刑事证据数据库在诉讼各个阶段都会发挥着强大的辅助功能，甚至在一定程度上可以改变传统刑事诉讼的运行模式。以数据库为圆心，打造公检法律协同治理的模式，是数字治理模式下的创新与探索。

首先，侦查阶段。公安机关收集证据程序的合法性及入链过程的即时性，成为侦查程序面临的两大难题。解决这两大难题不仅需要侦查人员具备较高的执法素养及适用严格的执法手段，还需要区块链存证技术的持续稳定支持。在公安机关侦查、收集并形成原始证据材料后，利用区块链存证的NFT区块链分布账本技术完成多种证据形式的数字化加密，将所有的原始证据材料放入云端的刑事证据数据库，通过加密算法完整无误地保存。最大限度地保障了证据的原生态化，同时该技术具有在证据生成时同步入链的功能，避免因传统证据电子化的过程中“二次污染”导致证明力下降的现象。

其次，审查起诉阶段。侦查机关在侦查行为结束后，可线上点对点将已经完成的工作告知并流转至下一节点，即检察机关。检察机关应当对入链证据进行充分审核。利用时间戳功能，对证据材料有无被篡改及能否达到起诉条件进行详细审查后，决定是否需要补充侦查或可直接提起公诉。因区块链技术具有全程留痕的特点，故如有补侦新的证据，链上被授权节点主体也可较易发现。同时，在此阶段辩护律师只需要线上提交相关手续，通过电子身份认证，完成身份核验，检察机关工作人员审核通过后，可及时授权并提供阅卷密钥，保证律师的阅卷工作顺利展开。

再次，审判阶段。经审查起诉后，案件移送至法院，法官可对证据库内存储的证据作出初步判断。不同于德国庭前审查的中间程序，我国庭前审查只对案件的管辖、被告人是否在案等程序性问题进行形式审查，以确保在案件审理过程中无程序性障碍。但为避免司法实践中滥诉及控审关系模糊的状态，最高人民法院《关于适用〈中华人民共和国刑事诉讼法〉的解释》第 73 条规定了法院庭前也要对证据材料是否全部随案移送进行审查。利用区块链存证技术，通过对数据库证据的审查，可充分提高庭前审查的有效性、推进庭审实质化进程。同时，数据库的建立，使被追诉人及辩护人在举证质证过程中能够更加清晰地阅看证据，更加简明扼要地提出质证意见。也可改善现阶段庭审中公诉人“打包”宣读证据的不足，避免质证时间冗长致使被追诉人无法精准质证及辩护的弊端。

最后，节点设置。为了满足不同诉讼参与人进入审判的需求，应注意以下几个方面：第一，入链主体。除公检法三机关及被告人外，还应将包括被害人、辩护律师、鉴定人等所有刑事诉讼参与主体及政法委、司法局等司法行政机关纳入链上节点主体范围。第二，入链条件。将有必要、有异议、影响大作为入链的基本原则，具体案件具体分析。如被告人人数众多的复杂案件、黑社会犯罪性质案件、重大毒品犯罪案件等，可允许司法行政机关、人大、政协等入链，授权其在必要时间节点辅助提供相关信息，也可起到监督作用。第三，权限设置。应以公检法三机关为链上主要节点，赋予三者更大的权限来共同管理数据库。三机关根据办案需求和流程，可授予不同时间、不同节点的主体以不同的权限，如刑事诉讼法规定犯罪嫌疑人在第一次接受讯问或采取强制措施之日起可以聘请律师，此时侦查机关就可授权所聘请的律师，在线全程参与讯问的过程。

刑事证据数据库的建立与科技促进法律发展的理念相吻合，以信息化促进刑事诉讼的现代化、规范化、法治化，是深化刑事诉讼体制改革的外部动力。因此要充分利用数据库之技术，不断完善刑事诉讼中证据运用的相关制度，提升诉讼效率，促进控辩平等对抗。

四、破解与改进：刑事证据数据库的完善

现阶段，我国大力推进以审判为中心的刑事诉讼制度改革，不仅要由内而外探索改革的方向与方式，还要由外而内通过区块链存证技术为深入改革提供助力，辅助刑事审判业务的高效进行。为了保障刑事证据数据库在司法实践中的顺利运行，应当从证据认定规则及配套措施两方面入手，完善并改进其不足之处。

（一）明确刑事证据数据库中证据认定规则

我国的电子数据证明体系正在从“国家公证”向“技术自证”转变。这一转化过程可能长期且曲折，却是电子数据实质化的必由之路。[①] 未来刑事审判中利用刑事证据数据库解决司法信任问题之前，对证据认证规则的讨论必不可少。如果对证据的认定规则不加以明确，那么法庭的审理就会变成照发“通行证”的空洞礼仪。[②]《规则》第 16 条至第 19 条明确了区块链存证的审查认定规则。具体而言，应当从证据的真实性、关联性、合法性入手进行分析。

1. 真实性认定

区块链技术基于自身链式数据结构、分布式存储和加密机制等技术特点，能够很大程度上保障数据上链后难以篡改，为人民法院认定证据真实性提供技术支撑。因此，《规则》第 16 条明确规定了区块链技术存储的证据经核验一致的，法官可以认定证据上链后未经篡改。该规定实际上确立了区块链存储数据的真实性推定效力。但由于区块链技术并不能确保上链存储前的数据必然是客观真实的，因此该推定规则的效力范围仅限于“上链后未经篡改”，并非直接确认区块链存储数据的完整真实性。如果对方当事人提出异议，并提供证据证明或者说明理由的，人民法院应当审查数据上链后的真实性。

如上文所述，真实性体现在载体、数据、内容三个方面。可将这三者分为两类，分别是形式真实与实质真实。形式真实包括了证据载体和数据真实，实质真实是指证据内容真实。基于现阶段技术的先进性，保证数据库证据的形式真实，并通过法官的判断和认知，就可以相对容易推定其实质真实，因此应当以形式真实审查为主。首先，要对证据材料收集的主体及方法进行审查，一旦不符合主体资格，或是方法有瑕疵，就可从根本上否定证据资格。其次，对证据的同一性、完整性进行审查，应关注证据材料入链前储存介质、证据流转过

---

① 参见张玉洁：《区块链技术的司法适用、体系难题与证据法革新》，载《东方法学》2019 年第 3 期。

② 参见林钰雄：《严格证明与刑事证据》，法律出版社 2008 年版，第 6 页。

程中有无损坏等，除此之外，还应当注意证据收集与上传之间是否有其他行为介入，证据信息在生成之时是否同步上链两个方面。唯有同步上链，才能保证数据本身的真实性。例如《关于办理刑事案件收集提取和审查判断电子数据若干问题的规定》第22条之规定，应当审查电子数据是否具有数字签名、证书等标识，以保证电子数据在提取或流转使用的过程中保持同一和完整，即审查储存数据与目标数据之间的关联。再次，可以在区块链的节点上增加技术专家主体来解决区块链存证技术问题。相关领域的专家具有权威性和专业性，可提供科学及具有说服力解决技术问题的方案，对提高区块链存证证据证明力具有较大补充作用。[①] 最后，不同于民事证据的优势证据规则，刑事证据的认定标准为排除合理怀疑，所以即便是在区块链存证可以做到载体及数据真实的情况下，也要坚持"孤证不能定案"的原则，法官不能以区块链技术可以自我鉴真来直接认定案件事实的证据，要对证据本身的实际情况及证据之间相互印证等问题进行全面的衡量，方能作出合理的判断。区块链存证技术的发展和成熟，能够保障证据链条的真实性，用技术层面的优势支持复杂多节点之间的互动过程，一定程度上以形式真实简化实质真实的审查要求。[②]

2. 关联性认定

关联性是要求每个证据与待证事实都具有相关性，对待证事实都必须有实质性的意义。一般来说，包括了载体和内容的关联性。就区块链技术建立的刑事证据数据库来说，其并不能增强证据与案件的内容关联性，但是因为其具有全程留痕的可追溯性，所以可为法官提供具有参考意义的数据，更加有利于证据与案件关联性的认定。在实践中，往往会忽视区块链存证载体的关联性。故在认定证据关联性时，应当强化对载体关联性的审查。第一，要审查存证过程与节点的技术性联动。进一步说，节点上的各个主体应通过不对称加密及电子身份认证技术，来保证数据库的证据与主体的关联性。第二，审查存证时间的关联性，此处的审查内容与同一性审查有交叉之处，均是为了避免在生成及入链之间篡改数据的现象。

3. 合法性认定

区块链数据库中证据合法性的认定，是法官依据法律条文采取的不包含法官主体私人情感的评价行为。在保证数据库管理平台具有相应资质的前提下，区块链技术本身可以保证证据的形式真实性，因取证主体的合法性与真实性审

---

① 参见王春：《论电子证据补强规则确立及补强机制建构》，载《湖北社会科学》2012年第8期。

② 参见吴美满、庄明源：《区块链存证技术在互联网金融犯罪治理中的应用》，载《人民检察》2018年第22期。

查有重叠，故在证据合法性认定上法官还需要做到以下几方面。首先，要审查证据的形式是否合法，是否符合刑事诉讼法规定的证据种类。其次，要审查取证的程序是否合法，尤其是要注意血液、毒品等此类证据的采集方式，如危险驾驶案件中，对血液的采集保管需要严格的程序，要关注采集的时间、采集的方式以及是否冷藏；还要注意在言词证据的收集方面，是否做到了合法讯问，是否具有刑讯逼供行为，是否具有需要非法证据排除的情形；一旦程序违法，要对此项证据进行标注，在质证及采信时，有利于法官的准确及时识别。最后，在证据保全及运用上，要审查是否侵犯他人的隐私或者商业秘密，不因区块链存证技术的开放性而侵犯个人及单位的“隐私”，要利用其加密技术，严格保护公民的个人隐私及企业的商业秘密。

（二）构建刑事证据数据库配套措施

首先，建立线上犯罪协同治理机制。建立互联网环境下的犯罪协同治理机制，从理念到实践，要做到认知、资源、技术及规范上的协同。以打击犯罪为目的的信息共建、共享、共用扁平化治理模式将会改变传统刑事诉讼公检法等各机关“单打独斗”的局面。打破地域限制，建立从地方级到国家级线上犯罪协同治理机制是一项工程量浩大的任务。在建立国家级线上协同治理机制前，应先完善地方司法协同办案流程。以贵州省高级人民法院为代表的法院系统，在当地积极推进跨部门的办案平台建设，针对个别案件，建立互联网数据信息共享平台，提升了审判的质量和数量。实践中公检法司各机关使用各自的网络终端及内网系统，这些资源尚未整合，会造成各自办案、无法顾及案件整体流程、推诿扯皮、办案效率低下等现象。因此，应当着力打破公检法司等犯罪治理机构办案平台的壁垒，将包括政府、政法委等机关的终端平台利用互联网联系起来，形成“万物互联”的统一多主体犯罪治理平台。可有效提高犯罪治理效率，精准打击犯罪行为。

其次，设立数据库平台准入门槛。现阶段区块链存证平台多数是第三方进行自我管理模式并由行业自治。存证平台作为市场主体参与刑事证据管理，法律未对平台运营商的准入资质作出明确规定，因此第三方平台身份的正当性易遭受质疑。为消除法院对认定证据真实性的顾虑，法律应当确立数据库平台资质标准，只有获得法律认可的主体，才有资格为刑事证据存储提供平台和服务。数据服务提供商应当采取数据备份、故障恢复等手段，在技术和管理上确保电子交易数据的安全、完整与准确。[①] 在市场平台运行良好的基础上，再建立地方至国家的证据数据库，相比市场上提供电子数据固证存证的服务商以及

---

① 皮勇：《关于中国网络犯罪刑事立法的研究报告》，载《刑法论丛》2011 年第 3 期。

第三方公证或鉴定机构，由人民法院基于区块链技术，牵头建设全国统一化的电子证据存证平台，建成全社会数据共享机制，则更具有可信赖性。① 法院内部技术人员可会同市场上其他技术工作者共同管理数据库的运行，确保数据库内部技术的安全性及外部运营的可靠性。

再次，完善刑事证据电子化流程。刑事证据的电子化是智能化审判的基础和前提。根据《规则》第 12 条之规定，电子化材料效力范围仅限于当事人不必再另行提供纸质原件，并不意味着电子化材料必然具备证据能力和证明力，对证据内容的真实性、合法性、关联性问题，还需作专门判断。视听资料和电子数据与证据电子化具有一致性，因此不做赘述。物证的电子化可以依托于 3D 扫描技术保存，在法庭示证和质证时，利用多媒体等影像设备呈现，相对于照片更能清晰真实地展示实物；难点在于毒品等化学物品、血液等液体电子化，亦可通过专家对于此类物品进行提取、分析后，出具相应的鉴定报告，并通过区块链的电子签名后，上传至数据库中；言词证据的取证，在未来可以做到线上直接讯问或询问，生成的数据直接入链，更加真实且符合当事人原意。现阶段因各地技术发展不平衡，多地取证工作无法在线上直接完成，故仍应经过侦查人员严谨的讯问或者询问，在限定的时间内上传数据。2016 年最高人民法院开始推行电子卷宗同步生成工作，截至 2019 年 10 月 31 日，全国 3363 个法院建成电子卷宗随案生成系统，全国 67% 的案件随案生成电子卷宗并流转应用，部分地方法院已基本实现全流程无纸化办案，符合科技助推司法的政策。

最后，完善区块链相关法律制度。新技术必然带来新的法律问题，因此应当建立区块链“自治”与法律规范“他治”相结合机制。区块链作为一项新技术，其内在有自身的治理结构，应当遵循其内部的发展规律，做到“自治”优先②；关于区块链技术本身的规范，可通过其本身拥有的共识机制、智能合约、加密保护等多方面来实现区块链的“自治”③。例如，可以将法律规范通过编程存入区块链，易言之，可以将法律条文转化为数字编码进行技术性管理，使技术和法律配合使用。同时，为了加强对数据库的监管，还应当在立法时充分考虑技术本身及运用技术可能带来的风险。在此基础之上，制定相应的

---

① 王红霞、李威娜、熊志钢：《机遇、挑战与规范——论区块链证据的司法审查规则构建》，载《贵阳学院学报（社会科学版）》2020 年第 3 期。

② 参见苏宇：《区块链治理之现状与思考：探索多维价值的复杂平衡》，载《中国法律评论》2018 年第 6 期。

③ 参见陈伟钢：《区块链政策导向与发展趋势》，载《银行家》2018 年第 6 期。

行业标准，运用技术和法律，双管齐下实现对区块链存证的监管。[①] 我国目前有关于区块链的法律规范只有一部，随着法律制度的不断完善，将有更加全面细致的法律规范出台。

五、未来与展望：刑事证据数据库带来的制度创新

区块链存证技术为司法实践带来科技化、智能化的改变，在大力推行认罪认罚从宽制度的当下，各地都在探索证据开示制度，刑事证据数据库可以在技术层面有效推进证据开示制度的建立，也可以强化控辩平等原则。

（一）探索刑事证据数据库模式下的证据开示制度

1. 背景和意义

证据开示制度是一种以信息交换为基础，以诉讼双方相互获得案件有关事实信息和其他信息为目的的保障控辩双方知悉权的制度。就我国而言，阅卷是证据开示的一种重要的表现形式。在我国大力推行认罪认罚从宽制度的背景下，通过现有证据信息交换机制满足被追诉方知悉权表现出一定困境。[②] 2019年10月，“两高三部”发布了《关于适用认罪认罚从宽制度的指导意见》第29条规定人民检察院可以针对案件具体情况，探索证据开示制度，保障犯罪嫌疑人的知情权和认罪认罚的真实性及自愿性。在司法实践中，山东、河南等地已经开始探索证据开示制度，这为我国刑事诉讼法的证据开示制度奠定了基础。刑事证据数据库的建立，能够充分加强被追诉人、辩护律师对控方证据的了解，为达到被追诉人明智认罪、理性认罚提供了制度保障。

随着认罪认罚从宽制度逐步深入，控辩双方关系由对抗走向合作，这一转变的初衷是为了缓解我国面临的巨大司法压力、提升司法效率，但随着程序简化，证据的证明标准必然存在着隐性降低。[③] 在这种情形下追求实体正义则要着力强化被追诉人审前权利保障，此时如何做到审前“实质性协商”就成了亟待解决的问题。要做到“实质性协商”，辩护律师起着举足轻重的作用。但实践中值班律师性质定位不明、内在动力不足、权利享有不充分的弊端会导致其无法为被追诉人提供有效的法律帮助。在数字社会背景下，律师在获取信息能力上处于劣势地位，更多的要依赖于司法机关的配合和协助，且考虑到在区块链存证体系下数据安全性问题，难以通过提高辩护人技巧和能力“扭转乾坤”，故传统的阅卷权已然不能满足有效辩护的需求。应

① 凯伦杨、林少伟：《区块链监管：“法律”与“自律”之争》，载《东方法学》2019年第3期。

② 鲍文强：《认罪认罚案件中的证据开示制度》，载《国家检察官学院学报》2020年第6期。

③ 参见孙远：《论认罪认罚案件的证明标准》，载《法律适用》2016年第11期。

当转换思路，引入检察机关更加主动的证据开示制度。在认罪认罚的案件中，检察机关主动向被追诉人开示证据，可以促使被追诉人做到认罪态度稳定、认罚时间提前，符合认罪认罚从宽制度提高诉讼效率、节省司法资源的设立初衷。同时，有利于保障被追诉人明智、自愿、真实地认罪，防止冤假错案的发生；除此之外，能够维护控辩协商模式的良好运行，提高检察机关量刑的精准度。

2. 证据开示内容及程序

要使刑事证据数据库发挥证据开示较阅卷权的优势作用，就要做到以下几个方面。首先，检察机关要主动承担证据开示的义务。检察机关作为诉讼环节上的重要节点，全面掌握公安机关收集到的证据，具备证据开示的现实基础；同时证据开示并非单向的行为，如果只规定了检察机关的责任和义务，而没有对被追诉方有任何附加义务，一方面会影响诉讼效率、破坏诉讼平衡，另一方面也会消磨检察机关证据开示的积极性，造成恶性循环的互相妨碍。[①] 其次，不同于有些学者所称的依据被追诉人申请[②]，证据开示应当是检察机关主动履行。因为对被追诉人来讲，依申请就代表着检察机关具有最终的决定权，换言之，即使被追诉人申请了证据开示，检察机关也有不同意开示的权力。在司法实践中，便有依申请变质成为公权力机关拒绝的借口的可能，因此从积极建立证据开示的角度，检察机关应当由权力主体转化为义务主体。最后，检察机关的证据开示必须要做到全面、完整，这是证据开示的内在要求。绝不能因为有罪追诉的天然职责就只开示有罪或者罪重的证据，对无罪或罪轻的证据避而不谈。被追诉方也应当主动开示所有证据，达到控辩双方平等协商。

证据开示过程中，应当遵循开之有度、示之有法的原则。可以采用智能合约自动化、标准化的流程进行示证。第一，节点主体。应将看守所及辩护人设置为区块链上节点。这是保障被追诉人和辩护律师能够参与证据开示的前提。第二，开示时间。应以审查起诉阶段为重点。案件进入审查起诉阶段后，在犯罪协同治理机制构建的基础上，检察机关与看守所可点对点对接，以视频提讯的方式开始对被追诉人做认罪认罚具结，并将控辩协议书作为认罪认罚的终点。利用区块链核心的电子签名技术，在具结完成之后签名，并将具结过程同步入链。实践中，会出现被追诉人在审查起诉阶段认罪认罚，但是在审判阶段无原因反悔的情况，如果运用证据数据库直接将具结过程得以保存，一旦遇到

---

① 参见何艳芳等：《论证据开示制度的科学建构——以〈律师法〉的修订为背景》，载《中国律师》2008 年第 9 期。

② 参见林战波、贾文琴：《认罪认罚证据开示把握的原则及具体操作》，载《检察日报》2020 年 7 月 2 日。

此类情况，审判人员可通过观察具结过程找出具体原因，并作出是否变更审理程序的决定。第三，权利赋予。应赋予值班律师参与证据开示的权利。检察机关在证据开示的过程中，应对值班律师开放权限，让其能够及时参与，并允许值班律师在刑事证据数据库中进行阅卷工作，一旦被追诉人及值班律师对证据有任何意见，可在审判举证质证环节中在线提出，并将意见直接入链，避免审判人员在撰写判决书的过程中遗漏相关信息。第四，设立倒逼机制，即司法控制。倒逼机制是为了防止检察机关在履行义务的过程中“偷工减料”，可以借鉴美国证据开示制度中“不开示即禁止出示”之规定。但我国应当对此规定作出相应的调整和变通。如果在审查起诉阶段控辩任何一方不履行证据开示义务，另一方都可以在线上向法院提出申请要求开示，由法官介入和控制开示程序。法院在此过程中有权进入证据数据库，经过审查之后作出是否强制开示的决定。如果被法院要求开示的一方仍没有开示相关证据，在法庭正式审理的过程中，不能出示该份证据，同时不能以此证据作为定案依据，倒逼双方进行充分的证据开示，这也符合以审判为中心原则的基本要求。未开示证据应在数据库中予以标识，链上节点主体在得到授权的情况下，均可对法官就此证据的认证行为进行监督。

在证据开示过程中，应当注意个人信息的保护。要注意保障辩护权与其他合法权益之间的平衡。其核心在于，以打击犯罪为目的的前提下，如何合理划分国家权力和公民权利之间的界限。因此，在证据开示过程中对应当保护的信息利用区块链不对称加密技术进行处理，如证人信息，只有司法机关及辩护人可查看，这也是对证人保护的基本要求。利用此技术，可以进一步探索证人线上出庭作证制度，提供更安全、更便捷的方案。

（二）强化控辩平等原则

控辩平等是法治的基石性原则，包括平等武装、平等对抗、平等保护、平等协商四个方面的内容。建立刑事证据数据库可以为在数字社会中强化控辩平等原则提供技术支持。以死刑复核程序为例，作为剥夺被追诉人生命权的刑事程序，应根据控辩平等原则的要求，最大限度地保障辩护律师在办理此类案件中的阅卷权及调查取证权。但实践中，律师现场阅卷面临时空局限性与证据材料海量性之间的巨大矛盾，尤其是黑社会犯罪案件、毒品犯罪案件等。曾有辩护律师反映，死刑复核案件证据材料数量巨大，纸质卷宗一共有 41 本 17000 余页，同步录音录像无法观看、讯问及监控录像无法复制、无法当面反映意见、裁定书未写明律师辩护意见等各种问题，在司法实践中还未得到解决。辩护律师处于信息不对称等状态，很难做到精准辩护。使用刑事证据数据库，可以消除控辩双方未达到平等武装的状态，解决辩护律师信息不畅通、不对等的难题。

首先，建立远程阅卷方式。可以利用刑事证据数据库，达到阅卷的目的，解决律师异地阅卷及证据数量庞大的困境。辩护律师作为区块链上的一个节点主体，可以在法律规定的权限范围内阅卷、会见及调取证据，检法两机关也应遵循刑事诉讼法规定，在相应的时间节点，授权律师在数据库中查阅案件证据。辩护律师只需利用实名认证或者面部识别等个人信息认证技术，通过验证就可进入数据库中进行阅卷工作。这是远程阅卷的最佳途径之一，也是节省司法资源的有效方式。最高人民检察院也提出建立网上阅卷机制，以上海、重庆、安徽为试点，让律师做到“一次也不用跑”，大大减轻律师负担，节省复制成本，通过电子信息化手段，提高律师阅卷效率，保障其执业权利。

其次，提交辩护意见。辩护律师也可以通过节点授权，提交辩护意见及相关的申请。以死刑复核程序为例。经笔者统计，2018 年至 2020 年 245 份死刑复核裁定书中，仅有 2019 年的 1 份裁定书中载明了辩护人意见，其余裁定书均未载明辩护人的基本信息及所提出的辩护意见。这一方面无法让被追诉人家属了解辩护律师的工作情况；另一方面大量的辩护意见会沦为律师自说自话的论证模式。通过刑事证据数据库，辩护律师可将辩护工作全程留痕，有迹可循；同时也可将辩护意见及时上传入链，提醒法官在撰写裁定书过程中，对辩护意见是否采纳进行充分论证。

最后，改变调查取证的劣势。在数字语境下，如果刑事司法的未来计划强化控辩平等原则，那就必须改革现有规则，在证据的收集、获取、分析上呈现平等保护、平等武装状态。辩护律师在调查取证上具有天然的劣势，要想充分调查取证将会面临自行调查取证障碍、第三方配合协助障碍以及代为取证障碍。在刑事证据数据库辅助下，保障辩护律师的调查取证权，就应当在数据库上为辩护律师开通相应的调查取证权限。具体而言，辩护律师在线上调查取证时，要给予其最大的豁免权；另外，辩护律师一旦无法实现调查取证权，可在线向法院提出申请，法院应协助或向律师赋予调查令，律师持有调查令且提供合法有效证件，就可以调取为己所用的证据且被调查者应当有义务配合及协助律师。

综上所述，在数字社会中，坚持并强化控辩平等是未来刑事证据数据库发展必须秉持的基本原则。在此原则指导下，充分利用区块链技术，有助于加快推进以审判为中心的刑事司法改革。

结　语

每一次产业技术革命，都给人类生产生活带来巨大而深刻的影响。互联网极大提高了人们认识世界、改造世界的能力，为中华民族带来了千载难逢的机遇，必须牢牢抓住。我们要因势而谋、应势而动、顺势而为，加强自主创新，推进网络强国建设，为确保党和国家长治久安、实现中华民族伟大复兴提供强大支撑。网络信息革命发展到现阶段，对传统刑事诉讼的影响是全方面的，同时我国也面临着刑事诉讼的深层次改革，这种改革不仅是法律条文的变动，还是牵涉到整个制度的变革，甚至是刑事诉讼理念的创新。仍应明确，科技的不断创新可作为司法实践中之强力辅助，但自始至终无法取代法官及诉讼参与人在诉讼程序中的主体地位。笔者仅立足于区块链存证技术，提出建立刑事证据数据库，来满足数字社会中刑事诉讼效率和公正之间平衡的需求，关注新科技对证据认定标准的改变以及证据开示制度的构建具有更为深远的意义。在审判中心主义下，最终可以达到控辩平等之目的。

区块链存证的证据效力与规则研究*

蒋宇平** 谭家烜***

随着进入大数据互联网时代，信息技术发展变革了人们的行为方式，由"线下"逐步过渡到"线上"，人们沟通联系和经济交流日益通过网络空间平台进行，产生了大量的电子数据，记录着人们的行为痕迹。随着移动互联网的兴起，行为方式多样化导致人们之间矛盾纠纷以及违法犯罪案件越来越多产生在网络空间中，那么通过诉讼解决矛盾纠纷和打击违法犯罪行为，必须针对以电子数据为对象，构建科学合理的电子证据处理规制。区块链技术起先作为电子数字货币相关技术在2008年兴起，是一种用于加密货币的安全分布记账方式技术，体现的是新技术背景下电子存储技术的革新应用，创新了公共信任机制，由于其极强应用性，纷纷应用于商业合约、产品溯源、公证登记等场景中。在司法领域，区块链技术的应用也日益重要，特别是作为电子证据的存证应用，利于司法机关提高诉讼效率，强化诉讼信任，保证公平正义的实现。① 自杭州、北京、广州互联网法院成立以后，最高人民法院在2018年9月发布《关于互联网法院审理案件若干问题的规定》确认了区块链存证在案件证据举证中的法律效力。而随着区块链存证在司法应用的推广，最高人民法院于2021年6月发布《人民法院在线诉讼规则》更明确了区块链存证的效力和审查规制，进一步扩大区块链存证在互联网法院以外的普通诉讼适用。此后最高人民法院在2021年12月通过《人民法院在线运行规则》（2022年3月1日起施行），进一步明确利用区块链等信息技术优势，完善智慧法院的在线运作系

---

* 本文系2021年广西壮族自治区柳州市人民检察院检察理论研究课题研究成果。

** 广西壮族自治区柳州市柳南区人民检察院检察长。

*** 广西壮族自治区柳州市柳南区人民检察院第三检察部副主任。

① 刘品新：《论区块链存证的制度价值》，载《档案学通讯》2020年第1期。

统，规范应用方式。虽然区块链存证在我国司法中迅速得到开展应用，并且向着法律风险防控与数字经济规制保障方面的应用场景方向深入发展，但相应的规范和支持仍然需要规范进行探讨，以期保障区块链存证获得更好的司法应用效果。

一、区块链存证的技术原理与法律依据

区块链存证的应用首先要从技术层面探讨其运行的基本原理，结合相关电子数据的核验流程进行检视，同时检讨现行法律支持的内容。

（一）区块链存证的技术特性

区块链是数据区块按照时间戳的顺序排列而成的一种链式数据结构，实际上是一种多方进行维护的分布式记账式数据库。区块链被定义为“分布式数据存储、点对点传输、共识机制、加密算法等计算机技术在互联网时代的创新应用模式”。[①] 区块链技术能够与司法应用特别是证据审查进行结合，主要是基于其以下特质。

一是去中心化的模式。区块链是分布式记账的数据库，由不同的主体作为记账节点构筑整个链接，并且对加入主体呈开放的状态，加入后就成为一个网络节点，每个节点都会在一定时间内把收到的变化的数据或代码存储到时间戳区块中，与此同时，全网的所有节点都会同步计入这个变化数据，确保整个区块链网络的一致性。这种去中心化的数据计入模式避免了依赖中心化存储的安全性。[②]

二是区块链的块链存储结构的开放透明性。对于整个网络而言，数据的任何改变都会按照时间戳的顺序记录在区块当中，而每个区块形成一个完整的交易链条。基于同时记录性，任何数据的变动都会被完整地记录在交易链条中并且可以被溯源，这样保障了整个电子数据的同一性、完整性和连续性，确保了整个数据链条的可靠性。[③]

三是哈希值（Hash）计算运用于区块链数据的存储和核验。哈希值是对数据信息的特定标签，具有唯一性和可识别性。哈希值的生成原理是通过共识算法计算数据信息的内容摘要，如果数据信息被篡改，那么哈希值会发生变化。因此可以利用哈希值对数据链上的信息与原始信息进行比对，以确认电子

---

① 工信部：《中国区块链技术和应用发展白皮书（2016）》。

② ［阿根廷］费德里科·阿斯特、［法］布鲁诺·德法因斯：《当在线纠纷解决遇到区块链：去中心化司法的诞生》，载《中国应用法学》2021年第6期。

③ 何蒲：《区块链技术与应用的前瞻综述》，载《计算机科学》2017年第4期。

数据不被修改，从而保证其在司法存证和确权领域的应用信任。①

基于区块链存证的去中心化、开放透明性和不可更改性的特质，契合司法应用中的电子数据证据的审查的需要，可以依托区块链平台进行相关的存证审查。

（二）区块链存证的运行原理

区块链的每个块由哈希值、前块哈希值组成。区块链的运行原理即哈希值与区块同时产生，并且由哈希值标签区块，不同区块内的数据由本身区块链类型载体决定。每一个区块都会记入前一个区块的哈希值，数据的变动影响哈希值的变化，可以通过抓取哈希值的变化情况从而确定区块数据的变化。在区块链中进行电子数据存证同样遵循了基本运行原理，即通过应用共识算法处理电子数据，给予特定唯一的哈希值标签，在区块链中进行存储，并通过构建的平台在线提供电子数据和哈希值给法院。具体程序简述如下：首先，当事人（包括公诉方）进入存证平台进行注册认证，由当事人向平台提交相应的电子数据，平台自动获取该电子数据并赋予哈希值。其次，平台将当事人信息和提交的证据连同哈希值进行存证，添加电子签名形成特定标识 ID 的数据包。再次，平台将 ID 与数据包保存并生成区块，并发送至网络链。最后，由区块链网络进行证据存证的存储，完成证据上链实现在联盟链内各个节点服务器的共享。②

在司法诉讼中，由于电子数据的易更改、错误和丢失的特征，为了保障证据的完整性从而确保法律证明效力，对电子数据要通过公证、鉴定等附加程序进行处理，无形中降低了案件处理的效率。采取区块链能有效的解决以上突出问题。杭州互联网法院在 2018 年裁判的首例区块链存证案中，法院支持原告采用区块链存证的方式进行电子数据的举证，并通过证据审查方式在判决中予以确认。③

（三）区块链存证的法理基础

将区块链应用于司法证据存证中具有现实的需要，也有法律意义上的根据。这是基于大数据网络时代由社会变革所产生的司法层面上的革新。

一方面，技术发展推动法律革新。司法特别是诉讼程序反映社会个体纠纷

① 张宇：《技术保障与规则建构：区块链视域下的电子证据适用》，载《南京社会科学》2021 年第 10 期。

② 袁勇、王飞跃：《区块链理论与方法》，清华大学出版社 2019 年版，第 51 页。

③ 马蓉蓉：《杭州诞生全国首例区块链存证判决》，载凤凰资讯网，https：//news. ifeng. com/a/20180704/58983647_0. shtml。

的化解，从而达到恢复受损个体或社会利益，达到维护法治权威、稳定社会秩序的目的。在现今大数据网络时代，人民的生活方式和社会关系越来越需要依靠网络支撑，从社交联系到网络购物，甚至到跨境合作，都凸显互联网及其数据基础的重要性。法律调整对象是社会关系，社会关系因互联网技术的兴起产生了急剧变化，法律的调整方式应当随之进行变化。例如，我国颁布电子商务法等法律，并且增设杭州、北京、广州互联网法院，集中管辖互联网案件，以及最高人民法院于 2022 年 3 月发布《关于审理网络消费纠纷案件适用法律若干问题的规定（一）》的司法解释等，体现了法律必须充分反映时代与技术的发展，才能有效进行法治治理。而区块链技术切合了司法新时代变革的需要，应当将其应用到司法改革当中来。①

另一方面，司法诉讼必须融合技术革新。法律的重要意义是确保司法的公平正义，这也是司法改革的核心价值和目标追求。随着互联网技术推动数字经济发展，对社会关系产生各种影响，有必要充分利用新技术推动司法运行的改革。利用区块链技术推动诉讼证据的审查，符合当今技术融合的趋势，能有效化解诉讼过程中的各类难题，有利于促进司法公平和提高司法效率。同时主动利用区块链技术融入司法活动中，能有效对相应的技术风险进行前置预防，从而确保诉讼结果反映真实，保障当事人的救济等各项权益。

二、区块链存证的证据规则发展和优势

区块链存证在司法诉讼中运用，必须要解决其证据属性的问题。区块链存证在一定程度上反映了现阶段司法运行当中，对于证据特别是电子数据的处理指引导向，实际上仍然属于司法证据范畴内容，并且是对传统证据内容的发展。

（一）区块链存证证据具有司法证据属性

区块链证据是通过区块链联网进行哈希值处理后的电子数据，无论是民事诉讼法还是刑事诉讼法中均明确了电子数据是作为基本的证据种类中的一种，即便经过区块链存证处理过，相关的证据仍然具有原始可采性，符合电子数据审查的基本条件，因为区块链证据仍然体现了证据基本属性。②

首先，区块链证据具有真实性。证据的客观真实性体现的是证据所反映的

① 阮啸、王悦：《区块链证据的应用现状以及规则探索》，载《贵阳学院学报（社会科学版）》2021 年第 5 期。

② 阮啸、王悦：《区块链证据的应用现状以及规则探索》，载《贵阳学院学报（社会科学版）》2021 年第 5 期。

内容必须是客观存在的事实，在诉讼实践中，对证据的采纳首要判断的是真实性内容，电子证据要体现真实性必须体现在载体的真实性、数据的真实性、内容的真实性三个方面。[①] 在区块链存证中，基于其全程留痕和不可篡改的特性，体现了相应技术载体的真实性，保证了原始电子数据的真实性。同时区块链进行同步分布记录的模式，确保了电子数据的完整性与同一性。此外通过哈希值算法与原始电子数据一一对应，保证哈希值标签的不变就能确保电子数据的真实不改变。

其次，区块链证据具有关联性。只要保证证据的原始不变，就能确保电子数据与待证事实之间联系不被切断。区块链存证技术通过去中心的点对点认证，实时同步记录存储的数据变化，并且可以进行电子数据回溯化的审查，只要相应的哈希值不发生变化，那么证据相应的关联也不会发生变化。从而确保证据与待证事实的原始关联性，确保最后的裁判结果具有完整的证据链支持。

最后，区块链证据具有合法性。证据的合法性体现在证据有关操作必须严格依照法律程序的要求进行，证据的合法性认定主要从取证主体合法、证据形式合法、取证和运用的合法等方式来判断。在规制层面，最高人民法院通过《关于互联网法院审理案件若干问题的规定》《人民法院在线诉讼规则》《人民法院在线运行规则》确立了区块链存证的证据效力，并且对取证主体、证据处理运行程序等进行了明确规定，那么采取区块链的方式处理电子数据具有法定意义上的依据。

（二）区块链存证证据是对传统证据的继承发展

区块链存证证据是具有证据资格的，是诉讼法当中规定的电子数据种类。一方面，电子数据之所以作为诉讼法中规定的证据种类，是基于计算机技术形成的数字式声像材料[②]。这与书证、物证等其他证据类型具有不同的表现形式和内容，主要依托计算机技术而存在。区块链存证证据实际上也是依托计算机技术所产生的，区块链存证包含了分布式数据存储、加密算法、哈希值算法等计算机技术，这类证据应当归于电子数据一类。另一方面，区块链数据与传统电子数据相比，完善了电子数据的相关内容。区块链存证证据保障了电子数据的原始性。由于电子数据具有易复制和篡改的特点，在证据审查当中，往往需要当事各方采取更多的程序来证明其唯一性，而在区块链存证中，电子数据无法被篡改，即便被篡改也能通过哈希值追踪溯源，保障了电子数据的唯一性，

① 褚福民：《电子证据真实性的三个层面——以刑事诉讼为例的分析》，载《法学研究》2018年第4期。

② 胡萌：《区块链电子证据的效力分析与规范路径》，载《证据科学》2021年第1期。

提升审查效率。另外，区块链证据也提升了电子数据的公信效力。采取区块链存证的电子数据保证了其是当事人通过原始证据提交得来，电子数据的证明力得到了显著提升，使得电子数据在诉讼中得到广泛应用。显然，区块链存证证据对传统的电子数据应用起到了承前启后的作用，推动了其在诉讼证据体系中的地位提升。

（三）区块链存证证据在证据规则中的独特优势

区块链证据作为电子数据的一种，在证据规制中的运用体现了与以往电子数据的特性优势，主要体现在：

一是区块链存证证据具有电子数据自我验真的功能。以往电子数据的审核采信，特别是在法庭上出示质证，需要转化为特定的形式，如把相应的电子数据记录打印出来进行庭上出示，而在转化形式的过程中，无法保障零错误和零丢失，甚至存在被当事人篡改而失真直接导致证明力丧失。为了提高电子数据的采信应用，往往当事人要进行鉴定或者公证，无形中影响了法院审理的诉讼效率。而区块链存证证据基于不可篡改性，具有自我验真的特质，这是通过事物自身的一些特质来达到表面真实的效果。① 电子数据进行区块链存证后，每个区块均对该原始电子数据进行数据记录，之后无法对数据进行篡改，更不可能出现丢失、错误的情况，通过这一技术特质，区块链证据可以准确客观地表达证明内容，保障了真实性，从而确保其证明效力。

二是区块链证据具有高度证明完整事实的特点。电子数据是一系列数据的组合，在诉讼中提交的电子数据均是符合一定程序和规制而形成的。证明某个待证事实，如网络版权侵权或犯罪事实，当事人必须提供包括侵权事项在内的相关数据，包括文档、图片、交易记录，还有这些数据形成的时间、格式、存储位置等，在传统电子数据应用中较为复杂和烦琐。而在区块链为基础的电子数据应用中，上链的电子数据保证了从交易到应用的变化的各个阶段的溯源查验，在整个电子数据的生成、收集、传输、存储中均能得到安全保障，避免被他人进行篡改和伪造，法官审查区块链存证的证据更能真实掌握案件事实。

三是区块链证据保证了电子数据的客观性。原本电子数据是基于计算机技术而出现的新证据类型，与其他证据类型相比更应具有客观中立的特性，但是由于其易改性的特点，往往更容易受到举证方的主观影响。如证明网络赌博的赌资额，公诉方提供的侦查取证结果往往受到被告人的质疑，认为公安机关没有真实和全面地抓取电子数据，这就又无形增加电子数据查验的难度和成本。在区块链存证证据，具有原生的稳定性，不容易受到个人的干预，特别是在公

① 易延友：《证据法学》，法律出版社 2017 年版，133 页。

共区块链中，电子数据都是自动运算和记录的，对于关联数据的采集都是通过平台完成，无须进行人工干预，确保真实可信，同时去中心化的运作模式，不会产生黑客攻击造成的电子数据的丢失等情况，极大地增强了电子数据的可靠性。

四是区块链证据保证了电子数据的处理简便高效。传统的电子数据收集、保全和验证都是通过当事人复制存储在特定存储设备上，对于法官而言，除了对电子数据本身进行审查，更要对载体进行审查，判断是否导致原始电子数据受到污染，若形成书证等形式，又要对是否真实反映电子数据内容、有无篡改进行审查，严重影响司法的运作效率。① 虽然区块链存证的应用初期，也需要当事人上链电子数据，也会产生相应人为影响，但是在存证流转的过程中均能保障电子数据的真实性。在今后在线合同等区块链多用途场景中，法官可以直接通过提交的电子数据与存证平台哈希值对比审查，直接认定电子数据的真实性，从而提高电子数据审查的效率。

三、区块链存证的司法实践现状和问题

区块链的特有技术特征与司法运行中的电子数据存证进行融合，成为现今司法改革中的特有实践模式，推动了电子数据审查及其规制在司法诉讼中的发展。

（一）互联网法院等在线区块链存证实践

2017 年经中央全面深化改革领导小组通过审议方案，设立了杭州互联网法院，该法院主要进行网络案件审理，其次审理的案件基本属于网络纠纷案件，如电子交易、网络支付、网络侵权纠纷等案件。此后又相继成立了北京互联网法院和广州互联网法院，均是主要办理网络纠纷案件。② 2018 年杭州互联网法院对首例采用区块链存证技术的民事案件进行了审理，该案当事人利用第三方区块链存证平台进行操作，将举证的电子数据上链，打上时间戳，并用算法算出哈希值，再上传至区块链网络中，经过司法鉴定确认该电子数据是原始证据，法院依据鉴定机构的认定，从而确认该电子数据成为证明案件事实的证据，支持了相关当事人的诉讼请求，并从规则上确认了区块链存证证据的法律效力。

① 刘学在、阮崇翔：《区块链电子证据的研究与思考》，载《西北民族大学学报（哲学社会科学版）》2020 年第 1 期。

② 郑飞、杨默涵：《互联网法院审判对传统民事证据制度的挑战与影响》，载《证据科学》2020 年第 1 期。

互联网是关于互联网案件集中管辖的专业审判司法机关，体现了互联网案件管辖的跨区域性的特点，充分发挥打破时空限制，实现全流程办案的优势。区块链存证作为在线诉讼的基础内容，在互联网法院办理相关案件中均得到了普及。随着技术的发展和最高人民法院有关在线诉讼等司法解释的出台，一些传统法院也进行了区块链存证的尝试。杭州、北京、广州互联网法院以及成都郫都区法院和合肥市蜀山区法院均建立了区块链电子数据平台。上海、浙江、江苏、安徽等地依托蚂蚁区块链技术建立长三角司法链。

其中，杭州互联网法院的区块链存证依托第三方平台搭建，对于数据来源的真实性保障，主要依托对第三方平台的资质和技术水平的考察，以及对数据传输链可查性、可靠性的检视。在存储可靠性方面着重考察上传区域的公共性，以及各个节点之前时间的逻辑，通过哈希值判断电子数据的完整性，查明是否经过篡改，注重审查电子数据与其他证据的关联度。北京互联网法院则是通过搭建“天平链”区块链存证平台，以法院为中心节点，建立与公证处、鉴定机构，第三方数据服务平台等对接的联盟链。通过这些节点的电子数据接入“天平链”后，就会产生哈希值并进行同步记录，保证当事人在将电子数据上链后能向法院提供相应的编码，使得“天平链”自动将核验结果传至法官处。广州市互联网法院上线“网通法链”智慧诉讼系统，与普通法院中的成都郫都区法院也运用区块链存证平台，具体运作与杭州互联网法院基本一致。但是将国家授时中心作为联盟节点，以确保可信时间戳的真实有效。[①]

（二）区块链存证实践中的问题

虽然区块链存证在司法程序中都得到了充分和广泛的应用，但仍然出现了一些需要解决的问题。主要表现在：

首先，区块链存证平台标准不能统一，我国司法实践当中，存在由司法机关管理的区块链存证平台和第三方机构自行运营的区块链存证平台。在构建标准化上，明显第三方存证平台要弱于司法机关与其他公共机关搭建的区块链存证平台。在几项关键因素上，第三方存证平台的标准不一。比如，在存证用户的认证登记上，信息保全网要求存证人提供真实姓名和身份证号码，IP360 用户还需要生物信息识别，杭州互联网存证平台虽然对存证用户实名认证标准有具体要求，拒绝不确定和瑕疵的数据不能存证上链，但如何算瑕疵标准，没有具体说明，因此即便杭州互联网法院在处理自己管辖的案件时仍然有不同准入

① 温颖、张玉洁：《电子证据时代司法区块链的实践困境与因应》，载《长江论坛》2021 年第 4 期。

操作规定。[①] 除此之外，存证收费也存证不一致，第三方存证的模式也不尽相同，主要有独立存证模式、存证与公证模式，存证与鉴定模式等，各种存证模式同时对接司法机关，使得法院在接受电子数据时增加审核的压力。

其次，区块链存证与其他传统司法认证模式联系结合不紧密。在现实司法实践当中，区块链存证的司法公信力是一个稳步提升的状态，普通公民相对而言，对公证和鉴定等传统认证模式的信任度较强，在一些区块链存证的操作中，当事人仍然需要将电子数据进行申请公证，增加了诉讼成本，也与区块链存证基本目标背道而驰。因此，应当将区块链存证与公证、鉴定程序结合起来，将公证机构和鉴定机构作为一个节点，纳入区块链。

再次，第三方平台的监督管理需要加强。我国第三方区块链存证平台需要依托网络科技公司来推行，虽然这些第三方存证公司开展相关业务都由司法机关和政府机构来进行指导，但是其技术安全性和运行资质都没有得到统一标准的认证，这也是第三方平台标准混乱的原因。此外，第三方存证平台缺乏监督管理，由于当事人提供的电子数据会作为案件事实判断的重要依据，为了保证诉讼的正常进行，有必要加强对第三方存证平台的监督和管理，以确保当事人的利益不被侵害。[②]

最后，区块链存证的应用范围狭窄。根据查询已经判决的案件可知，区块链存证主要用于民事诉讼，特别是集中在网络版权侵权案件中。在刑事诉讼，乃至行政、公益诉讼中鲜有区块链存证的应用，这既与检察机关、公安机关、司法行政机关与审批机关的政法智慧融合滞后有关，也与诉讼理念的统一滞后有关。实际上，在网络信息飞速发展的今天，检察机关控诉犯罪与监督法律实施更要主动融合先进信息技术，特别是以区块链技术为核心的新兴技术应用，检察机关要主动把握，与法院共同推动区块链技术在司法场景中应用。

四、完善区块链存证在司法应用的进路

完善区块链存证在诉讼过程的有效应用，必须从规则设定、程序设计、监督管控、扩大应用等方面进行。

首先，进行区块链存证首先应当解决在法律基础规则问题。随着最高人民法院《关于互联网法院审理案件若干问题的规定》及后续司法解释的出台，确认了线上诉讼模式的法律地位，与传统线下诉讼程序具有同一的法律效力，

---

① 蒋鸿铭、吴平平：《〈人民法院在线诉讼规则〉区块链证据规则若干问题探析》，载《法律适用》2021 年第 7 期。

② 韩康：《论区块链存证的模式——“第三方存证”与“自主存证”之比较》，载《学术探索》2021 年第 10 期。

但是配套的证据规制仍然需要司法机关予以明确。在现行民事、刑事以及行政诉讼法中虽然都将电子数据纳入证据专章当中，但是电子数据规则和采信标准未能予以明确，导致电子数据的公信力不高，法院的审查采纳相对烦琐。在诉讼法体系中，特别是在证据规则中应当对区块链存证证据的认定予以明确。①

其次，完善区块链存证程序，确保存证标准的统一施行以及平台链与公证块、鉴定块的连接。规范第三方存证平台的准入标准、收费标准等基本应用内容，首先在试点地区进行，进而进一步推广，构建全国范围内的区块链存证平台系统。同时强化区块链存证中，第三方存证平台与法院、公证机构和鉴定机构的联系，构建司法联盟链，确保区块链中电子数据的完整和真实性。当事人在进行电子数据的上传处理时，公证与鉴定机构同时记录电子数据，并自动对电子数据内容进行处理，提升电子数据的公信力。②

再次，强化对第三方存证平台的监督和管理。确定司法机关作为主管机关，出台一系列有关设立资质、注册资金、规章制度等具体的定期对第三方存证平台进行资格审核，出台管理细则，明确平台奖惩条件，对于第三方平台有碍诉讼的运行的行为予以及时纠正和惩戒，追究相关人员的责任。

最后，在民事诉讼以外的诉讼活动中，加强区块链存证的应用。为提升区块链存证在各项诉讼活动中的应用度，一是在各个诉讼法中及时革新区块链存证的证据规制，二是在技术层面构建政法智慧系统，将检察机关与公安机关纳入与法院的联盟链，依托技术进步推动区块链存证在司法各项环节中的应用，从而达到依法治理，有效化解矛盾，为人民群众提供便捷高效的法治服务的目的。

---

① 谢登科：《电子数据区块链存证的法律本质与适用边界》，载《兰州学刊》2021 年第 12 期。

② 石冠彬、陈全真：《论区块链存证电子数据的优势及司法审查路径》，载《西南民族大学学报（人文社会科学版）》2021 年第 1 期。

刑事诉讼中大数据证据二元耦合特征与质证路径

陈　磊*

一、问题的提出

信息时代大数据释放的价值使其不再是权衡的选择，而是通往未来的必然。① 刑事法治同样面临数字化、信息化和智能化的浪潮，大数据证据便是在这一新技术革命背景下诞生的一种新的证据形式。近年来，大数据和人工智能技术的发展改变了犯罪的样态，将大数据应用于侦查也成为侦查机关的必然选择，大数据侦查拓展了事实认知的能力，也为大数据证据成为诉讼证明的依据进入诉讼视野打下了基础。②

在新技术浪潮下诞生的大数据证据，本质上是运用大数据技术，对海量涉案电子数据进行收集、存储、分析所形成的能够证明案件事实的证据信息；表现形式是运用相关信息技术，对包含海量电子数据的大数据集进行整合、存储并使用相关算法程序分析形成的大数据分析报告。③ 大数据证据相较于传统证据，往往不是侦查机关直接取得，而是将提取的海量数据进行筛选整理以技术手段分析后得出的结论。④

司法实践中，大数据证据在庭审中适用方式呈现多样化，质证难以实质进

---

* 河北省廊坊市安次区人民检察院第一检察部三级检察官，最高人民检察院天津大学检察理论研究中心助理研究员。

① 参见［英］维克托·迈尔-舍恩伯格、肯尼思·库克耶：《大数据时代》，盛杨燕、周涛译，浙江人民出版社 2013 年版，第 94 页。

② 参见程雷：《大数据侦查的法律控制》，载《中国社会科学》2018 年第 11 期。

③ 参见卫晨曙：《论刑事审判中大数据证据的审查》，载《安徽大学学报（哲学社会科学版）》2022 年第 2 期。

④ 参见张吉喜、孔德伦：《论刑事诉讼中的大数据证据》，载《贵州大学学报（社会科学版）》2020 年第 4 期。

行。有鉴于此，本文将以实证分析的研究方法，剖析典型案例，考察大数据证据在实践中的适用状况和适用困境。立足证据法的基本原理，分别从形式、实质和证明力角度阐释大数据证据在刑事诉讼中展现的二元耦合特征，论述大数据证据作为证据的基本范畴。依照实践样态和大数据证据的基本特征提出大数据证据在刑事诉讼中实质化的质证路径。

二、大数据证据适用实践检视

为了解当前我国刑事司法中大数据证据的适用情况，本文采取实证分析的研究方法，通过中国司法大数据服务网裁判文书分析功能，对 2020 年 1 月 1 日至 2022 年 11 月 15 日的一审刑事判决书中以“大数据分析”“大数据碰撞”“大数据研判”“大数据比对”“大数据侦查”为关键词检索共得到案例 87 件，再通过人工筛查的方式，排除其中重复案例和与大数据证据无关案例，共得到有效案例 52 件。案由包括诸多罪名，较大比例为帮助信息网络犯罪活动罪（28.84%），诈骗罪（19.23%），盗窃罪（9.61%），掩饰、隐瞒犯罪所得、犯罪所得收益罪（7.69%），走私、贩卖、运输、制造毒品罪（5.76%）。案件涉及的省份依案件量为湖南省（14 件）、四川省（11 件）、河南省（8 件）、浙江省（6 件）、云南省（3 件）、贵州省（3 件）、陕西省（3 件）、山东省（2 件）、广东省（2 件）。从涉及的案由和地域来看，本文所选案例具有研究必备的代表性和典型性。这些案例与裁判文书中涉及的大数据证据类型认定主要是电子证据、鉴定意见和其他形式三类。

（一）电子证据形式

当前刑事诉讼中大数据证据最常见的适用形式是以电子证据呈现。前述本文获取的 52 件刑事司法案例中，其中以电子证据方式出现的达 31 件，占比 59.6%，可见实务中多将大数据证据纳入电子数据范畴。该处理方式具有一定合理性。就大数据证据的信息载体样态而言，其表现形式是含有海量数据的大数据集，形式上属于电子数据，因此，大数据证据与电子证据之间具有结构相似性和形式同质性。[①] 在刑事诉讼司法实践过程中遵循电子数据审查规则对大数据证据数据源的客观性、真实性、完整性进行审查判断，可以帮助法官对证据形成内心确信。

电子证据，是指借助现代信息电子技术生成、发送、接收、存储的能够证明案件事实的材料，而电子数据是指以数字化形式存储、处理、传输的数据，

① 参见杜鸣晓：《大数据作为诉讼证据的可行性分析——以互联网租车行业为例》，载《南华大学学报（社会科学版）》2017 年第 1 期。

是电子证据的本质属性。电子证据侧重于从该类证据的载体和表现形式进行定义，电子数据则侧重于从该类证据的本质属性进行定义。相较于视听资料这一证据类型，电子数据从本质上概括了该类证据的存在形式，而视听资料则是从外在的表现形式上概括了录音录像之类的证据材料。因此，电子数据和电子证据并不完全等同，但又有交叉关系。要使电子数据具有证据资格，就必须使其同时兼具关联性、合法性及真实性。要认定电子数据的证明力，就需要从完整性和可靠性这两个方面的标准进行衡量。

虽然大数据证据与电子数据之间都以电子数据作为证据表现形式，但是大数据证据与电子证据之间存在本质差别。电子证据适用于数据量有限的情境下，电子数据的内容可以被人工辨别，电子数据内容与案件事实之间基于简易的技术能力就可以形成直接关联性，不需要借助复杂的算法程序等技术手段进行再处理。反观大数据证据具有二元性，首先大数据集的海量原始数据无法在短期内以人力有效辨别，其次大数据集的证据内容是算法程序处理分析大数据集所涉海量原始数据形成的大数据分析报告。其中算法程序对大数据集进行的挖掘、分析、碰撞、刻画、寻找行为的数据规律是大数据证据区别于电子证据的核心。[①] 所以，大数据证据发挥证明作用的核心是在人工智能辅助下，以相关关系拓展为路径对大数据与事实之间内在因果逻辑的揭示和表达。大数据证据的形式虽然与电子证据类似，但是其必须在算法程序的支持下对海量电子数据的内在逻辑信息进行阐释，才能达成证明效果。这表明大数据证据是由原始数据和算法程序分析二元耦合而成。相较于电子数据，大数据证据加入了算法程序分析的要素，超越了电子证据的静态信息载体形式。因此，适用电子证据规则审查判断刑事诉讼中的大数据证据忽视了大数据证据的二元耦合形式特点。

（二）鉴定意见形式

当前刑事诉讼中大数据证据另一种常见的形式是鉴定意见。在司法实践中，大数据证据和鉴定意见形式上都以专业性和科学性很强的报告形式呈现。从生成过程看，二者也有一定的相似性，都是将原始待处理或待检测的信息进行科学处理后形成报告。因此，理论界也有观点认为将大数据分析纳入司法鉴定范畴有助于司法实践展开。[②] 但深入分析二者的生成机理就会发现，大数据证据同一般意义上的鉴定意见存在较大差异。

---

① 参见倪春乐、陈博文：《大数据证据的刑事诉讼应用机理研究》，载《中国人民公安大学学报（社会科学版）》2022 年第 2 期。

② 参见何家弘、邓昌智：《大数据侦查给证据法带来的挑战》，载《人民检察》2018 年第 1 期。

鉴定意见的信息源是检材中含有的信息，鉴定的过程是鉴定人员基于其专业知识和工作经验从专业角度出发以恰当、科学的鉴定方法整理读取检材信息，进而得出鉴定结论，该过程的本质是基于专业知识的经验归纳总结检材信息。在此过程中，鉴定人员的专业知识背景与过往的工作经验对于准确读取检材信息十分关键，在制作鉴定意见的过程中经验性归纳几乎发挥着决定性作用，换言之，即使在鉴定方法保持不变的前提下，实践中也经常出现针对同一检材的多次鉴定结论不一致的情况。因此，鉴定意见不是逻辑演绎的唯一必然性结论，而是基于经验类推的不具有复现性的选择性结论。也正是由于鉴定意见无法复现的特点，在对鉴定意见进行质证的过程中需要一并质证鉴定机构与鉴定人员资质，以核实其专业知识背景和工作经验，同时为案件当事人创设了要求重新鉴定的权利。

大数据证据的信息源是大数据集的海量数据。该信息源的数据是无法在短时间内以人力识别和分析并得出与案件有直接关联性结论的，因而需要依赖算法程序的处理，处理过程中包括数据清洗、汰除、加工、归类、比对、碰撞等，经过处理后得出分析结果。算法程序完成这一系列过程的依据是相关技术人员事先设置的以一定目标为导向的算法代码（算法代码在脱离技术人员编码后也会依据机器学习机制独立生成符合目标的衍生代码）。[①] 上述过程从本质上讲还是以一定标准对被处理对象（大数据集）进行逻辑归纳的过程，算法程序在达成既定目标过程中具有高度稳定性，因而大数据分析报告具有可复现性。（见图 1）

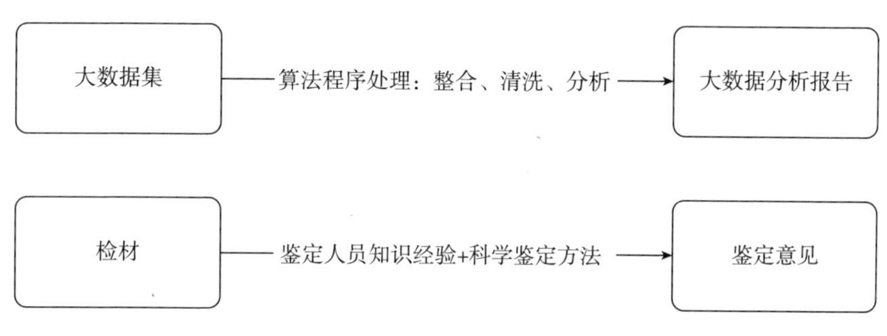

图 1　大数据集和检材中信息处理过程

（三）其他形式

除上述两种形式外，实践中还存在将大数据数据分析报告的结论以“工

① 参见刘文炎、沈楚云、王祥丰：《可信机器学习的公平性综述》，载《软件学报》2021 年第 5 期。

作说明”“情况说明”或“办案经过”等形式提交法庭，还存在以侦查人员证人证言辅以“说明”的形式。[①] 这些形式的适用不仅无法验证大数据证据的证据源的真实完整，更无法验证大数据证据的处理过程的合目的性。

这类形式没有对大数据侦查和大数据证据制作作出合法、合理说明，只是徒有大数据证据的名义，未能深刻认识到大数据证据的特征和刑事诉讼证据实质化质证的要求，不仅影响了大数据证据在刑事诉讼中的效用，更与以庭审为中心的刑事诉讼改革要求背道而驰。

三、大数据证据的二元耦合特征

与传统电子证据相比，大数据证据的数据集带来的不仅是数据体量的指数级增加，还意味着处理方式和证据结构的变化。对此传统刑事诉讼证据体系无力适应，需要系统性革命以满足进入深水区的“审判中心制度改革”“确保侦查、审查起诉的案件事实证据经得起法律的检验”的要求。[②] 因此，有必要从理论层面解构大数据证据的基本特征、阐释其内部构造，为大数据证据在刑事诉讼中实质化质证路径的构建奠定基础。

（一）形式特征：电子证据与算法结论的二元耦合

从证据形式看，一方面大数据证据的原始来源是浩如烟海的原始电子数据，属于电子证据范畴，这些数据通过现代通信技术、计算技术和其他信息网络科技获取；另一方面看大数据证据是运用人工智能算法程序对原始电子数据构成的大数据集进行筛选、清洗、碰撞等方式分析后呈现的人为可读的大数据分析报告。这是大数据证据的形式特征，即电子证据与算法结论的二元耦合。

从外部原始数据获取角度看，大数据证据以电子数据为证据形式。大数据证据的证据基础和载体是海量的电子数据。[③] 在网络与现实日益融合的过程中，错综复杂的人际社会关系既同步呈现在网络空间中，又以网络空间的独特性生成线上线下互动的新型社会关系。[④] 作为一类特殊的社会关系样态，犯罪与网络交融形成了新型网络犯罪，随着上述“现实－网络”双层社会的形成，物理空间中的法益在网络空间不断延伸，留下了海量的网络信息痕迹，这是大数据证据原始数据的来源。从证据演进方面看，大数据证据的载体大数据集是一种电子证据的高阶表现样态，在数量级、复杂性和类别程度上是电子证据指

① 张某源诈骗案，黑龙江省哈尔滨市香坊区人民法院（2017）黑0110刑初549号刑事判决书。
② 参见吴洪淇：《审判中心主义背景下的证据裁判原则反思》，载《理论视野》2015年第4期。
③ 参见林喜芬：《大数据证据在刑事司法中的运用初探》，载《法学论坛》2021年第3期。
④ 参见刘艳红：《网络犯罪的刑法解释空间向度研究》，载《中国法学》2019年第6期。

数级倍数。[①] 因而在考虑适用大数据证据时可以部分借鉴适用电子证据的相关规则进行鉴真，但应当认识到大数据证据数据集的完整性要求要高于一般电子数据。

从内部证明原理角度看，大数据证据以算法结论为证据内核。在证据理论中，算法结论尚未有一席之地，算法结论依赖算法程序，而算法程序的完善过程至少遵循两个步骤：根据需求编写算法程序和在运行中不断进行机器学习完善算法。算法结论的生成机理类似于专家证人意见证据，面对案件中的专业性问题，专家证人可以根据预先学习和工作中得到专业知识、行业经验作出推论或提出意见，以弥补司法工作人员在专业领域的不足。大数据证据则需要分析庞杂至无法以人工能力分析辨别的海量电子数据形成的大数据集，对大数据集的识别远超过司法人员的专业能力和技能范围，需要依赖算法程序对数据进行挖掘、碰撞和分析得出与原始电子证据内容和形式均不同的可被认识的新材料，而算法程序处理模型的构建需要借助技术人员的专业知识。与专家意见不同的是，大数据证据仰仗的算法程序在进行不断的机器学习过程，算法程序也不是搭建算法模型的技术人员的个人意见或者技术成果，而是在技术人员搭建的模型基础上不断完善判断能力的特殊程序。可以说，算法程序才是大数据证据分析报告的制作者，因而大数据证据以分析报告形式呈现时，是由程序制成的特殊“专家”证据。

（二）本质特征：实物证据与算法意见的二元耦合

从证据本质看，大数据证据的证据来源表现是客观性的，只不过这种客观性的内容需要算法程序处理才得以反映。一如物证和书证等证据亦需要图片或者翻译的再处理进行展示，但再处理不影响物证和书证作为实物证据的本质属性。算法程序在大数据证据体系是一种特有的且有别于传统完全客观表达或者转译的处理方式，算法程序的编写基于技术团队人员的技术基础，机器学习则是算法程序沿一定目的路径不断完善的过程。从理论上讲，算法程序得出的大数据分析报告应当是对大数据集所涉证据信息的客观呈现，事实上在算法编写过程中就需要设定价值或者规范性判断。因而，从本质上讲，大数据证据是实物证据与算法处理意见的二元耦合。

从其产生而言，大数据集以电子数据这一典型的实物证据为载体，而且涉案大数据的产生伴随着案件事实的发生形成，是犯罪行为直接或者间接影响下留下的电子印记。这种电子印记无论办案人员是否提取或者保存都客观存在，

---

① 参见刘品新、陈丽：《电子证据的迭代与立规》，载《人民法院报》2020 年 10 月 22 日，第 5 版。

因而大数据集具备当然的实物属性。① 而大数据证据表现为大数据集经过可读化处理后形成大数据分析报告，可以说，大数据报告是大数据集的可读化形式。大数据集含有的海量与案件有关或者无关的信息掺杂在一起，数据的繁复程度和无关信息的庞杂程度交织，导致不能直接服务于刑事诉讼，需要转换成可以感知的可读性报告。本文将这种对大数据集的运用方式称为大数据的“可读化处理”。

可读化处理的过程中，由于大数据集内的数据种类多、数量大，就不可避免地需要进行数据整理和清洗。② 整理和清洗的过程，自然不是侦查人员逐条审查和分析，而是需要依赖算法进行取舍，此时算法取舍不同数据的过程不仅依赖于数据信息与证明目的相关联的信息点位，同时也需要伴随对其证明力、与处理目的关联性的强弱判断。因而在生成大数据报告的过程中，算法程序依靠底层代码的设定和机器学习的完善对证据材料处理的过程类似于专家意见表达。如在涉及公民个人信息案件中，对于涉案公民个人信息是否具备“专属性”、能否代表“个体特征”等，除了在编写代码过程中加入信息点位，也会随着机器学习的过程不断加入新情形并进行取舍的实质判断，进而成为算法独立自主决策产物。由前述，算法决策又不同于专家鉴定意见，其虽然具备“意见”的部分特征，又是程序基于代码作出的客观决策。

综上所述，大数据分析报告既是电子证据的新场景运用形式，应当被认定为实物证据的派生产物，又是在算法程序部分决策下生成的意见化表达，具有实物证据与算法意见的二元耦合特征。

（三）证明力特征：数据真实性、相关性与算法证成的二元耦合

证明力由真实性与相关性两个要素构成，即证据本身的真实与证据支撑待证事实的程度。③ 对真实性的判断是一种定性的逻辑判断，只存在真实与不真实两种的情况，需要确定证据来源和构成要素的真实性④；相关性则存在定量分析的过程，其分析过程需要踩着“概括之石”，从证据的“此岸”到达事实认定的“彼岸”，“概括之石”即经验法则与逻辑法则⑤。由前文所述，大数据证据的实质是大数据集经过算法程序处理分析生成的大数据分析报告，是一种

① 参见陈瑞华：《刑事证据法（第三版）》，北京大学出版社 2018 年版，第 103—104 页。
② 参见李本：《美国司法实践中的人工智能：问题与挑战》，载《中国法律评论》2018 年第 2 期。
③ 参见毕玉谦：《证据制度的核心基础理论》，北京大学出版社 2013 年版，第 383 页。
④ 参见李本：《美国司法实践中的人工智能：问题与挑战》，载《中国法律评论》2018 年第 2 期。
⑤ 参见张保生：《事实、证据与事实认定》，载《中国社会科学》2017 年第 8 期。

算法意见，即狭义的算法证据（Algorithmic Evidence）。[①] 解构大数据证据的构成要素，不难发现大数据证据的证明力是基础电子数据真实相关与算法程序证成的二元耦合。

其中，基础电子数据真实性、相关性考量与电子证据相关规则类似，理论界和实务界的讨论已经相对充分不再赘述，本文主要论述算法证成的证明力特征。证明力规则是指引案件事实认定者评价证据价值的规则，其目的在于将证据以适当的方式展示于案件事实认定者，并且通过应附加给特定证据证明价值来指示案件事实认定者。[②]

大数据证据的证明力来源是将大数据所包含的海量电子数据借助某种中介手段后获得可读性材料，以摆脱专业性过强的知识困境。例如，伤情鉴定报告的审查，普遍是以鉴定机构和鉴定人的资质来间接认定伤情鉴定的证明力，在此过程中，事实认定者将对伤情这一专业性强的证明力判断转移至认定鉴定机构和鉴定人这一中介手段的判断，这既是符合司法实践规律的活动，也是在知识爆炸社会中司法对科技的让步。因而，大数据证据的证明力核心来源于算法程序合目的性与稳健性的证成。海量数据之所以能够具有证据的价值和必要规律，是人为在事先编写算法程序时选定了分析数据的方法并模型化。[③] 稳健性就是算法程序在生成大数据分析报告的稳定可靠。其科学逻辑是定量可重复，即当导入同样的数据时，反复应用同一算法程序后能够得出同样的分析结论。[④]

合目的性指的是算法程序自编写起，无论是经历修改或者自我学习完善，都应当是沿既定目标不断演进，演进的方向是为了更好地实现其根本目的，这应当成为算法程序证成的核心原则。算法程序是大数据证据的核心动力，大数据证据的质量高度依赖算法程序的质量。[⑤] 这不可避免地落入“科技黑箱效应”，即为满足需要的服务构建的处理模块中包含的科技知识和其他要求被集成在程序框架内，使用者只知道功能，但无法理解其运作机理。[⑥] 至于大数据领域指的是数据的分析、清洗过程中并不以一般人感知的方式进行，使用者即

---

① See Palmiotto, Francesca. Regulating Algorithmic Opacity in Criminal Proceedings: an Opportunity for the EU Legislator? 1 Maastricht Law, Faculty of Law WP. 3, 32 (2020).

② 参见［美］查尔斯·L. 巴赞：《证明力规则的形成、功能及面临的深层挑战》，李文军译，载《法治现代化研究》2022 年第 4 期。

③ 参见彭知辉：《论大数据环境下公安情报学研究范式的发展》，载《图书与情报》2017 年第 1 期。

④ 参见［美］特伦斯·安德森等：《证据分析》，张保生等译，中国人民大学出版社 2018 年版，第 86 页。

⑤ 参见马明亮、王士博：《论大数据证据的证明力规则》，载《证据科学》2021 年第 6 期。

⑥ 参见吕乃基：《论科技黑箱》，载《自然辩证法研究》2001 年第 12 期。

司法官并不知晓大数据结论是以何种方式和科学原理制作的。[①] “科技黑箱效应”有完全和不完全两种，前者又称为“算法盲盒”，由于其算法的不可描述性，导致数据处理的全过程不为人知，使用者只能控制数据输入，此后获知分析结果；后者指的是，实际上可以至少部分了解数据整理、清洗和分析的处理过程中，只是使用者不公开相关过程。算法程序多种多样，实践中算法程序运行的透明度与准确度呈反比关系，深度学习算法是最准确的但同时也是最难理解的算法，深度学习算法的目的在于实现以人工智能程序模拟人类思维自主学习获取相关知识和技能，并以其不断完善决策过程。大数据证据在生成过程中依赖人工智能自主的机器学习的经验和决策。但是，由于法律语言的模糊性这一贯穿法学发展始终的问题，使得人工智能分析学习法律语言现阶段无法适应发展，过度依赖可能导致违背司法规律、丧失程序正义等一系列问题。因而，算法程序的合目的性是大数据证据证明力的核心问题，其地位不亚于大数据集本身的完整、真实和相关性。

四、大数据证据质证的实质化路径

达马斯卡曾展望会有越来越多对诉讼程序非常重要的事实只能通过高科技手段查明，随着人类感官察觉的事实与用来发掘感官所不能及的世界的辅助工具所揭示的真相之间鸿沟的扩大，人类感官在事实认定过程中的重要性将会不断下降。[②] 大数据证据正是高科技手段查明事实的重要一环，由前文所述其具有形式、实质和证明力上的二元耦合特征，这就需要从原则、校验标准和质证方法的全面改革，以实现大数据证据在刑事诉讼庭审中的实质化质证。

（一）突破法定证据种类

我国刑事证据规则构建的基本前提是法定证据种类，但随着时代发展，法律明确规定的证据种类越发难以应对社会进步和司法实践需求，如曾经困扰司法实践的价格认定报告和会计审计报告。如今，大数据证据同样面临因证据种类归属不清，导致实践适用存在问题。

从历史沿革讲，我国有关证据种类法定化的规定来源于苏联法律中有关“证据来源的种类”的规定，即某项证据如果并非归属于法定的证据来源，则不具备证据资格。[③] 从本质上讲，法定证据种类是对证据来源设置了指引性规

---

① 参见程龙：《论大数据证据质证的形式化及其实质化路径》，载《政治与法律》2022年第5期。

② 参见［美］达马斯卡：《漂移的证据法》，李学军等译，何家弘校，中国政法大学出版社2003年版，第200页。

③ 参见张嘉军、张红战：《我国证据种类的反思与重构》，载《甘肃政法学院学报》2005年第2期。

定，将不同表现形式的证据材料归类于物证、书证、视听资料等不同证据种类，并为每类证据设置了不同的采信规则。基于法定证据种类的原则，刑事诉讼的举证质证过程事实上更侧重调查证据本身，以证据形式的合法性取代对证据材料包含的信息审查，将刑事诉讼简化为将各类诉讼证据简单叠加的过程。法定证据种类的规定关注证据本身的形式特征，忽略了诉讼证据应有的规范性特征，进而导致了在实施认定过程的形式化和程序正当性的虚无化。[①] 刑事诉讼是运用证据证明案件事实的过程，证据的审查是在主张、否认和反驳程序注重环节中完成，因而证据的形式特征并不重要，重要的是证据的证明价值。

社会不断发展，新事物不断涌现，越来越多对诉讼程序非常重要的事实只能通过高科技手段查明，显然依据成文法修订法定证据种类也需适应不断变化的新时代。与其讨论大数据证据和未来可能出现的种种新证据形式作为何种证据、以何种形式要件界定，不如逐步突破法定证据原则的桎梏，以法定证据方法的形式阐明证据材料的证明力，释放证明材料的证明价值。在大陆法系的证据法理论中，证据是证据资料与证据方法的结合体，其中证据资料是包含与待证事实相关信息的资讯或者素材，证据方法的调查证据资料内容的手段。[②] 包含信息的资讯或者素材可能是任何一种事物，可以法定化审查证据的调查方法，如域外法律规定中常见的法定证据方法包括询问、勘验、鉴定、宣读和讯问等。

因此，面对大数据证据二元耦合的形式特征，应当制定证据资料真实可信完整的鉴真标准，完善审查规则体系。对于证据法体系而言，构建具备开放性的证据方法体系以适应越来越多的融合型证据势在必行，这也是大数据证据为证据体系革新带来的新契机。

（二）确定大数据证据校验程式

由上文分析可知，大数据证据的形式特征是电子证据与算法结论的二元耦合；从本质上讲，大数据证据是实物证据与算法处理意见的二元耦合，算法程序的合目的性又是大数据证据证明力的核心问题。因此，大数据证据的校验是大数据检材的合法性校验、算法程序的合目的性和分析结论可验证性三方面的结合。大数据证据的检材从本质上讲就是数量级大的电子数据，因而对大数据证据检材的合法性校验标准主要可以参照电子证据的校验性标准，本文主要从算法程序合目的性和分析报告结论客观性两方面展开论述。

---

① 参见孙远：《论法定证据种类概念之无价值》，载《当代法学》2014 年第 2 期。

② 参见林喜芬：《大数据证据在刑事司法中的运用初探》，载《法学论坛》2021 年第 3 期。

1. 算法程序合目的性检验

如前文所述，算法程序的合目的性是算法程序证明力的核心。大数据分析行为的科学性检验中重点在于算法程序是否符合大数据分析的目的。以侵犯公民个人信息犯罪为例，大数据分析的目的就是将检材中的数据信息 A 与公安机关、通信部门等部门的原始公民信息 B 碰撞，“不重复且不遗漏”地分析出 A 中的符合现行法律规定的个人信息，而如果该大数据证据中的算法程序不能识别法律规定中“专属性”或“个体特征”等意涵，则该算法不符合大数据分析的目的。不同于鉴定意见需要依赖人类经验，由于算法程序是相关技术人员事先设置的代码，则可以对其进行科学性的定性校验。算法程序应当是目的明确、定义明确的计算过程，将某组检材输入，必然输出相应结论，可以说算法程序是抽象目的的具象逻辑表达。

具体而言，对算法程序的合目的性检验方式应当基于算法程序源代码是否可以开示分为两种情况：在算法程序源代码具备开示条件的情况下，可以采用类似白盒测试（White - box Testing）的技术路线。其中盒子指的是被测软件，白盒的意思是盒子透明可视，即源代码开示透明，测试者可以了解程序内部结构和处理经过，通过相应测试方法，检查运算步骤的逻辑内涵及关联关系，以检查算法程序和路径的正确性，验证算法程序的合目的性。[①] 在算法程序源代码不具备开示条件的情况下，可以通过黑盒测试（Black - box Testing）的方式进行验证。黑盒测试不考虑算法程序的逻辑和结构，根据算法程序的需求，对算法程序进行功能性测试，根据输入部分抽样检材，观察其是否输出错误结果，如果测试均能输出合目的的结果，则通过测试。[②] 黑盒测试的优势在于不需要技术基础，方便庭审质证阶段的验证。

2. 分析报告结论客观性校验

大数据证据分析报告是大数据证据的客观反映和表现形式，因而大数据证据分析报告应当具有客观性，能够如实反映大数据集的情况。从实践层面，具体有以下方式可供使用。其一，一般而言，大数据证据的电子数据体量巨大，难以人为完全认识，但是并不代表人力不可以对数据集中少量数据进行检验，若得出的结论与大数据证据分析报告不符，则分析报告不具有客观性。其二，可以提出技术构造和技术路线相对简单，算法代码相对可以开示，能够通过白盒测试的合目的性的算法进行部分验算，如果得出结论与大数据证据分析报告不符，则分析报告不具有客观性。其三，可以综合适用多种不同技术路线和来

---

① 参见刘洋：《白盒测试技术概述》，载《广西大学学报（自然科学版）》2008 年第 1 期。

② 参见杨德红：《软件测试自动化在黑盒测试中的应用》，载《现代电子技术》2008 年第 18 期。

源的具有合目的性的算法，若得出一致结论，则结论具有客观性。

（三）制定融合式证据质证方案

以庭审为中心的刑事诉讼改革面临的一个现实问题是解决质证问题，重点在于庭审过程中的质证如何实质化。[①] 质证是在庭审过程中就证据的真实性和合法性进行验证，同时通过证据方法释放证据蕴含的证明价值。庭审是案件事实进行法律还原并认定的过程，可以说是证据发挥作用的最终舞台，证据发挥作用必须借助特定的证据方法，证据方法是调查证据资料并证明待证事实的手段。[②] 针对大数据证据的二元耦合特征，应当采用综合证据方法，并在此基础上制定融合式质证方案。由于大数据证据融合了电子数据、算法程序和书面结论三个部分，具备耦合特征，因而应当在认识到特征的基础上采取综合的证据方法以确保大数据证据发挥证明作用，在质证阶段应当进行书面报告、算法程序和数据三方面融合质证。

1. 大数据证据分析报告的阐述与质询

从前述实践案例看，大数据证据多以书面分析报告为载体，在形式上以文字说明辅以图表等。因而，从实践活性看，大数据证据的质证首先应以类似“书证”的形式存在并展示内容。故此，大数据证据分析报告的质证可以分为展示阐述与质询两方面：首先，基于其书面特征应当在庭审中阅读和展示，证据方法对应的归责可以借鉴书证方式；其次，有鉴于大数据证据分析报告的技术特征，诉讼参与人在庭审过程中受限于自身知识局限，可以要求大数据侦查的人员和大数据证据分析报告的制作方相关人员出庭就报告内容和技术路径接受质询。

2. 算法开示与验证

从技术维度看，大数据证据“最神秘”的部分是算法程序的逻辑推演过程。鉴于刑事诉讼的严肃性，刑事诉讼中应用的大数据算法程序的源代码应当以开示为原则、以保密为例外。当然，即便公开算法代码，诉讼参与人也无力验证算法程序的合目的性。当前，在司法实践中为了保证算法程序的可验证性，可以采取便宜措施，将技术问题部分转化为程序问题。具体而言，应当对大数据证据进行严格的程序控制，将大数据证据的处理过程公开化，并针对大数据证据的制作程序设置专门的制裁措施。同时将大数据算法程序的历史精确度（处理此前案例的典型性）和使用因素（算法条件）同步质证，辅助说明算法程序的合目的性。当然，上述内容只是基于当前司法实践的便宜方式，根

---

① 参见郑未媚：《庭审中心与质证规则构建》，载《证据科学》2016 年第 3 期。

② 参见张斌：《证据方法基本原理刍论》，载《政法学刊》2002 年第 6 期。

本之策还是提升并确保算法设计和运行的科学性。

3. 原始数据鉴真与抽样反推

大数据证据的基础是海量电子数据构成的大数据集，因而原始数据的鉴真也是大数据证据质证的基础。自 2012 年刑事诉讼法修订以来，电子数据的质证方法已经较为成熟，在此不再赘述，本文主要讨论大数据集海量数据信息的抽样反推功能。

抽样反推指的是从大数据集的海量电子数据中，按照一定方式随机抽取少量具有代表性的数据，同时使用算法程序进行逻辑运算和人工验证，比对运算结果、人工结论与提交庭审的大数据分析报告结论的相似性，进而验证大数据分析报告的内容可信程度和算法的合目的性，当前可以作为司法实践中能够适用的一种质证方法。虽然抽样反推的方法具有盖然性验证和抽象数据反证能力不足的问题，但在当前司法实践中不失为一种合理可行的方案。同样以侵犯公民个人信息罪为例，由于大数据集内有成千上万条公民个人信息，想要逐人、逐条分析不具有现实可能性，则可抽取部分数据进行人工验证和算法程序运算，并将二者结论与大数据分析报告比对。由于大数据证据的运算逻辑中归纳推理是重要的一环，则抽样反推的合逻辑性程度与抽取数据的典型性具有直接关系，因而需要将抽取的数据量控制在尽可能科学的比例内，尽可能满足客观科学性要求。

总之，大数据参与刑事案件侦查，进入刑事诉讼为查明真相、准确定性带来便利的同时，也给整个刑事诉讼体系带来了冲击。实践中，冲击带来了诸多问题，但我们不能因噎废食，时代的发展不会因逃避而停滞。为确保在大数据时代下刑事诉讼的顺利进行，认识、研究、使用大数据证据是必经之路。本文只是从实践出发探讨了大数据证据适用的问题，提出了大数据证据的二元耦合特征，以及一个粗浅的、基于实践需要的质证方案，如何确保大数据科学有效运用，还需要更为深入、细致、具体地思考和规划。同时，大数据证据可能带来的诸如公民个人基本权利保护等问题也需要引起高度关注。总之，在大数据时代和人工智能时代的洪流中，刑事诉讼这一古老的概念必将在新时代展现新的面貌，刑事诉讼的相关研究也将在新技术下拓展到更为广阔的空间。

电信网络诈骗犯罪证据的审查与运用

——以李某某等人“黑吃黑”诈骗案为例

蔡　淳[*]　赵　琴[**]　万开太[***]

一、案件背景、简要案情及诉讼经过

（一）案件背景

电信网络诈骗犯罪非接触式，不宜被查处，诈骗金额大，成为犯罪分子青睐的犯罪手段，导致电信诈骗公司需要大量的“人力资源”，为了逃避打击，电信网络诈骗公司大多设立在境外，而人力资源需从国内偷渡运送，从而诱发偷越国（边）境、组织偷越国（边）境等犯罪异常激增，部分犯罪分子也嗅到了“商机”，并自认为是在“为民除害”，“反诈骗”境外的诈骗公司，境外的诈骗公司即使意识到被骗也不敢报警。本案就是在此种背景下发生的。

（二）基本案情

2022 年 1 月以来，被告人李某某、陈某某、万某某等 7 人分别通过网络聊天软件查找为境外输送人力资源的招聘信息，得知他人欲组织人员偷渡到境外务工，遂对境外招聘人员谎称自己想偷渡到境外务工，并可以组织人员一起偷渡，骗取他人支付路费、食宿费等。2022 年 1 月至 5 月，被告人李某某、陈某某、万某某伙同他人共谋，相互冒充偷渡人员，互借微信收款码、支付宝账号、银行卡收取诈骗资金，先后租赁车辆共同驾车从黔西至云南、广西等地，以需要支付路费、食宿费等为由骗取他人财物共计 107495 元。

* 贵州省黔西市人民检察院党组书记、检察长。

** 贵州省黔西市人民检察院第一检察部副主任。

*** 贵州省黔西市人民检察院第一检察部检察官助理。

（三）诉讼经过

2022 年 5 月底，公安机关开展身份核验工作时发现被告人李某某、陈某某、万某某等 7 人有联系境外蛇头偷渡的嫌疑，故将 7 人传唤到案。经讯问，7 人供述以组织人员到境外诈骗公司上班为由，骗取境外诈骗公司钱财。该案不能以组织他人偷越国（边）境未遂处理，而认定诈骗罪又无法找到被害人，案件一度陷入了僵局。2022 年 6 月，检察机关提前介入，引导公安机关将各被告人的手机等送检，恢复电子数据，提取到实施诈骗的客观性证据，案件得以告破。2022 年 10 月，检察机关通过公开听证，对在共同犯罪中起次要作用、退缴全部违法所得的 4 人作出相对不起诉处理，对被告人李某某、陈某某、万某某以诈骗罪提起公诉。2022 年 12 月，法院对被告人李某某、陈某某、万某某以诈骗罪判处有期徒刑 8 个月至 3 年 6 个月不等刑罚，并处罚金。

二、案件审查中存在的争议问题

（一）本案无被害人陈述能否认定被害人基于错误认识而处分财产

诈骗罪的构成要件为：行为人以非法占有为目的实施欺诈行为，使被害人产生错误认识，被害人基于错误认识而处分财产，行为人取得财产，被害人遭受财产损失。因此，在绝大多数的诈骗案件中，被害人陈述成为必不可少的构罪要件，本案因客观原因限制，无法找到被害人；[①] 且实施诈骗的人中，都是各自联系诈骗公司，诈骗得到的钱归各自所有，相互之间的帮助行为仅是需要冒充偷渡人员时相互帮忙，证实实施诈骗行为的证据仅犯罪嫌疑人自己的供述、聊天记录及转账记录。因此，本案能否认定存在两种观点。一种观点认为本案没有被害人的陈述，不能证实其基于被骗而处分了自己的财产。理由是被害人有可能是基于同情而处分自己的财产，也有可能是认为自己有足够的劝说能力能把犯罪嫌疑人骗至出境，没有人能替代被害人说出其内心的真实想法，故在无被害人陈述的情况下，不能认定诈骗事实。另一种观点认为只要达到证据确实、充分，即定罪量刑的事实都有证据证明，据以定案的证据均经法定程序查证属实，综合全案证据，对所认定的事实已排除合理怀疑，即只要形成了完整的证据锁链，就可以认定构成犯罪，被害人陈述不是必备证据。

（二）各自对不同的被害人实施诈骗能否认定为共同犯罪

共同犯罪是指二人以上共同故意犯罪。本案中，各犯罪嫌疑人使用某

---

① 退一步说，即使找到被害人，因被害人是境外诈骗公司涉嫌组织他人偷越国（边）境实施诈骗活动犯罪，其也不可能供述被骗事实，故无法查找到被害人。

App，各自寻找缅甸方向的高薪招聘广告，各自联系招工人，谎称自己要偷渡到缅甸，并声称可以组织人员一起偷渡去缅甸，以需要垫付住宿费、生活费、路费等为由诈骗境外招聘人员，诈骗到的钱归各自所有。仅在被害人需要查验人头时，相互冒充偷渡人员拍照或录视频发给被害人，有时提供账户帮助接收诈骗资金，但不是每次实施诈骗均要查验偷渡人员，帮助接收诈骗资金也仅是偶尔。因此，能否认定为共同犯罪，本案存在三种分歧观点。

第一种观点认为：本案中各行为人没有形成犯罪集团，且对彼此实施的具体犯罪行为没有通谋，均是各自寻找、联系被害人，违法所得也归各自所有。在主观上各行为人之间只存在日常的生活交流，各犯罪嫌疑人的行为都是相对独立的，只是在虚构事实方面提供了配合，对他人的犯罪行为只有概括的认识，不应认定为具有共同犯罪的故意，各被告人对各自实施的具体诈骗金额负责。

第二种观点认为：本案中各行为人在主观上有意思联络，成立共同犯罪。电信网络诈骗行为针对的是不特定多数人，其犯罪共谋比较概括，即各行为人仅对实施诈骗行为存在共谋，但并不事先约定诈骗对象。只要存在共谋，各行为人之间就成立共同犯罪①，均应当对所有诈骗金额承担责任。

第三种观点认为：本案中具体诈骗金额的认定，需要结合各被告人之间主观的明知和客观提供的帮助行为来综合认定，不能以概括的认识将各自实施的诈骗认定为共同犯罪，以致各被告人均需要对他人实施的诈骗行为负责。即需要在每一起诈骗案件中，区分出实施具体帮助行为的人和仅有概括认识的人，仅能将实施了具体帮助行为的人认定为共同犯罪，仅对提供具体帮助的诈骗金额负责。

（三）公安机关从国家反诈大数据平台下载的交易流水能否直接作为证据使用

为加大对电信网络诈骗活动的打击力度，公安机关可以从国家反诈大数据平台（以下简称反诈平台）直接关联金融系统，追溯犯罪链条并调取相关银行流水。在公安机关反诈平台调取的涉案银行账户流水能否直接作为刑事案件定案依据，存在两种分歧观点。一种观点认为公安机关从反诈平台调取的证据不能直接作为证据使用，只能作为分析研判的依据，若作为证据使用，需从银行机构调取。理由是反诈平台提供的仅是一种查询功能，公安机关可以查阅相关数据，因电子数据容易被更改，直接下载易导致电子数据失真，尤其有时公安机关为方便案件分析，会对部分证据进行删减或标注，难以保证数据的证据

① 魏静华、陆旭：《电信网络诈骗共同犯罪的司法认定》，载《中国检察官》2018年第6期。

性，故不能作为证据使用。另一种观点认为可以作为证据使用。理由是公安机关具备收集证据的主体资格，反诈平台是为形成打击电信网络犯罪的合力而成立的，平台数据来源于银行机构、微信运营商、支付宝运营商等数据合法持有者，只要与其他证据相互印证，即可以作为证据使用。

三、信息网络诈骗犯罪中证据审查与运用的标准

（一）如何通过客观性证据审查判断被害人有无处分意识

本案的难点在于没有被害人的陈述，没有直接证据证实被害人基于错误认识而处分财产，如何通过客观性证据来认定被害人基于错误认识而处分财产。在电信网络诈骗案件中，司法机关对于被害人陈述的取证工作存在较大困难，主要的原因是在多数电信网络诈骗案件中，涉案的被害人人数众多、人员区位分散，具有跨地域乃至跨境的特点，流动性大，以致司法机关很难逐一联系到全体被害人。同时，由于电信网络诈骗手段具有隐蔽性、多样性的特点，在侦查机关发现犯罪事实之时，被害人仍未意识到自己已经遭遇了诈骗的情况时有发生。

在司法实践中，主观性证据较难获得且存在真实性不足或者相互矛盾的问题，如犯罪嫌疑人翻供、证人证言说法不一、被害人陈述前后矛盾等，客观性证据的审查即成为案件的突破口。相比主观性证据，客观性证据具有更高的稳定性与可靠性，在办理电信网络诈骗案件时可以采用客观性证据审查模式，审查案件事实应当将客观性证据列为审查重心，具体而言是从“物证、书证、勘验、检查、侦查实验笔录、视听资料、电子数据以及鉴定意见书中有关检验的部分”出发展开审查①。检察机关在办理案件过程中，当主观性证据的取证存在困难时，可以转而以客观性证据作为突破点，合理运用刑事推定，凭借客观性证据的关联性、稳定性等特征对全案证据进行审查和认定，以降低证明难度，以达到对信息网络诈骗犯罪严厉惩处的目的。

最高人民法院、最高人民检察院、公安部《关于办理电信网络诈骗等刑事案件适用法律若干问题的意见》（以下简称《意见》）明确，办理电信网络诈骗案件，确因被害人人数众多等客观条件的限制，无法逐一收集被害人陈述的，可以结合已收集的被害人陈述，以及经查证属实的银行账户交易记录、第三方支付结算账户交易记录、通话记录、电子数据等证据，综合认定被害人人数及诈骗资金数额等犯罪事实。这是电信网络诈骗案件的“创新”之举，也

---

① 潘雪晴、袁祥境：《客观性证据审查模式运用及思考——从宋某某强奸案切入》，载《中国检察官》2018年第4期。

称为“抽样取证”。虽与本案不是同一逻辑，但至少说明被害人陈述不是电信网络诈骗案件必不可少的证据。在张某雄、程某岗、朱某华等诈骗案中，法院审理认为：因为发案时间较久，被害人陈述的汇款金额可能与实际会有出入，应以书证为主，结合被害人陈述来认定。虽然本案仅收集在案部分被害人（约人民币 100 万金额）报案、出入金情况，考虑案件涉及人数较多、全部收集被害人证据难度较大及依据相关电信诈骗案件处理精神，在有客观性证据证实总犯罪金额情况下，可以就部分受害人的报案材料对全案进行认定。① 由此裁判要旨可知，在信息网络诈骗案件中，在获取主观性证据上存在较大困难时，可以依据充分的客观性证据来认定需要证明的事实。

因此，被害人的陈述虽然是判断被害人基于错误认识而处分财产的最为直接的证据，但是若没有被害人陈述，只要其他证据能够形成完整的证据锁链，就可以推定被害人的主观心态。故本案在提前介入环节，就引导公安机关将犯罪嫌疑人犯罪时所使用的手机送检，恢复手机数据，提取诈骗时与被害人的聊天记录，提取犯罪嫌疑人供述的与被害人取得联系的招工信息、电话号码及通话记录、QQ 聊天信息，对手打款信息、犯罪嫌疑人轨迹信息等其他客观性证据，与犯罪嫌疑人的供述能相互印证，形成完整的证据锁链。即使没有被害人陈述，只要综合其他证据能够形成完整的证据锁链，并能排除合理怀疑，即可以认定为诈骗罪。

（二）关于电信网络诈骗案件中共同犯罪的证据审查与认定

1. 何为共同犯罪

《意见》中规定，明知他人实施电信网络诈骗犯罪，帮助转移诈骗犯罪所得及其产生的收益，套现、取现的，以共同犯罪论处；明知是电信网络诈骗犯罪所得及其产生的收益，帮助他人转账、套现、取现的，以掩饰、隐瞒犯罪所得、犯罪所得收益罪追究刑事责任；事前通谋的，以共同犯罪论处。

由《意见》可知，成立电信网络诈骗犯罪的共犯主观上要求各行为人对彼此的犯罪行为是持“明知”的态度，而不是“通谋”。根据文义解释，“明知”的语义范围是宽于“通谋”的，换言之，“通谋”之义可以被“明知”所包含。故在认定电信网络诈骗中的共犯时，只要求行为人对他人的行为性质有概括性认识即可，而不能仅仅将主观方面限缩在需要明确知道具体的行为细节与阶段进展。同时，过度限缩“明知”的范围的做法也不符合我国近几年加大对网络电信诈骗打击力度的刑事政策。

---

① 张某雄、程某岗、朱某华等诈骗罪一审刑事判决书，杭州市下城区人民法院（2020）浙 0103 刑初 102 号。

以被告人姜某某犯诈骗案为例，本案的裁判要旨指明，在电信网络诈骗案件中，帮助者构成诈骗罪共犯的主观要件是“明知”，但事后帮助者构成诈骗罪共犯的主观要件是“事前通谋”。对于明知的内容和程度，一般只要有证据能够印证帮助者认识到对方可能实施诈骗犯罪行为即可，不要求其认识到对方实施诈骗犯罪的具体情况。帮助者主观明知的时间节点应在诈骗罪既遂之前。对于主观“明知”的认定，可以从帮助者在提供帮助时对电信网络诈骗是否有所了解、帮助行为本身是否反常以及获利情况等进行综合分析。[①]

在本案中，犯罪嫌疑人虽然各自寻找招聘广告，各自联系招工人，违法所得也归各自所有，但彼此都知道对方所进行的活动的性质，也为对方的诈骗行为提供了不可或缺的帮助，对被害对象存在概括性认识。各行为人明知自身的帮助行为的非合法性，这能够补强行为人对他人行为的社会危害性的认识。如在被害人需要查验人头时，相互冒充偷渡人员拍照或录视频发给被害人，此行为在很大程度上打消了被害人的疑虑，增加了被害人的确信心，从而使得对方的诈骗行为顺利进行。上述照片及视频可以作为客观证据证实各犯罪嫌疑人对自己的帮助行为在主观上是持“明知”的心态。

同时，在信息网络诈骗案件中，下家基本上无法直接与“发号施令”的上家接触，犯意是通过层层传达，或是按照约定形成默契。只要行为人在诈骗实施前或者实施过程中，与诈骗分子取得联络或者是在此期间明知是诈骗行为仍提供帮助的，均系事前通谋。[②] 正如陈兴良教授所言“不知道什么是犯罪，但知道什么是犯法。因而其故意的认识因素就具备了”。[③]

因此，综合各犯罪嫌疑人客观上对彼此提供的帮助行为与主观上对行为性质的概括认识，犯罪嫌疑人虽未形成紧密的犯罪集团，但已形成共同犯罪中的帮助作用，此种帮助作用不能具体到每一起诈骗案件中，因为各犯罪嫌疑人实施的都是同种诈骗行为，主观上有概括的认识，彼此之间相互冒充人头，若具体哪一起诈骗行为不需要冒充人头，但因为事前的约定相互冒充人头为彼此犯罪提供了物理及心理的支撑，起到了帮助作用，应认定为共同犯罪。

2. 如何运用证据论证共同犯罪成立

在知道如何论证共同犯罪后，就需要围绕着论证共同犯罪成立条件，全面审查能够证明系共同犯罪的证据。首先是主观明知：需要审查各被告人的供述，供述各被告人相互邀约实施诈骗的过程，知道彼此之间都是在实施同样的

---

① 姜某某诈骗案二审刑事裁定书，浙江省台州市中级人民法院（2020）浙10刑终78号。

② 林塑斌：《“黑吃黑”交织诈骗行为及主从犯的认定》，载《中国检察官》2020年第2期。

③ 陈兴良：《刑法中的故意及其构造》，载《法治研究》2010年第6期。

犯罪行为；各被告人的聊天记录，证实相互之间邀约犯罪及传授犯罪方法等。其次是客观帮助：需要运用各被告人的行程轨迹，证实在实施犯罪的过程中大家租车记录、乘车记录、住宿记录都是有交集的；将被告人的银行流水、微信交易记录、支付宝交易记录等客观性，与被告人的供述进行比对，是否能够相互印证，证实相互提供收取赃款的帮助，从而形成完整的证据锁链。达到主观有明知，客观有帮助，形成共同犯罪，需对他人实施的诈骗金额负责。

（三）公安机关从反诈平台下载的电子数据的审查与运用

随着互联网技术的发展，大数据的出现给互联网电子数据的收集技术提出了更高的要求。判断公安机关从反诈平台下载的银行流水、微信交易记录、支付宝交易记录等电子数据能否作为证据使用，首先要明确公安机关从反诈平台下载的电子数据为何种证据种类。在现有的证据种类中，最符合的应当是电子数据，因此，公安机关从反诈平台下载的内容若要作为证据使用，就必须符合电子数据的取证规范。

电子数据是指由电子信息技术应用而出现的各种能够证明案件真实情况的材料及其派生物，如电子邮件、聊天软件消息记录、微博信息、U 盘储存、位置信息、光盘储存等。本案涉及公安机关从反诈中心平台上下载的电子数据的可采性和证明力审查判断问题。证据的可采性，是指证据材料能否作为证据使用，能否被法庭认可为定案的根据。一种事实材料只要具备真实性、关联性和合法性的特点，都具有可采性。电子数据也不例外。法庭在判断某一电子数据是否被采纳时，首先应审查它是否属实，其生成、取证等环节是否合法。

在孟某等盗窃案[①]中，评析人认为法庭在判断某一电子证据是否被采纳时，首先应审查它是否属实，其生成、取证等环节是否合法。具体而言，包括：（1）审查电子证据的来源、电子证据生成的时间、地点以及所使用的程序系统和录入方法；（2）审查司法机关在收集、提取电子证据的过程中是否遵守了法定的程序；（3）审查电子证据内容是否被伪造或篡改、电子证据之间以及与其他证据内容上是否有矛盾之处。[②]

2009 年最高人民检察院发布的《人民检察院电子证据鉴定程序规则（试行）》（以下简称高检《规则》）已经明确了电子证据的鉴定范围：（1）电子证据数据内容一致性的认定；（2）对各类存储介质或设备存储数据内容的认定；（3）对各类存储介质或设备已删除数据内容的认定；（4）加密文件数据

---

① （2006）黄刑初字第 186 号。

② 沈解平、朱铁军：《网络盗窃中电子证据效力和盗窃数额的认定》，载《人民司法（案例）》2007 年第 2 期。

内容的认定；(5) 计算机程序功能或系统状况的认定；(6) 电子证据的真伪及形成过程的认定；(7) 根据诉讼需要进行的关于电子证据的其他认定。2021年最高人民法院《关于适用〈中华人民共和国刑事诉讼法〉的解释》(以下简称高法《解释》)第七节关于电子数据审查认定规则已经明确电子数据的收集、提取过程为审查内容。

最高人民法院、最高人民检察院、公安部于2022年8月发布的《关于办理信息网络犯罪案件适用刑事诉讼程序若干问题的意见》第14条规定："公安机关向网络服务提供者调取电子数据的，应当制作调取证据通知书，注明需要调取的电子数据的相关信息。调取证据通知书及相关法律文书可以采用数据电文形式。跨地域调取电子数据的，可以通过公安机关信息化系统传输相关数据电文。网络服务提供者向公安机关提供电子数据的，可以采用数据电文形式。采用数据电文形式提供电子数据的，应当保证电子数据的完整性，并制作电子证明文件，载明调证法律文书编号、单位电子公章、完整性校验值等保护电子数据完整性方法的说明等信息。"

最高人民检察院第十八批指导性案例之检例67号张凯闵等52人电信网络诈骗案指出：对电子数据应重点审查客观性，审查电子数据本身是否客观、真实、完整。通过审查电子数据的来源和收集过程，核实电子数据是否从原始存储介质中提取，收集的程序和方法是否符合法律和相关技术规范。同时要审查电子数据内容的真实性。通过审查在案言词证据能否与电子数据相互印证，不同的电子数据间能否相互印证等，核实电子数据包含的案件信息能否与在案的其他证据相互印证。

以上文件及判例的核心都聚焦在对于电子数据的审查与运用问题上。目前，我国司法实践中对电子数据的审查主要集中在载体和内容上。电子数据具有数字化特征，其内容多依靠一定的外部介质实现存储，电子数据的载体在很大程度上决定着电子数据是否可以作为合法有效的电子证据使用，也即是否具有证据能力和证明力。因此，公安机关在获取、扣押、转移、保管电子证据载体的过程中要符合法定的程序要求，在电子数据的收集、提取、冻结等过程中要遵循特定的程序规范，以保证电子数据的真实性、可靠性。同时还要注重对原始存储介质的固定，以防因载体的不当处置而影响电子数据作为定案根据的资格[①]。

综上所述，公安机关从反诈平台调取的电子数据要符合证据的三性，尤其是客观性和合法性。合法性需保证调取程序合法，需要具备调取证据通知书、

---

① 智嘉译：《电信网络诈骗案件中的证据问题研究》，载《法律适用》2022年第9期。

调取证据清单及回执，可以采用电文形式；客观性需保证电子数据的完整性。在本案中，证据采信的焦点在于公安机关从反诈平台调取的电子数据不符合取证的规范，一是没有调取证据通知书等文书，因为是公安机关自行下载的证据，并非电子数据的持有者提供的，因此不具备证据的合法性；二是没有数据完整性的校验值。因此，本案在审查时未对公安机关从反诈平台调取的电子数据予以采信，而是要求公安机关到银行机构调取的银行流水，提取被告人的微信账单、支付宝账单。

笔者认为，若要节省办案资源、提高办案效率，公安机关从反诈平台调取电子数据需要注意以下事项：一是收集证据应当由两名侦查人员进行；二是需要提供调取证据通知书、调取证据清单等程序文书，向电子数据的第三方提供者调取，可以采取数据电文的形式；三是制作电子证明文件，载明调证法律文书编号、单位电子公章、完整性校验值等保护电子数据完整性方法的说明。检察机关在审查证据时围绕程序是否规范、内容是否被更改、与其他证据能否相互印证，若对电子数据有疑问时，检察机关可以要求对电子数据进行无污损鉴定，以确保电子数据的客观性。

帮助信息网络犯罪活动罪司法困境的检视与应对

——基于Z省法院122份刑事判决书的实证研究

浙江省温岭市人民法院课题组*

引　言

近年来，各种新型网络犯罪频发，电信网络诈骗犯罪尤为突出，并衍生出一系列上下游网络犯罪产业链。其中，涉“两卡”案件呈现“井喷式”增长，成为电信网络诈骗犯罪不断蔓延的“助燃剂”，严重侵害群众合法权益，严重影响社会和谐稳定。对涉“两卡”案件，司法机关多以帮助信息网络犯罪活动罪（以下简称帮信罪）、诈骗罪和掩饰、隐瞒犯罪所得、犯罪所得收益罪（以下简称掩饰隐瞒罪）等罪名予以打击。其中，作为电信网络诈骗关联犯罪的帮信罪增加最为迅猛，已成为当前电信网络诈骗犯罪治理中不容回避的重要课题。

一、现状检视：帮信罪的司法实践

本文通过Z省法院的深度检索案例研判平台（登录时间：2022年11月10日），以“帮助信息网络犯罪活动罪”为关键字检索，在筛选时排除干扰项如被告人有多前科（曾涉电诈犯罪的除外）、劣迹的案件等以期将变量控制在最小，抽样选取了Z省法院近3年刑事判决书122件，以此为研究样本。其中，认定为帮信罪的案件117件（95.90%），认定为掩饰隐瞒罪的案件5件（4.10%）。

---

* 课题组负责人：谢文春，浙江省温岭市人民检察院副检察长。课题组成员：周艺，浙江省温岭市人民法院刑庭庭长；阮蓓蓓，浙江省温岭市人民法院刑庭副庭长；潘慧斌，浙江省温岭市人民法院民三庭副庭长；黄璐坤，浙江省温岭市人民法院刑庭法官助理。

（一）帮信罪的犯罪行为样态

2020年，Z省受理电信网络诈骗一审案件同比上升29.66%，2021年同比上升16.88%。自2020年10月10日国务院部署“断卡”专项行动以来，Z省法院电诈关联犯罪案件收、结案数量增长较快。其中，帮助信息网络犯罪活动案件2020年收案222件，2021年收案4031件，增幅高达17倍。[①] 如此紧迫的形势，应予以高度重视。特别是，帮信罪的罪状涉及面甚广，几乎涵盖了电信网络诈骗等网络犯罪链条中的信息获取、推广引流、技术支持、场所提供、支付结算等各个环节。经统计分析，本文总结帮信犯罪行为具有以下特征：

1. 犯罪手段集中表现为支付结算型帮助

统计发现，帮助网络犯罪活动的行为方式有以提供网络支付结算型帮助、提供犯罪程序、工具或者其他技术支持的方式等。其中，占比最多是提供支付结算型帮助，以出售、出租、出借银行卡、手机卡等为具体表现方式，即实务中常称的“卖卡”。具体而言，大部分行为人通过租售本人及亲友名下银行卡、收款码或者注册空壳公司并办理对公银行账户的方式，为网络犯罪提供支付结算帮助，俗称“卡农”；还有一部分行为人以接收全国各地收卡团伙办理的电话卡、银行卡为业，层层贩卖赚取差价，被称作“卡商”。

根据《中国人民银行支付结算办法》的规定，支付结算指的是资金转移服务，即货币给付及其资金清算的行为。在具体认定上，根据最高人民法院刑事审判第三庭、最高人民检察院第四检察厅、公安部刑事侦查局《关于深入推进“断卡”行动有关问题的会议纪要》（以下简称《“断卡”会议纪要》）的精神，出售、出租信用卡后又为他人转账等提供刷脸等验证服务的就属于支付结算行为。换言之，若行为人出租、出售的信用卡被用于接收电信网络诈骗资金，但行为人未实施代为转账、套现、取现等行为，或者未实施配合他人转账、套现、取现而提供刷脸等验证服务的，则不认定为支付结算行为。其中，仅单纯提供信用卡的，5张以上才可能构罪。统计发现，提供支付结算型帮助行为的方式明显多样化，行为人既有通过租售银行卡、对公账户等帮助结算的，也有出租第三方支付平台账户的，还有提供相关支付结算的技术支持的如提供接码平台、跑分平台或以虚构交易等方式收取上下游赃款的。可以说，上述支付结算型帮助行为是当前电信网络诈骗犯罪得以既遂的关键。

2. 支付结算金额较大但违法所得较少

研究样本中，涉案资金流水金额超过1000万元的案件有22件（18.03%），

---

① 浙江天平：《全民反诈！浙江依法严厉打击网络犯罪诈骗》，载 https://m.thepaper.cn/newsDetail_forward_16697143，2022年11月10日访问。

在 500 万元至 1000 万元的有 17 件（13.93%），100 万元至 500 万元的有 39 件（31.97%），低于 100 万元的有 29 件（23.77%）。其中，涉案资金最高的案件有高达 2 亿余元，支付结算金额主要集中在 100 万元至 500 万元这一档次。但在违法所得方面，大部分被告人的获利方式是出售银行卡、手机卡及 U 盾，而售卡获利通常在每张 500 元至 1000 元不等，行为人的获利相对较少。研究样本中，被告人没有违法所得的案件共有 43 件，占 35.25%，相关案件中的最高非法获利额也仅 75000 元。如此，违法所得金额对比支付结算金额可谓小巫见大巫。

3. 被帮助对象多为电信网络诈骗犯罪

研究样本中，被帮助的上游犯罪涉电信网络诈骗的案件为 95 件，占 77.87%，涉网络赌博的案件 14 件，占 11.48%，涉敲诈勒索的案件有 2 件，占 1.64%，未明确上游犯罪类型的案件有 11 件，占 9.02%。可见，本罪被帮助的上游犯罪种类主要集中在两类犯罪，即电信网络诈骗犯罪和网络赌博犯罪，且以前者居多。

（二）帮信罪的司法裁判现状

1. 罪名认定不准确

同类型的支付结算型行为涉及的罪名有帮信罪、掩饰隐瞒罪以及妨害信用卡管理秩序罪等，法检对此存在认知差异，造成实践中常见罪名认定不准确的现象。具体而言：其一，公诉机关起诉指控被告人犯罪，在认定罪名上存在反复，不能准确把握。如温州龙湾法院（2022）浙 0303 刑初 521 号刑事判决书显示，公诉机关原以被告人犯掩饰隐瞒罪向法院提起公诉，后又变更起诉指控被告人犯帮信罪。其二，公诉机关起诉指控被告人犯罪，法院经审查后改变罪名定性。如龙游法院（2022）浙 0825 刑初 138 号刑事判决书显示，公诉机关起诉指控被告人姚某某犯掩饰隐瞒罪，但最后法院认定姚某某构成帮信罪。

2. 量刑结果不平衡

（1）主刑量刑相对宽缓。统计发现，被判处有期徒刑（实刑）的有 29.91%，被判处拘役（实刑）的有 2.57%，被判处缓刑的有 67.52%。可见，当前司法实践对帮信罪的量刑相对宽缓。调研还发现，本罪的支付结算型帮助行为基本上都对支付结算金额、违法所得数额、提供信用卡的张数及次数予以详细表述，这三个方面也成为本罪的从重处罚主要量刑情节。支付结算金额、违法所得、提供银行卡的张数及次数越增，则量刑越重。

（2）罚金刑量刑效果不佳。统计发现，研究样本中未见单处罚金的，即单处罚金的法条处于空置状态。而且，司法者普遍认为单处罚金刑的打击方式无法达到惩治本罪的理想效果。然而，就研究样本中判处罚金刑的金额来看，在5000元以下的占64.96%，5000元到1万元的占26.50%，1万元到2万元的占3.42%，2万元以上的占5.12%。也就是说，本罪罚金刑的实践判罚主要集在1万元以下的区间，占91.46%。可见，本罪罚金刑的实践判罚的金额较低，罚金刑的打击效果不显著。所以，本罪罚金刑量刑存在单处罚金缺乏与罚金判罚较轻的不协调现象。虽然，罚金刑金额与支付结算数额在总体上呈正相关关系，但也存在个别量刑严重不平衡的案件。如宁波海曙法院（2022）浙0203刑初377号刑事判决中支付结算金额2亿元，罚金刑仅为3000元；宁海法院（2022）浙0226刑初272号刑事判决中违法所得1万元，罚金刑达1万元。从一方面可见，违法所得较于支付结算金额的量刑影响因子更大。

（3）违法所得处置不一。经统计，在认定帮信罪的117件案件中，判决责令被告人退赔被害人的案件有10件（8.55%），判决追缴违法所得的案件有62件（52.99%），其他未明确处理方式的案件有3件（2.56%），被告人没有违法所得的案件有42件（35.90%）。可见，不同的法官对被告人违法所得的处理存在不同的见解。调研发现，部分法官认为，被告人违法所得一般直接来源于上游电信诈骗被害人汇入其银行卡的赃款，故责令被告人退赔被害人；部分法官认为，该类案件被害人众多，责令被告人退赔涉案所有被害人的损失，难免罪责不相适应，又考虑到其犯罪认识及损害结果的不确定性，责令退赔涉案所有被害人的损失会超额加重被告人的负担，还会造成重复退赔，故应判决没收违法所得为妥。

3. 缓刑适用条件不明

经统计，在认定帮信罪的117件案件中，被告人认罪认罚并坦白的有69.23%，认罪认罚并自首的有22.22%，共计91.45%，退赃退赔、赔偿谅解的有30.77%。所以，本罪被告人的认罪悔罪态度普遍较为良好。然而，上述四种量刑情节对于缓刑结果的影响作用不显著，即缓刑适用存在标准不一的现象。如东阳法院（2022）浙0783刑初460号刑事判决中，被告人传某故意提供本人一张银行卡给他人网络犯罪活动使用，卡上涉案转入资金达34万余元，其认罪认罚并坦白，法院判处其犯帮信罪有期徒刑7个月；但在台州椒江法院（2022）浙1002刑初40号刑事判决中，被告人冯某故意提供本人5张银行卡给他人网络犯罪活动使用，其中的一张银行卡上涉案转入资金达46万余元，其认罪认罚且自首，法院判处其犯帮信罪有期徒刑7个月，缓刑1年。就犯罪事实而言，无论是提供银行卡张数还是支付结算金额，传某均较轻于冯某，但传某被判处实刑，而冯某则适用缓刑。所以，本罪缓刑适用条件需待进一步统一规范。

二、追根溯源：帮信罪司法困境的原因剖析

自《刑法修正案（九）》实施以来，实务和理论界就帮信罪存在诸多争议。2019 年 11 月 1 日实施的最高人民法院、最高人民检察院《关于办理非法利用信息网络、帮助信息网络犯罪活动等刑事案件适用法律若干问题的解释》（以下简称《司法解释》），虽然回应了本罪实践操作中的部分难题，但对于犯罪构成以及构成要件要素的解释仍然存在不足。帮信罪在司法实践中存在以下适用疑难。

（一）帮信罪司法认定的疑难问题

1. 主观“明知”认定难

首先，根据刑法规定，构成帮信罪，以“明知他人利用信息网络实施犯罪”为前提，然而司法实践中在有关“明知”的证据不足时或只能根据行为人供述来判断其是否明知，鉴于口供孤证无法形成证据链，案件办理往往陷入窘境。其次，司法裁判关于“明知”的认定普遍缺乏法律论证，即使个别判决有关于“明知”的论证，但往往存在论证标准不一、说理不明等问题。[①] 再次，本罪被告人多为认罪认罚，法院对于“明知”的认定往往只是基于被告人供述，缺乏客观证据佐证，无法形成主客观相统一；占比不到一成的不认罪案件中，契合《司法解释》第 11 条规定的 7 条“推定明知”情形又较少，认定更加困难。最后，关联犯罪共犯的成立要求行为人明知其所帮助的是某一具体犯罪，即有具体一致的犯罪故意，而本罪的成立要求行为人宽泛地明知是网络犯罪即可，在构成本罪的“明知”与其他关联犯罪的“明知”存在竞合，而具体认定行为人“明知”的程度和内容以区分本罪与关联犯罪是当前实践难题。[②] 因此，“明知”的认定难题同样造成了定罪不准的困境。

2. 犯罪事实认定难

实践中，公安机关碍于实际办案困难等因素，无法查获所有网络犯罪参与人员，以致犯罪金额、犯罪组织架构、犯罪获利等构成要件要素难以查清，甚至在正犯违法性尚未达到须以科刑程度的情况下，帮信犯罪行为人作为从犯陷入无法处罚的悬置境地。一方面，网络犯罪呈现社会涉众化趋势，犯罪行为人及被害人难以计数，匿名性、跨境性又大大增加了侦查难度，主犯往往无法抓

① 参见王鹤迪：《论帮助信息网络犯罪活动罪的“明知”》，中国人民公安大学 2020 年硕士学位论文，第 26 页。

② 参见欧阳本祺、刘梦：《帮助信息网络犯罪活动罪的适用方法：从本罪优先到共犯优先》，载《中国应用法学》2022 年第 1 期。

获，这在传统共同犯罪理论下就产生了共犯的追诉障碍。另一方面，虽然鉴于通说观点限制从属性，即实行犯身份、年龄等难以查证不影响共犯责任的认定。但是，网络犯罪案件的查办往往是从信息流、资金流、设备流等方式入手，在缺乏充分的犯罪嫌疑人供述和被害人陈述的情况下，犯罪团伙的主要犯罪事实通常难以查实，进而涉案资金性质难以核实，犯罪金额、犯罪组织架构、犯罪获利等构成要件要素无法确证。

3. 此罪与彼罪区分难

（1）本罪与掩饰隐瞒罪的区分认定难。在“两卡”案件中，目前大多司法机关区分帮信罪和掩饰隐瞒罪的做法为：根据最高人民法院、最高人民检察院、公安部《关于办理电信网络诈骗等刑事案件适用法律若干问题的意见（二）》（以下简称《电诈意见（二）》）第9条规定，若行为人收购、出售、出租信用卡、银行账户、非银行支付账户、具有支付结算功能的互联网账号密码、网络支付接口、网上银行数字证书5张（个）以上的，则认定为帮信罪，即“卖卡”；根据最高人民法院、最高人民检察院、公安部《关于办理电信网络诈骗等刑事案件适用法律若干问题的意见》（以下简称《电诈意见（一）》）第三部分（五）规定，若行为人使用POS机、信用卡等异常转账方式帮助他人转换套现、取现或者转账等支付结算行为的，则认定为掩饰隐瞒罪，即“卖卡+转账”。根据《“断卡”会议纪要》第4条的解释可知，涉及帮助信息网络犯罪活动行为的支付结算包括两种行为方式：一是出租、出售信用卡接收犯罪资金的，并实施代为转账、套现、取现等行为；二是出租、出售信用卡接收犯罪资金的，并为他人转账、套现、取现提供刷脸等验证服务，即“卖卡+转账”。所以，“卖卡+转账”是帮信罪中提供支付结算帮助行为的具体表现。实践中，涉“两卡”犯罪行为人的行为模式基本上均表现为“卖卡+转账”。因此，上述简单地以“卖卡”定帮信罪、“卖卡+转账”定掩饰、掩饰隐瞒罪的实践做法并不完全正确。毕竟“卖卡+转账”仅是一种犯罪手法，并不能决定犯罪行为的定性。

需要重点关注的是，《电诈意见（一）》第三部分（五）、《电诈意见（二）》第11条规定，定掩饰隐瞒罪的前提是行为人明知是电信网络诈骗犯罪所得及其产生的收益，这也是“卖卡+转账”定掩饰隐瞒罪的前提。如龙游法院（2022）浙0825刑初138号刑事判决中，公诉机关指控被告人犯掩饰隐瞒罪，法院经审理认为，无充分证据证明被告人明知涉案资金为电信网络诈骗犯罪所得，不符合掩饰隐瞒罪的构成要件，故判决被告人犯帮信罪。大部分涉“两卡”犯罪案件中，行为人提供的信用卡中有大量异常流水，仅有其中的几笔查实系电信网络诈骗的资金，而现有证据只能证明行为人提供给他人银行卡时具有概括的故意，即明知他人可能将银行卡用于违法犯罪活动，对于卡中资金的性质的认识不完全，仅知晓可能为“赌资”或者“黑钱”。如此情形下，缺乏其他证据证明其明知是电信网络诈骗所得，则不宜认定掩饰隐瞒罪，导致部分案件打击效果不佳。这也是司法实务难题。

（2）本罪与诈骗罪共犯区分认定难。帮信犯罪与电信网络诈骗犯罪共犯的界限不清，区分关键在于行为人是否明知他人实施电信网络诈骗犯罪。明知他人利用信息网络实施犯罪与明知他人实施电信诈骗犯罪有较大区别的。但是，在具体案件办理中，难以认定被告人与诈骗罪犯罪分子存在共同犯罪故意。因为电信网络诈骗案件比较特殊，行为主体之间大多互不认识，各共犯人只是分担部分工作，主观上的意思联络并不明确。传统共同犯罪理论要求犯罪参与人之间围绕特定的犯罪展开双向或多向的意思联络，就形式而言，需要用语言或者文字互相沟通犯意，或以当场举止示意对他人提议予以认可，就谋议内容而言可以包括对犯罪的性质、时空、手段、分工、事后毁灭罪证、分配赃物等的拟定。[①] 但实践中，鉴于帮助者提供的技术支持与帮助行为的非日常性，可以推定其知晓其行为可能会对犯罪活动有促进作用，但这种认知显然不是出于双向性的明确的语言谋议或当场的举止合意，很难按照诈骗罪的共犯处理。

（二）帮信罪量刑裁判的标准不明

1. 主刑量刑裁判标准不明

首先，同个案件不同被告人在网络犯罪链条中发挥的帮助作用大小有所不同。然而，在审理中对每个被告人的每个量刑情节难以做到综合、全面的评价，以致不同层级的帮信犯罪行为人在量刑结果上未能有效区分。特别是一部分租售银行卡或二维码的底层卡农不具备或具备较低犯罪能力，对上游犯罪并没有充分的认识，其帮助行为所造成的社会危害较低，常对其以帮信罪定罪处罚，存在入罪标准过低、打击范围过广、量刑过重之嫌。其次，最高人民法院及省高级人民法院尚未就帮信罪制定量刑规范，导致此罪的量刑存在不平衡，出现同案不同判的情况。特别是在主刑量刑、缓刑适用上，各地法院有不同的标准。至于罚金判罚金额，各地法院多以银行卡中资金流水金额为重要衡量因素，但是这种做法有偶然性，即行为人对其银行卡的资金流水无法把握与预估，若仅考虑资金流水对行为人进行判罚则会有失公平。最后，各地法院法官囿于理论水平差异和当地社会差异等各方面因素存在地域性及个体性的认知差

---

① 参见高铭暄、马克昌主编：《刑法学》，北京大学出版社、高等教育出版社2016年版，第164—166页。

异，这也会导致同案不同判的情况发生。

2. 违法所得处置规则不明

违法所得处置规则不明是当前司法实践中违法所得处置不一的根源。帮信罪的违法所得基本上来自出售、出租、出借等行为的既得利益或为上家的雇佣费，而非直接来自被害人的打款。“两卡”案件中查获的大多系最底层人员，违法所得金额普遍很少，从几百元至几千元不等，甚至不少被告人没有违法所得。被害人被诈骗的钱款往往被打散后转入多张卡内，所查获的银行卡中仅是被骗的一小部分。所以，被告人退出的违法所得完全无法弥补被害人的全部损失。若是要求被告人对所有被害人的被骗金额承担责任，则会导致罪责刑不相适应，且若按照只对已查明被害人予以退赔，则对未查明的被害人来说权益得不到保障。当然，基于追赃挽损的理念，行为人自愿退缴违法所得的应当优先返还给被害人。而实践中往往是追回的资金远远小于被害人损失资金，不足支付时应按比例返还被害人，出现了不少实际操作难题：一是返还比例难定。主流认为应依现查证属实被害人的损失金额予以确定，但是，常有所查获的银行卡内没有该被害人的资金流入的情况。二是返还对象难定。由于被害人涉众而无法全部找齐所有被害人，若以对现有查证属实的被害人按照比例返还后，出现新的被害人时将难以处理。三是返还阶段难定。在审理阶段返还被害人，不符合为保障被害人的生产、生活，快速返还的理念；在侦查或审查起诉阶段返还被害人，系尚未经审判即定性，有违背未经审判不得定罪的刑事原则之嫌，也会损害后续可能涌现的新被害人的权益。[①] 四是容易造成重复退赔。本罪被告人按照比例退赔上游犯罪被害人的损失，审理上游犯罪的法院囿于退赔证据的无法及时收集而容易造成上游犯罪行为人对此继续退赔。

三、进路设计：帮信罪裁判规范的具体构建

（一）定罪区分：帮信罪与他罪的准确区分

1. 帮信罪与掩饰隐瞒罪的区分

在判断出售、出租银行卡并帮助转账的行为是成立帮信罪还是掩饰隐瞒罪时，应综合以下三个方面考量。

（1）审查转账资金性质。若行为人提供银行卡所收取的转账资金并非犯罪所得，如赌资（赌博平台的抽头渔利才是犯罪所得或是犯罪所得收益），则可排除掩饰隐瞒罪的适用，应以帮信罪定罪处罚。若转账资金系犯罪所得，则

① 参见邹雪娇：《涉“两卡”类帮助信息网络犯罪活动罪疑难问题研究》，载《法制博览》2022 年第 6 期。

可能以掩饰隐瞒罪处罚。

（2）明确事前事后帮助。掩饰隐瞒罪是赃物犯罪，其行为是上游犯罪完成后处理赃款、赃物的行为。换言之，在犯罪既遂后通过窝藏、转移等方法掩饰、隐瞒犯罪所得或犯罪所得收益的才能成立该罪，而在犯罪既遂之前的帮助行为不构成该罪。[①] 因此，明确是事前还是事后的帮助是区分两罪的一个重要标准，即以犯罪既遂分界点为认定标准。若有证据证明帮信行为人提供的银行卡直接用于接收被害人资金，则该行为属于诈骗行为的一部分，可能构成帮信罪；若有进一步证据证明行为人接收被害人资金后帮助转移的等行为，则有可能构成掩饰隐瞒罪。

（3）具体查清主观明知。帮信罪的成立不要求行为人明知被帮助的行为具体成立何种犯罪，只需行为人明知被帮助的是网络犯罪即可，其主观认识是一种概括的故意。掩饰隐瞒罪是明确要求行为人主观上明知是电信网络诈骗犯罪所得及其产生的收益，其主观认识是非常具体的。因此，在无确凿证据确定行为人的具体主观明知时，应以帮信罪定罪处罚。

2. 帮信罪与其他相关犯罪的区分

以支付结算提供帮助行为的涉及的罪名较多，通常包括帮信罪、诈骗罪（共犯）、掩饰隐瞒罪、开设赌场罪、信用卡相关犯罪等罪名。所以，在处理具体案件时，首要的是厘清本罪与其他相关罪名的适用关系。

（1）本罪与关联犯罪共犯的竞合处理。因本罪规制所有网络犯罪活动的帮助行为，其他关联犯罪的共犯则规制某一类犯罪的帮助行为，在网络犯罪范围内，二者属于包含与被包含关系，本罪应属一般法而非特别法，故而竞合时应当优先适用作为特别法的其他罪名。同时，根据刑法及《司法解释》的规定，相关网络支付结算型帮助行为若满足特殊规定的共同犯罪时，就应当以其他犯罪定罪处罚。本罪是作为堵截性、兜底性的罪名，是为了弥补共犯模式下的处罚漏洞，不是代替共犯的适用。特别是在产业链团伙中，与诈骗等犯罪团伙直接对接的行为人一般都是团伙中的领导者、管理者或同一链条中的上游，这类行为人可能认定为诈骗罪的共犯，而此类链条团伙中的边缘人员是否被认定共犯，则受团伙运作方式、存续时长、分红等影响。行为人前期的行为若符合帮信罪的构成要件，应当以帮信罪论处，后期的行为应当以网络犯罪的共犯与帮信罪想象竞合，择一重处，前期与后期的行为应当数罪并罚。

（2）明知具体犯罪认定关联犯罪共犯。以行为人主观明知的程度与内容来区分关联犯罪与本罪。关联犯罪共犯的成立要求行为人明知是某一具体犯罪，而

---

① 参见任留存：《为电信诈骗犯罪提供银行卡的刑事认定》，载《中国检察官》2021年第14期。

本罪的成立则要求行为人“明知是网络犯罪”这一宽泛范围即可。故而，当明知的具体内容难以查清时，才以本罪论处。[①] 就电信网络诈骗犯罪活动而言，一是严格区分行为人的主观上是“明知他人实施电信网络诈骗犯罪”还是“明知他人利用信息网络实施犯罪”。若行为人仅仅明知他人利用信息网络实施犯罪，则不能定诈骗罪；若在案的证据不能证明行为人对上游具体犯罪达到明知程度，则不能定诈骗罪的共犯。二是若事先有通谋，其相应帮信行为，应认定为诈骗罪。三是已成较为稳定的配合关系的，推定行为人主观明知是电信网络诈骗犯罪，应定诈骗罪。当然，也需要根据具体案情综合考虑，如被告人主观明知程度、与诈骗团伙的联系紧密程度等。

（二）定罪关键：认定帮助行为人主观“明知”的具体方法

司法实践中，行为人经常以其不知被帮助者实施网络犯罪活动为由进行辩解，如果仅仅依靠行为人的供述进行事实认定则会给案件处理带来很大困难。最高人民法院、最高人民检察院《关于办理非法利用信息网络、帮助信息网络犯罪活动等刑事案件适用法律若干问题的解释》第 11 条规定了列举了帮信犯罪主观明知的情形：经监管部门告知后仍然实施有关行为的；接到举报后不履行法定管理职责的；交易价格或者方式明显异常的；提供专门用于违法犯罪的程序、工具或者其他技术支持、帮助的；频繁采用隐蔽上网、加密通信、销毁数据等措施或者使用虚假身份，逃避监管或者规避调查的；为他人逃避监管或者规避调查提供技术支持、帮助的；其他足以认定行为人明知的情形。在此基础上，本文建议增加以下情形：

1. 查阅关注网络犯罪相关信息的

对帮信罪的主观明知认定，应当结合一般人的认知水平和行为人的认知能力。基于当前全民反诈的形势，有证据证明犯罪行为人查阅关注网络犯罪相关信息的，应认定其明知他人利用信息网络实施犯罪。如温州中院（2022）浙 03 刑终 399 号刑事判决书中认为，被告人周某辩解其并不明知其行为是帮助他人实施信息网络犯罪，法院经审理认为周某在侦查阶段供认自己清楚银行卡是不得出售、出租和转借他人使用，也清楚款项系诈骗这类网上犯罪所得的款项，其还关注并了解帮信罪的有关情况，完全清楚自己是在帮助犯罪分子走流水洗钱，结合其文化程度、认知能力，足以证实其主观上明知他人利用信息网络实施犯罪。

---

① 参见欧阳本祺、刘梦：《帮助信息网络犯罪活动罪的适用方法：从本罪优先到共犯优先》，载《中国应用法学》2022 年第 1 期。

2. 具有了解信息网络从业规范等作为义务的

犯罪行为人因其身份具有了解相关信息网络从业规范的义务的，如从事过或正准备从事互联网行业相关工作的行为人，即使其辩解未了解过相关法规，也应推定其明知他人利用信息网络实施犯罪。如金华婺城法院（2021）浙0702刑初1035号刑事判决书中认为，被告人周某系某网络科技有限公司员工，本就为网络从业者，因其工作的特殊性，其具有了解相关信息网络从业规范的义务，故可推定其为明知。

（三）量刑规则：帮信罪的量刑规范

除了罪名认定的问题，帮信罪中涉及支付结算帮助行为的量刑需进一步平衡。帮信罪的刑事责任考量应改变过去单纯以犯罪数额为依据的裁判模式，既考虑犯罪数额又兼顾“人次”和“物次”，进行综合定罪量刑。

1. 主刑的量刑规范

本文建议分档次设立帮信罪的起点刑如表1，并以此类推。基准刑应当根据其他事实，包括上游犯罪、违法所得、提供的银行卡张数、犯罪持续时间等其他情节作出适当调整。

表1　帮信罪的起点刑

支付结算金额/万元	20	100	300	500	1000	2000	4000
起点刑	6个月	9个月	1年	1年3个月	1年6个月	2年	2年6个月

2. 缓刑的适用条件

在实刑与缓刑的把握上要综合考虑被告人提供的卡的张数、流入金额、参与时间、行为程度等。需要把握一定的缓刑比例、绝大部分处于整个犯罪链条的最底层的被告人，犯罪情节较轻、获利较少，主观恶性较小，可以适用缓刑。本文建议对帮信罪的缓刑一般只适用于“卡农”，且须同时符合以下条件：（1）提供银行卡7张以内的；（2）违法所得2万元以内的；（3）银行流水1000万元以下；（4）不以营利为目的介绍他人提供银行卡行为；（5）尚未造成严重后果的；（6）须退缴违法所得或退赔被害人被骗的资金。其中，设立退赔（累进法）比例如下：10万元以下的全额退赔，10万元至50万元的按30%比例退赔，50万元至100万元的按20%比例退赔，100万元以上的按10%比例退赔。

但是具有以下情形的，一般不适用缓刑：（1）提供卡的张数在10张以上的；（2）搭建设备直接为诈骗人员使用的；（3）卡商；（4）有组织的团伙成员；（5）同案人员到案后继续从事该犯罪行为的；（6）曾因帮信违法犯罪行为被处理过的。

3. 财产刑的量刑规则

2022年12月1日实施的《反电信网络诈骗法》第38条规定了罚款的相应幅度，“没收违法所得，处违法所得一倍以上十倍以下罚款，没有违法所得或者违法所得不足一万元的，处十万元以下罚款”。此款规定为帮信罪罚金的判处提供了一定的借鉴基础。即可先以行为人的违法所得为基础，而后在违法所得的基础上予以叠加罚金的处罚。当然，罚金的处断也应依照被告人即将被判处的刑期作为参考。所以，本文认为本罪罚金刑的判处应当综合考虑被告人的主刑及其非法获利。首先，应考虑被告人即将被判处的主刑刑期进行初步划分确定，且不得超过被帮助对象所判处罚金的数额。同时，应结合上游犯罪的罚金情况，以其20%至100%为宜。其次，考虑被告人实际的非法获利情况。行为人在出售银行卡后对于信息网络犯罪活动产生的实害结果一般无法预见，倾向于按照违法所得的范围确定比较合理，罚金不得低于个人获利。但非法获利数额超过2万元的，可以按照非法获利数额的20%至50%确定罚金，需要判处缓刑的，罚金刑应当不低于1万元。至于违法所得的处理，本文认为帮信罪的违法所得原则上予以没收，上缴国库，如果能查明系被害人的被诈骗资金流入的，予以返还。

（四）证据标准：帮信罪的证据规范

1. 犯罪金额认定的证据收集

“两卡”案件中，买断型交易的卖方实际上已失去对“两卡”的控制，卡内资金可以认定为上游电信网络犯罪的资金，但仍有行为人在卖卡后利用该卡的电子银行进行正当的支付结算，则会出现犯罪资金与个人正常资金混同的情况，造成计算、区分涉案流水的实践困难。公安机关在讯问犯罪嫌疑人时，应重点讯问银行卡中的流水是否有正常款项来往，如有则需通过其他证据判断其供述是否真实，从而将此资金从涉案金额中予以扣除。在具体审查时，应根据银行卡流入资金额大小、流速等情况，准确判断行为人实际的支付结算金额。①

2. 降低金额认定的证据标准

电信网络诈骗具有跨域性、涉众广等特点，侦查机关在取证上有现实困难，因此适当降低部分事实的证明标准，如被害人的陈述可用其他客观性证据代替。在保障行为人刑事诉讼权利的前提下，可以实行差异化的证明标准，即

---

① 徐国平、陈家宁：《买卖银行卡之帮助信息网络犯罪活动罪的几个难点》，载《检察日报》2021年5月11日，第7版。

对于电信网络诈骗犯罪的单笔被骗金额，具体被骗金额的证据充分标准应有所降低，被害人陈述能够与银行流水证据等客观性证据相互印证，或者其他证据能够证实诈骗事实和诈骗金额的即可，不必苛求证据种类的多样性和全面性。①

3. 主观“明知”的证据收集

帮信罪的主观明知已成为本罪的常见辩护事由，从证据角度出发，对“事前通谋”“明知他人实施电信网络诈骗犯罪”“明知他人帮助信息网络犯罪活动”“明知是犯罪所得或犯罪所得收益”等方面证明证据的收集要求予以详细明确。网络诈骗犯罪中的“事前通谋”实际上是确立共同犯罪成立的依据，进而成为准确定罪的关键。收集客观证据，能有利于法院准确定罪量刑。在网络犯罪案件中，主观上明知的认定往往比传统案件更难，在运用法定证明方式以及推定制度之际，应更注重归纳司法经验。认定被告人主观明知的证据可以多样性，包括但不限于提供银行卡的次数、解除银行卡冻结的次数，如被告人实施犯罪事前、事中、事后的各种客观表现、诈骗脚本、诈骗信息内容、账册、分赃记录及手机短信、微信、QQ、Skype等通信记录等。根据浙江省公检法联合发布《关于办理电信网络诈骗犯罪案件若干问题的解答》的规定，还要综合考虑其认知能力、既往经历、行为次数和手段、与实行犯的关系、获利情况、是否曾因电诈受过处罚以及是否故意规避调查等情况。

① 李毅磊、赵锐、江威：《电信网络诈骗犯罪实体与程序问题实证分析——以重庆市人民检察院第S分院为样本》，载《中国检察官》2018第22期。

稿　　约

《证据法学论丛》是由西南政法大学证据法学研究中心主办，潘金贵教授担任主编，面向全国的学术论著荟萃，由中国检察出版社出版，每年出版一卷或者两卷，每卷约40万字。现向全国同行征稿，稿约如下：

一、《证据法学论丛》作为证据法学专业学术园地，主要栏目包括：证据法理、前沿聚焦、实证研究、异域法苑等，尤其欢迎实证类稿件，每期依据来稿酌设专栏。

二、《证据法学论丛》发表证据法学领域包括刑事诉讼证据、民事诉讼证据、行政诉讼证据等方面有较高水平、有创见的学术论文，字数一万字以上，无上限，来稿采用与否以学术价值为基本标准。

三、《证据法学论丛》注释采用脚注，每页分别编码，所注文献依次注明著（译）者、著作或者文章名、出版社或者报刊名、出版时间、版次或刊次及页数。引用外文文献的，按该语种通行注释体例设注。

四、来稿请寄：西南政法大学证据法学研究中心收或西南政法大学法学院，潘金贵收；邮编：401120。电子邮箱：xnzjfx2020@163.com。来稿一律不退，请自留底稿。文章发表时署名自便，但来稿务必写明作者的真实姓名、地址、现工作单位、学衔、职称及联系方式。来稿不得一稿多投。3个月后如未接到采用通知，可另行处理。翻译稿件原文版权事宜，由译者自行处理并自行负责，投稿时需附原文。

五、编者保留对来稿进行技术性加工处理的权利。文章如发表，文责自负。

编　者